G. F. Goldenfels

Untadelig

Goldenfels, G.F.
Untadelig

ISBN 978-3-946876-46-5

Umschlaggestaltung: satz & more, Sigmaringen
Satz: VSF Experts GmbH, Mannheim

Printed in Europe
2. Auflage 2020

sinnbild-verlag.de

Prolog

Endlich. Der erste Wind des Tages kam von Westen und strich sanft über die ermattete Landschaft. Alle hatten unter der anhaltenden Hitze, die seit Wochen alles lähmte, gelitten. Wer konnte, suchte sich Zuflucht im kühlen Inneren. Die Ventilatoren waren längst ausverkauft. Bäume verharrten in Reglosigkeit. Was nicht gegossen wurde, trocknete langsam aus. Nicht alles würde diesen Sommer überstehen.

Aber jetzt zog Wind auf. Endlich. Vielleicht kam es sogar zu einem Gewitter. Das würde zwar nicht die Rettung bedeuten, aber eine kleine Linderung.

Melanie bemerkte von all dem nichts, während sie im Dunkeln den Schlossberg hinaufeilte. Ihre Gedanken kreisten ausschließlich um das bevorstehende heimliche Treffen mit ihm. Sie ging dicht neben den Reben, damit sie sich jederzeit dazwischen verbergen konnte, falls jemand kam. Gerade eben war es so. Da kamen auf einmal zwei Jungs aus ihrer Klasse auf ihren Rädern den Berg heruntergerast. Nicht auszudenken, wenn die sie gesehen hätten!

Endlich kam sie bei der Schlossruine an. Er war wohl noch nicht da. Sie trat vor, ganz nach vorne, von wo aus sie einen guten Blick auf die Lichter ihrer Stadt hatte. Dann löste sie ihr langes lockiges

Haar. Nun spürte sie den Wind auch. Sie hob ihm ihr Gesicht entgegen und schloss die Augen. Melanie konnte sich nicht erinnern, schon jemals so glücklich gewesen zu sein. Ihr Geliebter hatte ihr Leben verändert. Sie war jetzt kein Kind mehr. Sie gehörte jetzt zu jemandem und bald würden es alle sehen! Bei diesem Gedanken überzog ein zärtliches Lächeln ihr kindliches Gesicht.

Plötzlich ein leichtes Rascheln im Hintergrund. War er doch schon da? Wollte er sie überraschen? Melanie drehte sich strahlend um. Aber da war nichts. Oder doch? Zeichnete sich da nicht eine Gestalt im Schatten ab?

„Darling?"

Keine Antwort. Melanie lauschte in die Dunkelheit. Nichts. Jetzt wurde es ihr auf einmal unheimlich. Sie begann zu frösteln und machte ein paar Schritte auf die Schlossmauer zu.

Die Bewegung hinter sich spürte sie mehr, als dass sie sie sah. Sofort versuchte sie zu fliehen, aber ein roter Schal schlang sich um ihren Hals und bremste ihren Lauf. Ihr Schrei, den sie ausstieß, als sie verstand, wurde erstickt, als der Schal sich ruckartig zuzog. Das Letzte, was sie vor ihren Augen sah, war das silberne Licht des Vollmondes.

Kapitel 1

Der schrille Ton des Handys durchbrach die Stille.

Renato Rupp schob lediglich seinen Arm unter der Bettdecke vor, um nach dem klingelnden Handy neben sich zu tasten. Als seine Hand fündig wurde, stellte er es unbesehen aus und schlief sofort weiter. Keine zwei Minuten später läutete es schon wieder. Fluchend nahm er diesmal das Gespräch an, allerdings mit geschlossenen Augen, und blaffte hinein: „Ich habe frei!"

„Ja, das weiß ich, Ren. Aber wir brauchen dich dringend", redete sein Vorgesetzter, Horst Baltes, mit Engelszungen auf ihn ein.

„Wo ist es?"

„In Kappel-Grafenhausen. Ein toter Schulleiter. Sie haben Hilfe angefordert, und ich habe ihnen den Besten versprochen!"

„Ja, ja, schon gut. Ich bin in zwanzig Minuten da." Er legte auf.

Während der letzten Sätze war Renato bereits aufgestanden und auf dem Weg ins Bad. Der Mann, der ihm dort aus dem Spiegel entgegenblickte, sah zwar noch müde aus, aber sonst eigentlich ganz passabel für seine 37 Jahre, fand er. Seine pechschwarze Mähne mit den schwer zu bändigenden Haaren und die glutvollen, dunklen Augen, die so manche Damen schwach werden ließen, hatte er seiner italienischen Mutter zu verdanken. Seine sportliche Figur wohl eher seinem Vater. Aber jetzt blieb keine Zeit, weitere Betrachtungen anzustellen. Er wurde erwartet.

Wie vorauszusehen war, brach seine italienische Mama sofort in theatralisches Lamentieren aus, als er die Treppe herunterkam und jegliches Frühstück ablehnte, weil er dafür jetzt keine Zeit mehr hatte.

„Du hast doch gesagt, du hast frei, Renato! Und du kannst doch nicht gehen, ohne etwas im Magen zu haben! Kannst du nicht wenigstens noch ein bisschen bleiben?“

„Ein andermal, Mama. Ich ruf dich an, ja?“ Eine schnelle Umarmung und schon war er zur Tür hinaus und im Auto. Ehrlich gesagt war er ganz froh, dass er einen Grund hatte zu entkommen. Die gestrige Feier zum 60. Geburtstag seines Vaters hatte ihn mit Familie mehr als überschwemmt. Er hatte sogar bei seinen Eltern übernachtet, damit er die ganze Nacht mitfeiern konnte und nicht noch nach Hause nach Freiburg fahren musste. Das war einerseits ganz schön, aber irgendwann dann auch genug. Besonders, weil die mehr oder weniger diskreten Hinweise auf seinen Familienstand mit der Zeit wirklich nervten. Er war ledig. Na und? Bei seinem Beruf war es eh unwahrscheinlich, dass eine Ehe Bestand hätte. Das hatte er bei seinen Kollegen doch mehr als einmal beobachtet.

An der Schule in Grafenhausen war bereits alles abgesperrt. Er stellte seinen Wagen hinter einem Polizeiauto ab und ging zu Fuß weiter. Als er das rot-weiße Band anhob, um drunter durchzuschlüpfen, kam gleich ein Polizist in Uniform und erklärte: „Hier dürfen Sie nicht durch."

Renato zeigte seinen Dienstausweis und ließ sich den Weg zum Tatort erklären.

Im Innern der Schule war es erstaunlich ruhig. Die Schüler waren wohl alle in ihren Klassenzimmern. Er musste nach oben. Wann war er zum letzten Mal in einer Schule gewesen? Lange her! Und obwohl es so lange her war, konnte er nichts gegen ein seltsam unangenehmes Gefühl tun. Dabei hatte er keinerlei konkrete schlechte Erinnerungen an seine eigene Schulzeit, die dieses Gefühl begründen würden. Er war nie ein richtig guter Schüler gewesen, aber es war ihm auch nie richtig schlecht ergangen. Wieso dann dieses unangenehme Ziehen im Bauch?

Noch ehe er weiter darüber nachdenken konnte, traf er auf zwei weitere Beamte, die den Eingang des Rektorats säumten. Der Pathologe war offenbar gerade mit seiner Arbeit fertig geworden und rief ihm von drinnen zu: „Guten Morgen Ren! So weit ist es jetzt schon gekommen, dass man Schulleiter umbringt! Das hätten wir uns zu unserer Zeit nicht getraut, was?"

Renato grüßte zurück und lächelte. Er wusste, wie die flachsigen Worte gemeint waren. Viele Pathologen waren besonders spaßig, wahrscheinlich um dem Elend, mit dem sie ständig umgeben waren, entgegenzuwirken. Aber Meisner überschritt nie die Grenze zur Geschmacklosigkeit. Und Renato schätzte ihn sehr. Außerdem hatten sie auch privat das ein oder andere Mal miteinander zu tun gehabt, seit Ruth, eine langjährige Freundin von Renato, Bernd Meisner geheiratet hatte. Die beiden waren eines der wenigen Paare, deren Ehe anscheinend gut lief.

„Gehst du schon, Meisner?“, beeilte er sich noch, dem davoneilenden Pathologen nachzurufen.

„Ich muss, Ren. Ich habe meine vorläufige Einschätzung schon an deinen Kollegen weitergegeben, und wir sehen uns dann bei der Obduktion. Bis dann.“

Renato ging ein paar Schritte hinein und fragte: „Was haben wir hier?“ Erst jetzt sah er eine weitere Gestalt, die sich bei seiner Frage aus der Kauerstellung erhob und das Diktafon in ihrer Hand ausschaltete, um geflissentlich zu antworteten: „Es handelt sich hier um den 47-jährigen Schulleiter der Gesamtschule Grafenhausen, Jürgen Fehrenbach. Er wurde um 6.50 Uhr von seiner Kollegin Lotte Uhland hier tot aufgefunden. Die Bürotür war nur angelehnt, die Schultür unverschlossen. Nach dem ersten Anschein zu urteilen, wurde Herr Fehrenbach mit einem Tennispokal erschlagen, der auf dem Schreibtisch neben ihm stand. Den wahrscheinlichen Todeszeitpunkt schätzt Herr Meisner zwischen 21 und 23 Uhr.“

Dann streckte der schlaksige, lange Kerl Renato Rupp strahlend seine Hand entgegen und sagte:

„Rabenstein. Ich freue mich ganz außerordentlich, Ihnen zugeteilt worden zu sein, Herr Rupp. Es ist mir eine Ehre!“

Etwas verwirrt ergriff Renato die dargebotene Hand und kramte in seinem Gedächtnis. Doch ja, sein Chef hatte neulich etwas von Verstärkung gesagt, aber Renato hatte zum dortigen Zeitpunkt nicht weiter darauf geachtet und es inzwischen wieder ganz vergessen. Nun denn. Er würde sich kundig machen. Erst einmal konnte er Verstärkung gebrauchen.

„Gut. Dann können Sie sich gleich mal nützlich machen. Besorgen Sie mir einen Raum, in dem ich ungestört Gespräche führen kann. Führen Sie die Dame, die den Toten gefunden hat, dort hinein und sagen Sie den anderen Kollegen, dass sie sich zur Verfügung halten sollen. Haben Sie das?“

Als Rabenstein, der unermüdlich leise in sein Diktafon sprach, nickte, fuhr er fort. „Außerdem besorgen Sie von der Sekretärin eine Liste aller Lehrer, die hier unterrichten, die Adresse des Opfers und so weiter. Aber jetzt gehen Sie bitte alle hinaus. Ich möchte mich in Ruhe hier umsehen.“

„Betrachten Sie Ihre Anweisungen bereits als erledigt, Sir“, entgegnete Rabenstein mit einer angedeuteten Verbeugung und eilte hinfort.

Den muss ich mir bei Gelegenheit dann doch mal alleine vorknöpfen, dachte Renato, innerlich den Kopf schüttelnd.

Als Renato allein war, schaute er zum ersten Mal ganz genau auf das Opfer. Was war hier gestern Abend los, Jürgen Fehrenbach? Hattest du noch etwas zu arbeiten? Oder hast du vielleicht noch auf jemanden gewartet? Auf den Täter vielleicht? Jemand kam zu dir herein, hat spontan nach dem Tennispokal gegriffen und ihn dir über den Schädel geschlagen? Worüber habt ihr gestritten? Es schien dir nicht so wichtig, denn du bist bei dem Streit nicht einmal aufgestanden von deinem Bürostuhl. Also hast du wohl gar nicht mit solch einem Schlag gerechnet? Habe ich Recht, Jürgen Fehrenbach? Also Totschlag? Und der Täter? Warum hat er den Pokal nach der Tat auf den Schreibtisch gestellt und nicht einfach fallen lassen? Oder mitgehen lassen?

Renato hatte genug gesehen. Er gab Bescheid, dass der Leichnam abgeholt werden konnte, und ließ sich von der Sekretärin zeigen, wo Rabenstein auf ihn wartete. Die Sekretärin führte ihn ins Untergeschoss zum Elternsprechzimmer.

Frau Uhland saß auf einem der drei Korbstühle, die das winzige Zimmerchen nahezu komplett ausfüllten, und sah erbarmungswürdig aus. Rabenstein neben ihr wirkte wie ein fehlplatzierter Turm. Er war schon wieder mit seinem Diktafon zu Gange und fing sich deswegen sogleich einen missbilligenden Blick von Renato ein. Renato hasste technische Geräte! Nicht nur, weil er schlecht mit ihnen zurechtkam, sondern weil sie ihn vom Wesentlichen abhielten. Da war er ganz sicher. Wer seinen Blick auf ein Gerät richtet, dem entgeht, was sich in seiner Umgebung tut! Alle Kollegen kannten diesen Satz, aber niemand störte sich daran.

Der Korbsessel quietschte ein wenig, als er sich hinsetzte und seinen Blick auf Frau Uhland richtete. Sie musste über fünfzig sein, schätzte er. Eine stolze Erscheinung, der man normalerweise die Autorität ohne Weiteres abkaufte, was sicher ein Vorteil im Lehrerberuf war. Ihr modischer Kurzhaarschnitt, ihre weiße Bluse und der leicht ausgestellte blaue Rock mit den vereinzelt angedeuteten weißen Blüten umspielte sittsam ihre Knie und erlaubte einen flüchtigen Blick auf gerade Beine in schlichten blauen Pumps. Jetzt gerade sah sie allerdings ein wenig derangiert aus. Ihr Haar schien zerzaust und ihre Bluse war an einer Seite etwas herausgerutscht.

„Frau Uhland, es tut mir leid, dass ich Sie jetzt auch noch belästigen muss, aber glauben Sie mir, es geht nicht anders. Am besten erzählen Sie einfach der Reihe nach, was heute Morgen geschah."

Frau Uhland richtete sich auf und sah ihn fest an: „Aber ich habe Ihrem Kollegen doch schon alles haarklein geschildert."

„Gewiss, Frau Uhland, aber ich mache mir gerne ein eigenes Bild vom Ablauf."

„Also, gut. Ich bin heute Morgen kurz vor sieben gekommen, wie jeden Morgen. Wissen Sie, ich liebe es, wenn erst mal noch keiner da ist und ich mich in Ruhe auf alles einstellen kann."

„Können Sie die Ankunftszeit noch konkretisieren?“

„Ja, es war genau 6.50 Uhr, als ich ankam. Das habe ich im Radio gehört.“

„Bitte fahren Sie fort, Frau Uhland.“

„Die Eingangstür war nicht abgeschlossen. Das hat mich gleich geärgert. Wissen Sie, das passiert immer mal wieder, wenn Elternsprechabende sind oder ähnliche Veranstaltungen. Nicht alle jungen Kollegen sind verantwortungsbewusst genug.“

„Sie sagen also, dass das schon öfter vorgekommen ist? Durch Nachlässigkeit?“

„Ja, also nicht gerade sehr oft. Vielleicht zweimal pro Schuljahr.“

Renato, der während des Gesprächs mehrfach Notizen in sein bei Kollegen berühmtes schwarzes Notizbuch gemacht hatte, forderte Frau Uhland mit einer Geste auf, fortzufahren.

„Dann ging ich hinein.“

„Haben Sie Licht gemacht?“

„Nein, es war schon hell genug. Als ich oben auf dem Flur ankam, sah ich, dass im Büro von Jürgen, also Herrn Fehrenbach, Licht brannte.“

„Aber Sie haben kein Licht gebraucht, weil es für Sie schon hell genug war?“

„Sag ich doch. Aber wissen Sie, es gibt viele Leute, denen es nicht hell genug gewesen wäre und die das Licht eingeschaltet hätten.“

„Also haben Sie sich nicht gewundert?“

„Gewundert habe ich mich schon, denn Herr Fehrenbach kommt sonst immer erst nach mir."

„Fahren Sie bitte fort." Als Rabenstein leise begann, in sein Diktafon zu murmeln, konnte Renato nicht mehr an sich halten: „Stellen Sie das verdammte Ding aus! Ich muss mich konzentrieren."

Rabenstein wurde rot und steckte sein Gerät weg.

„Entschuldigung, Frau Uhland, wir sind wieder ganz bei Ihnen. Was haben Sie dann gemacht?"

„Ich habe beim Näherkommen gesehen, dass die Tür zu seinem Büro einen Spalt offenstand, und habe mich doch entschieden, kurz zu ihm hineinzugehen."

„Sie sagen *doch* entschieden. Weswegen hatten Sie denn überlegt, ob Sie hineingehen wollten oder nicht?"

„Also das hat jetzt nichts mit dem Tod von Herrn Fehrenbach zu tun."

„Glauben Sie mir, alles kann mit seinem Tod zu tun haben, und Sie helfen uns wirklich, wenn Sie jedes kleine Detail, sei es auch noch so klein, preisgeben. Also bitte Frau Uhland!"

„Na ja, ich bin doch Mentorin von mehreren Referendaren bei uns. Und eine von ihnen, die Frau Jäckle, hatte sich bei mir über Herrn Fehrenbach mehrmals ein bisschen beschwert. Das wollte ich klären und habe deshalb überlegt, ob ich es jetzt gleich oder später machen sollte. Das ist alles."

„Frau Jäckle also. Hm. Und wie heißt sie mit Vornamen?“

„Sie heißt Jessica. Aber ich möchte nicht, dass sie jetzt Ärger bekommt. Sie ist eh schon so nervös wegen ihrer Prüfung.“

„Frau Uhland, wir machen niemandem Ärger, glauben Sie uns. Aber wir müssen jedem Hinweis nachgehen. Das verstehen Sie doch? Jetzt erzählen Sie bitte weiter. Frau Jäckle kann uns nachher selbst über ihr kleines Problem mit dem Opfer berichten.“

„Nein, nein, Frau Jäckle ist heute überhaupt nicht im Haus. Sie hat den ganzen Tag Seminar und ist erst am Montag wieder da.“

„Rabenstein, überprüfen Sie das bitte gleich. Die Sekretärin kann Ihnen dabei sicher helfen.“

Rabenstein erhob sich etwas widerwillig. Lieber wäre er bei der Aussage von Frau Uhland bis zum Ende dageblieben, aber ein Blick ins Gesicht von Renato Rupp machte ihm deutlich, dass er besser auf jeden Kommentar verzichten und seinen Anweisungen folgen sollte.

„Und weiter?“, forderte Renato Frau Uhland freundlich auf.

„Na ja, ich habe kurz geklopft, und als ich nichts hörte, bin ich einfach hinein.“

„Nicht so schnell, Frau Uhland. Sie haben also die Tür geöffnet und dann?“

„Ja, stimmt, ich habe die Tür aufgemacht und bin höchstens einen Schritt rein, da sah ich, dass Herr Fehrenbach tot auf seinem Schreibtischstuhl hing." Überwältigt von der Erinnerung schluchzte sie kurz auf, wandte sich ab und schnäuzte sich erst mal die Nase. Dann sah sie zu Renato auf, der ihr Zeit ließ und nichts sagte.

„Dann wurde ich wohl ohnmächtig. Ich wachte erst wieder auf, als jemand meinen Namen rief. Da lag ich am Boden und man half mir wieder auf die Beine. Ach Gott, es ist so schrecklich!"

Renato Rupp sah, dass Frau Uhland wieder dabei war, die Fassung zu verlieren und entschied, die Unterredung vorläufig zu beenden. Er beauftragte einen uniformierten Kollegen, sie nach Hause zu fahren. Dann ging er zur Sekretärin und bat darum, alle Lehrer, den Hausmeister und sie selbst eingeschlossen, kurz zusammenzurufen.

„Oh, Herr Rupp, das gibt Chaos. Bedenken Sie, dass dann alle Schulklassen gleichzeitig ohne Aufsicht sind. Ich schlage vor, dass unser Hausmeister und ich Ihnen nacheinander die Personen zuführen. Wie wäre das?"

Renato musste zugeben, dass die Idee nicht übel war.

Rabenstein kam wie gerufen mit dem Hausmeister den Flur herauf. „Gut, wir machen es so, wie Sie vorschlagen", lenkte er ein und ging seinem Kollegen entgegen.

Kapitel 2

Plötzlich ist Kathi auch Witwe. Ungeheuerlich! Sie ist doch noch viel zu jung. Lotte Uhland konnte nichts dafür. Ihre Gedanken drifteten vom toten Jürgen mehr und mehr zu Kathi, seiner Frau, ihrer Nachbarin und langjährigen Freundin. Wie würde sie die Nachricht vom Tod ihres Mannes aufnehmen? Und wie käme sie damit zurecht? Vielleicht würde sie nach dem anfänglichen Schock bald auch die Vorteile erkennen?

Sofort schämte sich Lotte bei diesen Gedanken! *Was fällt mir ein!* Verstohlen warf sie einen Blick auf den Polizisten an ihrer Seite. Gut, dass der nicht Gedanken lesen konnte!

Sie nahm sich vor, sich um Kathi zu kümmern. Sicher brauchte die jetzt eine Freundin, mehr denn je. Aber erst einmal musste sie nach Hause und selbst ein wenig zur Ruhe kommen. In ihrem Kopf ging ja schon alles drunter und drüber.

Der junge Polizist neben ihr sagte nichts. Wahrscheinlich wollte er nichts Falsches von sich geben und ließ es deshalb gleich ganz. Auch gut. Aber er würde noch viel lernen müssen, wenn er schon in dieser Situation überfordert war. Was, wenn er einmal eine Todesnachricht überbringen musste? Oh Gott, wusste Kathi überhaupt schon Bescheid?

Urplötzlich dachte sie daran, wie es gewesen war, als damals vor drei Jahren die Polizei zu ihr nach

Hause gekommen war und ihr mitgeteilt hatte, dass Roland, ihr Mann, mit dem Motorrad tödlich verunglückt war. Damals war Kathi an ihrer Seite. Sie unterstützte sie, ohne sich aufzudrängen. Und nun würde sie dasselbe für Kathi tun. Aber erst einmal musste sie selbst klarkommen.

Abrupt wurde sie aus ihren Gedanken gerissen, als das Auto stoppte. Sie hatte gar nicht bemerkt, dass sie schon vor ihrem Haus angekommen waren. Schnell bedankte sie sich und stieg aus. Der junge Polizist sah erleichtert aus, als er wendete und zurückfuhr.

Mit schnellen Schritten, ohne das Nachbarhaus auch nur mit einem Blick zu streifen, legte Lotte den kurzen Weg bis zu ihrer Eingangstür zurück und schloss mit leicht zitternder Hand auf. Da schoss ein überschwängliches Bündel Haare freudig bellend auf sie zu und sprang an ihr hoch.

„Ist ja gut, Telemann! Feiner Hund. Jetzt lass mich erst mal ankommen." Achtlos ließ sie ihre Schultasche im Windfang stehen und glitt in den nächsten Sessel.

Telemann ließ sich zu ihren Füßen nieder und legte den Kopf auf ihre Knie.

„Lotte, bist du das?", tönte es von unten, und kurz danach erschien auf dem oberen Treppenabsatz eine junge Dame in schwarzen Schlabberhosen und einem unförmigen Ringelshirt, die sich sogleich besorgt zu Lotte herunterbeugte. „Ist dir schlecht? Du bist blass. Soll ich einen Arzt rufen?"

„Nein, lass nur, Emily. Es ist nur der Schock. Man hat Jürgen umgebracht!"

„Was?" Emily ließ sich im Schneidersitz neben Telemann nieder, wobei sich die nachlässig am Hinterkopf sitzende Haarklammer löste und sich die lockige rote Haarpracht wirr über ihre Schultern ergoss, ohne dass sie davon Notiz nahm. Zu sehr war sie gefangen von dem, was Lotte zu erzählen hatte. Dabei streichelte sie gedankenlos und unaufhörlich Telemanns Rücken. Dieser ließ sich das gerne gefallen, nahm aber seinen Kopf keinen Millimeter von den Knien seines Frauchens. Er spürte immer, wenn sie Trost brauchte.

Als Lotte geendet hatte, lehnte sie sich erschöpft im Sessel zurück.

„Lotte, Lotte! Ich fasse es nicht! Während ich hier den ganzen Vormittag am Computer sitze und versuche, etwas Spannendes zu schreiben, steckst du mitten drin im Krimi. Das Leben ist ungerecht. Entschuldige, du weißt, wie ich das meine, oder? Für dich muss das ja entsetzlich gewesen sein. Da mache ich dir doch jetzt erst mal einen Tee zur Beruhigung. Willst du dich nicht besser auf die Couch legen?"

„Tee wäre wunderbar!" Lotte lächelte Emily dankbar an und sah ihr nach, wie sie zur Kochtheke ging. Es war eine gute Entscheidung gewesen, Emily, die etwas chaotische Tochter ihrer alten Schulfreundin Anne bei sich aufzunehmen.

Sie mochten sich gegenseitig, wenn auch ihre Art zu leben oft gehörig auseinanderdriftete. Hier bei ihr in dieser Kleinstadt konnte Emily ohne weitere Ablenkung in Ruhe versuchen, als Schriftstellerin endlich Fuß zu fassen, was wohl nicht so einfach war. Jedenfalls übte hier niemand Druck auf sie aus oder machte sich ständig Sorgen um sie wie ihre Mutter, und vielleicht brauchte sie ja gerade das.

Lotte schloss die Augen und fing an, sich zu entspannen. Es war schön, dass außer Telemann noch jemand da war. Eine Win-win-Situation sicherlich.

Erschrocken fuhr sie aus ihrem Schwebezustand auf, als aus der Küchenecke ein lautes Scheppern mit einem gefolgten „Scheiße!" erklang.

„Was ist?", rief Lotte Richtung Anrichte, wo Emily heftig vor sich hin schimpfte.

„Ach nichts. Nur so ein blöder Teller. Der Tee kommt gleich", flötete Emily im Nachsatz, was an sich nichts Gutes verhieß, wenn man sie schon länger kannte.

Lotte seufzte, nahm sich aber vor, sich nicht wegen eines Tellers aufzuregen. Es gab Wichtigeres. Und als Emily dann mit ihrem bezauberndsten Lächeln und ohne weitere Unfälle mit der Teetasse bei ihr ankam, sagte sie bloß: „Scherben bringen Glück." Womöglich vertiefte sich Emilys Lächeln bei dieser Reaktion noch.

Der heiße Tee wirkte belebend. Lotte trank in kleinen Schlucken und spürte, wie das rationale Denken wieder Oberhand gewann.

„Emily, ich muss jetzt zu Kathi. Die braucht jetzt sicher mehr als einen Tee!", sprach sie und erhob sich mit neuer Energie aus ihrem Sessel. Telemann erhob sich ebenfalls und wuselte zum Eingang in Erwartung eines zusätzlichen Spaziergangs. Aber Lotte musste ihn enttäuschen: „Du kannst jetzt nicht mitkommen, Telemann. Wir gehen dann später raus." Da trollte er sich resigniert und zog sich auf seinen Lieblingsplatz im Wohnzimmer zurück.

Dafür stand Emily plötzlich neben ihr. Sie trug jetzt ihre Sneaker und versuchte ihr Haar mit einer Haarspange zurückzuhalten. Mal sehen, wie lange es diesmal gutging.

„Ich komme mit! Weißt du, es ist zwar alles furchtbar, aber für mich auch eine Chance, als werdende Schriftstellerin einmal hautnah alles mitzuerleben. Nicht wahr?"

Noch ehe Lotte darüber nachdenken konnte, ob sie nicht besser erst einmal alleine gehen sollte, hatte Emily sich schon an ihr vorbeigeschoben und sagte ungeduldig: „Kommst du?"

Typisch für Emily! So schusselig wie sie im Alltag auch sein mochte, wenn sie erst einmal Feuer gefangen hatte, war sie nicht mehr zu bremsen. Ist vielleicht ganz gut, wenn wir zu zweit rübergehen. Wer weiß, wie Kathi reagieren wird.

Das Haus der Fehrenbachs war ebenso geschmackvoll gestaltet wie das der Uhlands. Als damals „Im Saal" zum Baugebiet ernannt wurde, entstanden hier schnell aufeinanderfolgend eine

Handvoll großzügig geplanter Luxushäuser für die, die sich solches leisten wollten. Die Uhlands waren die Ersten, die hier gebaut hatten, und wenige Jahre später zogen dann Kathi und Jürgen nebenan ihre Bleibe hoch.

Die beiden Familien waren von Anfang an sehr verbunden miteinander. Schon der Kinder wegen. Uhlands Tochter Maren, die sehr jung geheiratet hatte und in Kanada lebte, war zwar drei Jahre älter als Fehrenbachs Sohn Michael, aber das hinderte die beiden nicht daran, eine intensive Freundschaft über all die Jahre hinweg zu pflegen. Ihre enge Freundschaft wurde nicht einmal gestört, als Maren anfing, einige wenige sexuelle Beziehungen zu anderen Jungs einzugehen. Sie waren wie Geschwister, bei denen Michael als kleiner Bruder zunächst bedingungslos an ihr hing, aber dann, im Laufe der Jahre zu Marens Vertrautem wurde. Anscheinend plante Michael auch schon, sie nach seinem Abitur in Kanada zu besuchen. Jedenfalls hatte Kathi das erwähnt.

Die Türglocke stimmte einen warmen Dreiklang an, und fast unmittelbar danach, so als hätte sie schon gewartet, öffnete Kathi.

„Lotte? Bist du nicht in der Schule? Mein Gott, wie fühlst du dich? Bist du krank?“ Erst dann schien sie auch Emily zu bemerken. „Und Emily auch? Das ist schön. Ich mache uns sofort einen Kaffee. Und ratet – was? Ich habe einen Käsekuchen! Das wird mal ein richtig spontaner Kaffeeklatsch am Vormittag! Sollten wir öfters machen, oder?"

Kathi war nicht zu halten in ihrem Überschwang und lief geschäftig in die Küche, wobei ihr Redestrom einfach nicht abreißen wollte. Da die Räume, ähnlich wie bei Lotte, offen ineinanderübergingen, nahm Emily so Platz, dass sie alles mithören konnte, denn Lotte war Kathi wortlos gefolgt und legte jetzt ihren Arm um sie.

Emily wusste: Gleich war es so weit!

„Kathi, warte mal kurz. Ich muss dir etwas sagen." Dabei führte Lotte die Freundin aus dem Küchenbereich heraus und drängte sie, Platz zu nehmen. Kathi schaute aus ausdruckslosen Augen in Lottes Gesicht und schwieg.

„Kathi, ich habe heute Morgen Jürgen tot in seinem Büro aufgefunden", sagte Lotte ganz sanft, ohne den Arm von Kathis Schulter zu nehmen. Diese rührte sich nicht, sondern schaute Lotte weiter ausdruckslos an. Schweigen.

Dann plötzlich schlug Kathi ihre Hand vor den Mund und rannte Richtung Toilette. Dort übergab sie sich heftig, wobei sie klagende Laute ausstieß. Lotte, die ihr gefolgt war, reichte ihr von den aufgestapelten Gästehandtüchern welche zu und streichelte dabei unermüdlich ihren Rücken. Dann half sie ihrer Freundin ins Wohnzimmer zurück auf einen bequemen Sessel. Emily ihrerseits hatte schon ein Glas Wasser bereitgestellt, das Kathi gierig austrank.

Da ertönte der melodische Dreiklang erneut. Ihre Köpfe fuhren herum. Das konnte doch nur die Polizei sein!

Lotte ging zur Tür und öffnete. Als Renato Rupp sah, wen er vor sich hatte, fuhr er sie auch gleich an: „Was haben denn Sie hier zu suchen? Mischen Sie sich in meine Ermittlungen?"

„Frau Fehrenbach ist meine Nachbarin und langjährige Freundin. Ich habe also sehr wohl etwas hier zu suchen! Ob es Ihnen nun passt, oder nicht!", blaffte sie ihn nun ihrerseits hocherhobenen Hauptes an.

Renato fuhr zu seinem Kollegen herum und fauchte ungehalten: „Nachbarin? Warum weiß ich nichts davon, Rabenstein?"

Da tänzelte Emily herbei und gurrte mit engelsgleicher Stimme: „Aber, aber! Meine Herrschaften! Sollten wir unsere gute Kinderstube vergessen haben?" Dabei streckte sie Renato liebenswürdig ihre Hand entgegen und fügte hinzu: „Emily Braun, Schriftstellerin und Mitbewohnerin von Frau Uhland. Ich bin total erfreut, Ihre Bekanntschaft zu machen, Herr Oberkommissar. Ich hätte da mal einen Vorschlag …"

„Das Einzige, was Sie jetzt auf der Stelle haben, ist die Güte, von hier zu verschwinden. Und zwar alle beide! Ich komme nachher noch zu Ihnen rüber."

Renato fiel es nicht leicht, sich von diesen meergrünen Augen loszureißen. Ungeheuer, mit welchen Tricks diese Person ihn gerade zu umgarnen versucht hatte. Aber nicht mit ihm! „Rabenstein!“, bellte er, als er sah, wie sein Kollege bei dieser Person soeben lächelnd einen Handkuss andeutete. Das schlug doch dem Fass den Boden aus! Er wollte sich gerade umdrehen und ins Haus hineingehen, als er einen spitzen Schrei hinter sich hörte: Emily Braun saß, nun nicht mehr verführerisch lächelnd, auf dem Boden und verzog schmerzhaft ihr Gesicht. Sie hatte wohl die letzte Stufe übersehen.

Sofort machte er kehrt, um ihr aufzuhelfen, aber Frau Uhland war schneller. „Alles gut, Herr Rupp. Wir sehen uns nachher“, rief sie und bedeutete ihm, ins Haus zu gehen.

Kopfschüttelnd gingen er und Rabenstein nach drinnen, wo Frau Fehrenbach noch immer aufgewühlt saß, offenbar unfähig aufzustehen, und ihnen unsicher entgegensah.

Nachdem Renato die Vorstellung hinter sich gebracht hatte, setzten sie sich und baten darum, ein paar Fragen stellen zu dürfen. Frau Fehrenbach nickte ergeben.

„Frau Fehrenbach, haben Sie nicht bemerkt, dass Ihr Mann gestern Abend nicht nach Hause gekommen ist?“, eröffnete Rabenstein mit angenehmer Stimme die Befragung.

„Nein, leider. Ich habe gestern bei meiner Schwester in Kappel übernachtet.“ Man konnte an ihren schnellen Augenbewegungen deutlich ablesen, dass sie hochgradig nervös war. Kein Wunder, dachte Renato und überließ erst einmal Rabenstein die folgenden Fragen, da er zugeben musste, dass dieser wohl das nötige Feingefühl hatte.

„Wann haben Sie denn Ihren Mann zum letzten Mal gesehen, Frau Fehrenbach?“

„Jürgen kam gestern zum Mittagessen und dann ging er gleich wieder in die Schule. Das war das letzte Mal.“ Bei diesen Worten zitterte ihre Stimme bedenklich, sodass Renato beschloss, sie nicht länger zu quälen.

„Wissen Sie was, Frau Fehrenbach“, entschied er, „Sie legen sich jetzt ein bisschen hin, und wir kommen morgen wieder, wenn es Ihnen besser geht. Sollen wir auch Frau Uhland nachher wieder zu Ihnen rüberschicken?“

Sie nickte nur und presste ihr Taschentuch vor den Mund.

„Eines noch, Frau Fehrenbach“, ergänzte Renato schon im Stehen. „Wo ist Ihr Sohn Michael jetzt?“

Als ob sie nicht länger mehr an sich halten konnte, brach Frau Fehrenbach nun statt einer Antwort in herzhaftes Schluchzen aus. Renato sah sich angesichts so vieler Tränen außerstande, hier noch etwas auszurichten. Er bedeutete Rabenstein, sich um die aufgelöste Frau zu kümmern, und strebte, eiliger als es notwendig gewesen wäre, dem Ausgang zu. Irgendwie doch ganz nützlich, dass er diesen Rabenstein an der Backe hatte. Er schien ein Händchen für Frauen in komplizierten Zuständen zu haben.

Kapitel 3

Renato ließ sein Auto stehen und ging die paar Schritte bis zum Nachbarhaus zu Fuß. Als er läutete, hörte er einen Hund bellen und jemand rief: „Emily, gehst du mal bitte?" Geräusche entgegenkommender Schritte. Ein Schlüssel wurde im Schloss gedreht und die Tür einen Spalt geöffnet. Dann stand Emily vor ihm. In einer Hand noch die Haarspange, mit der sie wohl gerade wieder einmal ihre lockige Mähne am Hinterkopf festmachen wollte, die andere noch an der Türklinke, als sich unten ein freudig erregter Wollblitz zwischen ihren Beinen hindurchdrängelnd zur Begrüßung auf ihn werfen wollte. Emily rief: „Telemann!", und drohte die Balance zu verlieren, hätte da nicht Renato reflexartig zugegriffen und sie am Fallen gehindert. Für einen winzig kleinen Moment lag sie in seinem Arm und schaute erschrocken mit weit aufgerissenen Augen zu ihm hoch. Sein Blick verlor sich in der Tiefe dieser smaragdgrünen Augen ins Bodenlose und schaltete alles andere aus. Dann war es schon wieder vorbei. Emily befreite sich zappelnd aus seinem Arm und blitzte ihn funkelnd aus den eben noch so fesselnden Augen an, als hätte er sich ihr unsittlich genähert, und Telemann umrundete hüpfend seine Beine und schubste ihn von allen Seiten auffordernd mit der Schnauze an.

„Telemann! Aus!“ Frau Uhland trat festen Schrittes, das Telefon noch in der Hand, entschuldigend näher und bat ihn herein. „Entschuldigen Sie, Herr Rupp, Telemanns Manieren sind nicht immer tadellos.“ Und mit einem Blick auf ihre Mitbewohnerin, die an ihnen vorbei ins Wohnzimmer rauschte: „Er weiß ganz genau, bei wem er sich was erlauben kann und bei wem nicht. Bitte nehmen Sie doch Platz.“ Sie stellte das Telefon eben noch in die Station auf der zierlichen schmalen Holzkommode zurück und setzte sich dann Renato gegenüber.

Emily hatte es sich bereits mit hochgezogenen Beinen auf einem weiteren Sessel bequem gemacht. Mehrere Strähnen ihres Haares hatten sich wieder aus ihrem Haarclip befreit und umschmeichelten nun ihr Gesicht. Renato räusperte sich. Er musste sich zusammenreißen. Schließlich war er ausschließlich dienstlich hier! Entschlossen nahm er sein Notizbuch aus der Innentasche seiner Lederjacke und wandte sich Frau Uhland zu, die gekonnt drei Tassen Kaffee hereinbrachte. Na, gut, einem Kaffee war er nie abgeneigt. Der Kaffeeduft war ihm gleich schon als er reinkam verlockend in die Nase gestiegen. Kein Wunder bei der offenen Bauweise, bei der alle Wohnbereiche ineinanderübergehen. Offenbar verstand man hier etwas von gutem Kaffee. Als Halbitaliener hatte er eine Nase dafür. Das Angebot nach Zucker und Milch lehnte er dankend ab. Er wollte endlich loslegen.

„Wie geht es Ihnen jetzt, Frau Uhland? Haben Sie sich bereits etwas erholt?"

„Es geht mir gut, aber ich mache mir Sorgen um Kathi. Sie wirkte so fahrig."

„Herr Rabenstein ist bei ihr und kümmert sich, bis wir hier fertig sind. Sie können ja gleich wieder rübergehen. Aber sagen Sie, wie geht es denn jetzt in Ihrer Schule weiter, nachdem der Schulleiter tot ist?"

„Gerade als Sie kamen, habe ich noch mit meinem Vorgesetzten aus dem Schulamt gesprochen. Man hat mich gebeten, die kommissarische Leitung zu übernehmen, und ich habe zugesagt."

„Das heißt also, dass Sie quasi befördert wurden? Ich gratuliere." Aus den Augenwinkeln heraus sah er, dass Emily ein schwarzes Kästchen in der Hand hielt: „Was tun Sie denn da? Nehmen Sie etwa unser Gespräch auf?"

Völlig naiv hob ihm Emily das Kästchen, ähnlich dem, das Rabenstein benutzte, entgegen und meinte: „Aber da können Sie doch nichts dagegen haben. Schließlich bin ich Schriftstellerin und brauche möglichst umfassende Informationen."

„Machen Sie das bitte sofort aus! Ohne Erlaubnis der am Gespräch Beteiligten ist so ein Mitschnitt verboten. Wissen Sie das denn nicht? Und ich darf Ihnen, selbst wenn ich wollte, bei laufenden Ermittlungen so eine Erlaubnis gar nicht geben." Und als Emily ein beleidigtes Gesicht zog, konnte er nicht anders als hinzuzufügen: „Falls Sie jedoch ein paar Notizen nebenher machen wollten, aus schriftstellerischen Gründen, versteht sich, hätte ich ausnahmsweise nichts dagegen einzuwenden."

Das Lächeln, mit dem sie ihn dafür belohnte, war es wert. Blitzschnell sprang sie auf, verschwand nach unten und kam nach wenigen Augenblicken mit einem Block und Stiften wieder. Lotte hatte das kurze Zwischenspiel amüsiert verfolgt. Diese Emily! War sie gerade dabei, den Herrn Kriminalkommissar um den Finger zu wickeln?

Dann wandte er sich ihr wieder zu: „Entschuldigung, jetzt habe ich Ihre Antwort ganz überhört."

„Ich hatte noch gar nicht geantwortet, Herr Rupp. Und um es Ihnen deutlich zu sagen: Das Amt der kommissarischen Schulleitung ist keine Beförderung! Es ist eine Aufgabe, die man lediglich stellvertretend wahrnimmt, bis ein neuer Schulleiter oder eine neue Schulleiterin gefunden wird. Es sind keinerlei finanzielle Vorteile damit verbunden, leider, nur Mehrarbeit. Ich habe also keinen Gewinn von Jürgens Tod. Das wollten Sie doch wissen, oder?"

„Gut, dass Sie es ansprechen, Frau Uhland. Wer hätte denn einen Grund, Herrn Fehrenbach tot sehen zu wollen?"

„Ich kann mir niemanden vorstellen, der sich seinen Tod gewünscht hätte. Nein, wirklich nicht. Sicher, überall gibt es mal Reibereien. Aber insgesamt war Herr Fehrenbach sehr angesehen und respektiert. Und was er für den Tennisverein hier im Ort alles getan hat! Sein Engagement war wirklich einmalig. Er hat zum Beispiel dafür gesorgt, dass das Mädchen-Tennis bei uns hier so erfolgreich wurde."

„War er Trainer?"

„Natürlich. Und ein guter dazu! Die Mädchen bis zwölf, das waren seine. Schon immer. Außerdem gewann er auch selbst immer wieder Pokale. Das haben Sie im Büro ja gesehen."

„War er denn als Lehrer auch so erfolgreich?"

„Ja, nun, was heißt erfolgreich. Als Lehrer gewinnt man schließlich keine Pokale. Ich würde mal sagen, als Schulleiter hatte er ein besseres Händchen denn als Pädagoge. Man soll über Tote nichts Schlechtes sagen, aber er konnte ziemlich stur, wenn nicht sogar unerbittlich gegenüber schwächeren Schülern sein. Und unsere Gesamtschule ist voll von schwachen Schülern."

„Wollen Sie damit andeuten, dass es Ärger mit Schülern gab?"

„Ich will auf keinen Fall sagen, dass er schuld daran war, aber im letzten halben Jahr hatten wir zwei Schulausschlüsse."

Als sich Renato die Namen der ausgeschlossenen Schüler notiert hatte, wollte er wissen: „Und wer aus dem Kollegium fällt Ihnen ein, der sich mit ihm angelegt hat?"

Lotte schwankte. Sie wollte keine Kollegen anschwärzen, die dadurch womöglich in Verdacht geraten könnten. Natürlich gab es genügend Kollegen, die etwas an ihm auszusetzen hatten, aber war das nicht immer so mit Vorgesetzten?

Und einen richtigen, offenen Streit hatte sie nicht mitbekommen.

„Nein, mir fällt niemand ein. Übrigens auch niemand aus dem Kreis der Eltern, falls Sie das als Nächstes fragen wollen."

„Frau Uhland, Sie haben ganz Recht, nach den Eltern wollte ich als Nächstes fragen. Aber jetzt muss ich doch kurz unterbrechen. Sagen Sie, benutzen Sie eine Siebträger-Maschine für diesen göttlichen Kaffee?"

Lotte lacht: „Ein Kenner! Wissen Sie, mein verstorbener Mann hatte zwei Leidenschaften: Sein Motorrad und seine Kaffeemaschine. Beides sündhaft teuer. Geblieben ist mir allerdings nur die Kaffeemaschine! Darf ich Ihnen vielleicht noch einen anbieten?"

„Oh, da kann ich nicht widerstehen. Und ich bin überzeugt, dass er noch eine dritte Leidenschaft hatte." Renato zwinkerte ihr zu und streckte seine Tasse Emily entgegen, die auf ein Zeichen von Lotte sofort aufgestanden war und nun hinter dem Küchentresen verschwand.

„Fahren wir fort, Frau Uhland. Sie wissen, ich muss das fragen. Wo waren Sie denn gestern Abend?"

„Ich dachte schon, Sie fragen nie! Also ich war als Koordinatorin auch auf dem Info-Abend für die Eltern der vierten Klasse. Er begann um 19.30 Uhr, ging alles in allem bis etwa 20.30 Uhr, bis die letzten Gäste das Haus verlassen hatten."

„Gäste?"

„Na, die Eltern und geladene Schulvertreter der aufnehmenden Schulen unserer Schüler im kommenden Schuljahr. Die Sekretärin gibt Ihnen sicher gerne eine Liste."

„Danke, die hat Rabenstein schon besorgt. Und danach?"

„Ich habe mich von Jürgen verabschiedet, der noch in sein Büro wollte, und bin gegangen. Das war vielleicht 20.45 Uhr."

Emily, die mit zwei Händen Renatos Kaffee hereintrug, mischte sich jetzt ein: „Ich kann ihr Alibi bestätigen! Lotte kam Viertel vor neun heim und wir haben dann noch eine Flasche Wein zusammen getrunken."

Renato stand auf, um ihr die Tasse abzunehmen, deren Inhalt bereits bedenklich in Bewegung geraten war. „Sie blieben also dann den ganzen Abend daheim?"

„Ich bin noch mit Telemann eine Runde gegangen."

„Haben Sie dafür Zeugen? Sie hätten ja noch einmal zur Schule fahren können, um Ihren Schulleiter umzubringen."

Emsig, da sie offenbar froh war, auch etwas beisteuern zu können, mischte sich Emily erneut ein: „Dann hätte sie aber das Auto nehmen müssen, und das hätte ich doch gehört!"

„Sie? Saßen Sie denn noch hier, ohne irgendwelche Kopfhörer in den Ohren, ohne andere Medien, die Geräusche verursachen?"

Emily antwortete kleinlaut: „Ich weiß nicht genau. Vielleicht habe ich irgendwann Musik gehört. Sorry Lotte."

„Das macht doch nichts, Emily. Bestimmt findet Herr Rupp noch andere, die verdächtiger sind als ich."

Renato erhob sich von seinem Platz, steckte sein Notizbuch wieder in die Jackentasche und verabschiedete sich.

„Danke für den Kaffee. Wir werden uns sicher noch ein paarmal sprechen müssen, und das heißt nicht, dass ich glaube, dass Sie Herrn Fehrenbach ermordet haben. Sie wissen das."

Lotte begleitete ihn hinaus. Sie wollte gleich weiter nach nebenan gehen, um nach Kathi zu sehen. Telemann war den beiden bis zum Eingang gefolgt und blieb nun schwanzwedelnd in der Türöffnung stehen. Als sich die Tür vor seiner Nase schloss, trottete er müde hinter Emily her, die nach unten in ihr eigenes, kleines Wohnzimmer ging. Sie wollte unbedingt ihre Notizen in einen richtigen Text umsetzen und ein wenig weiterfantasieren. Dieser Rupp war an sich nicht unattraktiv! Aber sicher ein typischer Weiberheld, dem die Frauen reihenweise zu Füßen sanken, wenn er anfing, seine dunklen Glutaugen einzusetzen. Aber ihr würde das nicht passieren! Mit Männern war sie durch! Jawohl! Und mit solchen Schmachtheinis sowieso!

Kapitel 4

Die A5 zwischen Schwarzwald und Vogesen gehört zu den schönsten Autobahnabschnitten Deutschlands. Der Meinung war Renato schon immer. Er liebte den Blick auf die beiden Mittelgebirge, die eine vor Fruchtbarkeit strotzende weite Landschaft begrenzten. Ganz besonders, wenn er mit offenem Verdeck dies alles an sich vorbeirauschen lassen durfte. Aber nicht heute! Heute war er nur genervt. Wieder einmal musste er sich mit allen anderen Pkw an einer schier unendlich langen Lkw-Schlange vorbeischieben. Wer brauchte nur all das Zeug, das hier entlangrollte und die Autobahn verstopfte? Er würde für die etwa 30 Kilometer sicher doppelt so lange benötigen wie sonst.

Überraschenderweise stand Rabenstein schon neben Bernd Meisner, als Renato die Pathologie betrat. Wie hatte er denn das bloß geschafft?

„Dann wollen wir mal“, unterbrach Meisner sofort sein Gespräch, als Renato zu ihnen stieß, und führte sie zur bereits vorbereiteten Leiche Jürgen Fehrenbachs. Renato kannte die Vorgehensweise natürlich und trat ganz nah heran. Diesen Aufgabenteil seines Berufes verabscheute er zutiefst. Rabenstein hielt sich leicht hinter ihm.

„Wie ich bereits am Tatort vermutet hatte, wurde Jürgen mit seinem eigenen Pokal erschlagen. Der Schlag traf ihn auf der linken Seite und wurde von einem Rechtshänder oder einer Rechtshänderin ausgeführt. Und jetzt schaut doch mal hier genauer durch die Lupe."

Renato trat ganz nah heran und wollte durch das Vergrößerungsglas schauen, als neben ihm Rabenstein lautlos in sich zusammensank und ohnmächtig liegen blieb. Sofort waren sie bei ihm. Sie betteten seinen Kopf auf Renatos Jacke und tätschelten seine Wangen.

Wenige Augenblicke später kam Rabenstein wieder zu sich.

„Geht's wieder?", fragte Renato besorgt.

Als der bleiche Mann am Boden nickte, halfen sie ihm auf die Beine.

„Entschuldigung. Wissen Sie, es ist meine erste Leiche, und heute Morgen, als sie noch die Kleidung trug, da konnte ich meinem Unbehagen doch widerstehen. Aber hier, nein, es tut mir leid."

„Hier drinnen fallen viel Stärkere um, als Sie einer sind. Machen Sie sich also deswegen keinen Kopf. Sie fahren jetzt am besten nach Hause und erholen sich. Wir treffen uns morgen um 6.30 Uhr in meinem Büro und dann fahren wir zusammen nach Ettenheim."

Sie redeten ihm noch gut zu, bis er gegangen war, dann wandten sie sich wieder der Leiche zu.

„Mann, Renato, wie bist du denn an den gekommen?"

„Also bitte, hier ist doch fast schon jeder mal umgefallen. Und das weißt du auch!"

„Nein, nein, davon rede ich nicht. Ich rede davon, dass es doch seltsam ist, einen von Rabenstein in der Polizeilaufbahn zu finden, findest du nicht?"

„Wie bitte? Von Rabenstein? Da hat er mir doch das ‚von' glatt unterschlagen!" Bernd Meisner grinste ihm kurz zu, ohne sich von seinem Vortrag ablenken zu lassen.

„Siehst du, dass der Pokal rund um die Wunde einen gleichmäßigen Abdruck hinterlassen hat?"

„Ja, sehe ich. Und das heißt?"

„Das heißt, dass der Pokal von oben aufgeschlagen ist. Fehrenbach hat wahrscheinlich auf seinem Bürostuhl gesessen, als ihn der Pokal traf. Du hast keine Ahnung, wer die von Rabensteins sind, stimmt's?"

„Das könnte ja bedeuten, dass das Opfer seinen Täter gut kannte, und ihm nicht so wichtig war, wenn er nicht einmal seinetwegen aufstand. Mit einem Gast wäre er doch bestimmt zur Sitzgruppe hinübergegangen, oder? Dann wäre er natürlich dort erschlagen worden. Aber wir fanden ihn in seinem Bürostuhl. Interessant. Nein, weiß ich nicht, aber du wirst bestimmt nicht mehr lange damit hinterm Berg halten können, schätz ich!"

„Wie Recht du hast!" Bernd Meisner kam begeistert um den Tisch herum und stellte sich neben Renato: „Die von Rabensteins stammen von einem ganz alten Adelsgeschlecht ab. Ihr Sitz ist in Babenhausen. Das liegt in Hessen. Und sie leben unbeschwert, wenn du verstehst, von ihren

Immobilien, die klug verteilt überall auf der Welt zu finden sind. Was sagst du jetzt?"

„Ich frage mich, welche Adelsblättchen du in deiner Freizeit liest! Und jetzt lass uns weitermachen."

„Das ist Allgemeinbildung, mein Lieber. Das könnte dir auch nicht schaden", konterte Meisner, während er an seinen Platz zurückging und seinen Blick wieder auf die Leiche richtete. „Es gibt noch zwei interessante Einzelheiten im Fall Fehrenbach."

„Mach's nicht so spannend."

„Erstens: unter einem Fingernagel haben wir ein winziges Stück eines roten Seidenfadens gefunden. Du kannst es dir unterm Mikroskop gern ansehen."

„Lass nur, ich glaube dir auch so. Wovon könnte der Faden denn stammen?"

„Das kann ich leider nicht sagen. Jedenfalls hat die KTU im Büro nichts Passendes gefunden. Ich habe dort nachgefragt."

„Hat also ein Kampf stattgefunden?"

„Auch das ist unklar. Da das Stück winzig klein ist und kein Nagel eingerissen ist, wissen wir es nicht. Allerdings trug das Opfer seine Nägel so extrem kurz, dass bei einem Kampf nicht unbedingt Spuren zurückgeblieben wären."

„Hm. Und was war das Zweite?"

„Das Zweite ist das Filetstück, sozusagen. Jürgen Fehrenbach ist nicht durch den Schlag mit dem Pokal gestorben. Er wurde erwürgt."

„Wie bitte? Erwürgt?"

„Wahrscheinlich wurde das Opfer durch den Schlag zunächst ohnmächtig, und als der Täter das bemerkte, hat er ihn erwürgt."

„Womit erwürgt?"

„Auch da muss ich leider sagen, dass ich nichts Sicheres dazu angeben kann. Auffallend ist, dass der weiße Schal des Opfers, den er zuvor wohl locker um den Hals hängen hatte, zwar Blutspuren aufweist, aber keinem besonderen Zug ausgesetzt war, wie das beim Erwürgen hätte sein müssen. Ich kann also einfach nicht mit Bestimmtheit sagen, dass dieser Schal das Mordwerkzeug war. Vielleicht ja, vielleicht nein. Es war wahrscheinlich ein Schal, aber ob es dieser war, oder der Täter einen mitbrachte – keine Ahnung. Jedenfalls war es etwas Weiches, wie ein Schal, kein Gürtel oder so was. Du verstehst?"

„Ich will wissen, von wem die DNA auf dem Schal ist. Okay?"

„Sowieso. Aber das dauert ein paar Tage. Das weißt du?"

„Sicher. War der Täter eine Frau oder ein Mann?"

„Beim Pokal könnte es sowohl ein Mann oder eine Frau gewesen sein, und beim Erwürgen auch. Denn du musst bedenken, dass das Opfer nach dem Schlag zwar noch lebte, aber doch ziemlich geschwächt war. Vielleicht kam er gar nicht mehr richtig zu Bewusstsein oder ihm war schwindlig vor Schmerzen. Wer kann das schon sagen?"

„Es könnte sich also um einen Täter gehandelt haben, der zunächst nicht brutal genug zugeschlagen hat. Oder es könnte auch sein, dass nach dem Schlag mit dem Pokal der Täter in dem Glauben verschwand, dass er Fehrenbach erledigt hatte. Danach könnte also ein zweiter Täter gekommen und das Werk des ersten zu Ende geführt haben. Habe ich Recht?“

„Beide Versionen sind möglich. Allerdings liegen zwischen Erschlagen und Erwürgen nach meinen bisherigen Berechnungen lediglich zehn, höchstens fünfzehn Minuten.“

„Das ist wahrlich nicht viel. Bin gespannt, ob die KTU doch noch Fingerabdrücke am Pokal findet. Es sah nämlich nicht so aus. Der Täter oder die Täterin hat den Pokal mit dem Schal des Opfers abgewischt. Die Leute schauen einfach zu viele Krimis! Das macht uns das Leben nicht einfacher.“

Beim Hinausgehen winkte er Meisner zu: „Danke dir, Bernd. Und Grüße daheim! Bis wann kommt der Bericht?“

„Du hast ihn morgen auf dem Schreibtisch. Versprochen.“

Renato war froh, wieder Tageslicht zu sehen. Nach einem Besuch in der Pathologie fühlte er sich immer kalt bis innen hinein. Es war ihm völlig unverständlich, dass Bernd das tagtäglich ertrug und dann noch stets guter Laune war. Vielleicht musste man dazu geboren sein. Was er jetzt brauchte, war ein frischer, heißer Kaffee. Und er wusste auch schon, wo er den herbekommen würde.

Nach weiteren zehn Minuten geschickten Schlängelns durch die Innenstadt parkte er sein Auto in der Tiefgarage des Polizeipräsidiums Freiburg und fuhr mit dem Aufzug hinauf in die dritte Etage. Sein Büro war das letzte im Flur, und so bemerkte er an den vielen leeren Büros, an denen er vorbeikam, dass die meisten Kollegen schon Feierabend hatten. Renato pfiff vor sich hin und öffnete schwungvoll die Tür zu seinem Büro. Ach! Jemand hatte den zweiten Schreibtisch, der bis gestern noch vereinsamt an der Wand stand und unter den Aktenstapeln kaum mehr zu sehen war, an seinen Schreibtisch geschoben, und daran saß, etwas unsicher lächelnd, Herr von Rabenstein!

Renato schluckte jede spontane Bemerkung hinunter, ließ sich auf seinen angestammten Platz fallen, legte die Beine auf den Schreibtisch und schaute sein Gegenüber an.

„Ich dachte, da wir ja jetzt so eng miteinander arbeiten, dass es durchaus praktisch wäre, Blickkontakt zu haben. Aber wenn Sie natürlich eine andere Gestaltung unseres gemeinsamen Arbeitsplatzes im Auge hatten … Ich bin wirklich flexibel, Herr Kommissariatsleiter Rupp“, richtete sein neuer Kollege nun doch etwas unsicher die Worte an ihn.

Renato nahm die Beine wieder vom Schreibtisch und warf einen Blick auf das Infoblatt, auf dem ihm sein Chef das Wesentliche über den neuen Kollegen vermerkt hatte.

„So, Herr Felix von Rabenstein! Ich hoffe, Sie sind nicht ganz so nachlässig, wenn es um Informationen zu unserem Fall geht, wie bei Ihrem Namen!“ Die letzten Worte waren ihm doch ein wenig schärfer herausgerutscht.

„Das hat nichts mit Nachlässigkeit zu tun, Herr Kommissariatsleiter Rupp. Bitte entschuldigen Sie, wenn ich Sie damit verärgert haben sollte. Es wäre mir aber außerordentlich angenehm, wenn Sie den Adelstitel gänzlich außer Acht lassen könnten. Ich versuche nämlich, ein so normales Leben zu führen, wie es mit diesem Namen eben geht.“

Schon wesentlich versöhnlicher klang da Renatos Antwort: „Wenn Sie das wünschen, soll es mir recht sein. Aber dann lassen Sie Ihrerseits auch diesen gestelzten Kommissariatsleiter Rupp sein. Man nennt mich hier Renato oder Ren. Und ich nenne Sie dann einfach ‚von Rabenstein‘?“

„Der Himmel sei dem vor! Nennen Sie mich doch bitte einfach Felix.“

„Gut, dann wäre das schon mal geklärt, Felix“, fasste Renato zusammen und streckte ihm die Hand entgegen. „Herzlich willkommen also! Gut, dass Sie noch hergekommen sind, dann können wir unsere Informationen heute noch abgleichen.“

Dann erhob er sich und fing an, einen Kaffee in der sehr teuer aussehenden Maschine zuzubereiten.

„Das brauche ich jetzt. Möchten Sie auch einen?“

„Oh, danke, Herr, äh, Chef – kann ich Sie auch Chef nennen?“ Und als Renato mit den Schultern zuckte, fuhr er entschuldigend fort: „Ich bleibe nach dem Vorfall von heute Nachmittag in der Pathologie lieber bei Tee." Dabei bückte er sich und fischte eine Thermoskanne aus einer braunen Umhängetasche.

Ein Sensibelchen also, dachte Renato. Nun, das muss nichts Schlechtes sein. Schauen wir mal.

Während Renato seinen verführerisch duftenden Kaffee genüsslich in kleinen Schlucken trank und Felix aus dem Edelstahldeckel seiner Thermoskanne einen Tee trank, fingen sie an, Informationen auszutauschen.

Da wurde die Tür aufgerissen und Sven Friedmann steckte den Kopf herein: „Du sollst hochkommen zum Chef. Und Sie sind der Neue?", mit ausgestreckter Hand machte er zwei Schritte auf Felix zu: „Sven."

„Felix."

„Machen Sie mal alleine weiter", warf Renato ein, „ich gehe kurz nach oben."

Seine langjährige Sekretärin, Rosemarie Hilberer, von ihm meistens Röschen genannt, hielt ihn am Ärmel fest, als er vorbeieilen wollte, und sagte: „Gell, der Neue, des isch ja ein ganz Besonderer, Ren, oder? Adlig und doch so normal. Man kennt so Leut ja sonscht nur aus dene Heftle beim Friseur. Was meinsch, Ren, soll ich ihn frage, ob er Kuche zu sei'm Tee will?"

„Röschen, lass mal. Er hat zu tun. Wir alle! Und übrigens, er mag es nicht, wenn man ihn auf seinen Adel anspricht."

„Ach ja? Gut, dass du mir des sagsch. Ich kann sehr diskret sein!"

Renato ließ seine Sekretärin stehen und nahm den Fahrstuhl nach oben. Das fehlte noch, dass hier der Adelshype ausbrach! Da musste er unbedingt dagegensteuern.

Am Büro seines Vorgesetzten angekommen ging er ohne Anklopfen geradewegs hinein und nahm vor dem Schreibtisch Platz.

„Was ist denn aus der guten alten Sitte geworden, dass man anklopft, ehe man in ein Zimmer geht? Und dir auch einen guten Tag, Ren."

„Ja, grüß dich, Horst. Über den Neuen, den du mir da geschickt hast, wussten ja wieder alle bestens Bescheid außer mir!"

„Ach Ren, ich kenne dich doch! Du hättest doch sofort was dagegen gehabt, wenn du gewusst hättest, dass dein neuer Kollege aus einer Familie kommt, die schon längst nicht mehr arbeiten bräuchte, stimmt's?"

„Für so oberflächlich hältst du mich also?"

„Geh, Ren, doch nicht oberflächlich. Niemals. Ich dachte eben, es ist besser, wenn du ihn erst mal unvoreingenommen kennenlernst. Und, wie macht er sich?"

„Ganz o.k. soweit. Als ich aber um Unterstützung bat, dachte ich schon eher an einen erfahrenen Kollegen!"

„Jetzt lass ihm halt mal etwas Zeit. Der Polizeipräsident hat mir versichert, dass er auf der

Polizeihochschule die mit Abstand besten Ergebnisse hatte."

„So, der Polizeipräsident also? Das wird ja immer schöner."

„Nicht was du denkst, Ren. Aber er wollte halt sichergehen, dass von Rabenstein dem Besten zugeteilt wird, und das bist du. Jetzt aber, wie sieht es denn mit dem Schulleitermord aus?"

Renato fasste die bisherigen, eher dürftigen Ergebnisse zusammen und verabschiedete sich. Er hatte Wichtigeres zu tun.

Wieder in seinem Büro angekommen, musste er doch staunen, dass sein junger Kollege bereits eine großflächige Übersicht zum Stand der Ermittlungen an der Wand angebracht hatte. Wann hatte er denn all die Aufkleber beschriftet?

Jetzt traten sie gemeinsam davor und ließen ihren Gedanken freien Lauf, wobei Felix ergänzte, was Renato an Informationen aus der Pathologie mitgebracht hatte, und sich erzählen ließ, was bei der Erstbefragung der Lehrer am Vormittag herausgekommen war.

„Meier, Stulz, Rehfelden und Gabriel waren am Tatabend bei der Informationsveranstaltung, sind aber gleich nach dem offiziellen Teil gegen 19.30 Uhr schon gegangen. Die Alibis werden gerade von den Kollegen der Ortspolizei überprüft. Die Ergebnisse müssten bald vorliegen. Außer Frau Uhland waren nur noch die beiden Referendare Phillip Heimburger und Jessica Jäckle anwesend.

Für Referendare war die Teilnahme Pflicht. Sie waren aber auch sofort nach den Vorträgen gegangen, wie Herr Heimburger sagte. Frau Jäckle selbst konnte ja heute nicht befragt werden, wegen ihres Seminartages."

„Und niemand hat etwas Interessantes ausgeplaudert?"

„Doch, dazu wollte ich gerade kommen: Herr Heimburger kannte den Schulleiter auch ein wenig privat. Sie haben manchmal nach der Schule zusammen Schach gespielt."

„Jetzt wird's interessant, Felix. Weiter."

„Herr Fehrenbach war dem Referendar anscheinend sehr zugetan, denn er erzählte ihm manchmal auch Privates. Also auch, dass er wohl einen ziemlich heftigen Streit mit seinem Sohn Michael gehabt hatte und er deshalb noch zu aufgewühlt gewesen war, um sich auf ein Schachspiel zu konzentrieren."

„Wann war das? Und wusste er auch, worüber die beiden gestritten hatten?"

„Der Streit muss am Mittwoch gewesen sein. Noch bevor Herr Fehrenbach in die Schule aufbrach. Denn das Schachspiel sollte wie immer am Mittwochnachmittag stattfinden. Über den Inhalt des Streites wusste Herr Heimburger nichts. So tief war die Freundschaft nun auch wieder nicht."

„Sehr gute Arbeit, Felix! Und somit haben wir schon ein mögliches Tatmotiv. Rufen Sie gleich in Ettenheim an, die sollen sowohl die Ehefrau als auch den Sohn Michael für morgen Vormittag einbestellen. Das machen wir in dem Fall nicht bei ihnen zuhause. Haben Sie von Frau Fehrenbach auch noch etwas erfahren?"

„Nein, leider, die war einfach nicht fähig, sich vernünftig zu äußern."

„Und ich kümmere mich jetzt um den Bericht der KTU. Der müsste doch längst vorliegen."

„Ach Chef, eine Kleinigkeit noch."

„Was denn?"

„Sie wissen schon, dass morgen Samstag ist?"

„Samstags arbeiten wir besonders gern, Felix. Sie wissen doch, Verbrechen kennen kein Wochenende."

„Sehe ich auch so. Ich wollte nur sichergehen, wegen der Kollegen vor Ort."

Nun waren sie beide mit Telefonieren beschäftigt. Renato erfuhr, dass wirklich keine Fingerabdrücke festgestellt werden konnten und dass das Blut am Schal eindeutig vom Opfer war. Der Bericht war ebenfalls unterwegs.

Als sie alles erledigt hatten, sahen sie sich über die Tische hinweg an. Renato hatte ein gutes Gefühl. Die Sache kam ins Rollen, das spürte er.

„Haben Sie schon eine Bleibe, Felix?", fragte er im Aufstehen.

„Ja, dafür ist gesorgt. Danke der Nachfrage, Chef", meinte Felix und packte seine Utensilien in die Umhängetasche.

„Gut, dann treffen wir uns wie abgemacht morgen früh. Genießen Sie den freien Abend. Kann sein, dass Sie nicht viele davon haben werden in der nächsten Zeit.“

Felix ging hinaus und Renato setzte sich noch einmal hin mit dem Bericht der KTU, der genau in diesem Moment endlich vorbeigebracht wurde.

Kapitel 5

Nachdem er bereits zweimal um den Block gefahren war, fand Renato endlich eine Parklücke. Als Autofahrer wurde man in der grünen Hauptstadt Deutschlands nicht gerade verwöhnt. Er hatte zwar einen Anwohnerausweis zum Parken, aber das hieß noch lange nicht, dass man ein Anrecht auf einen Parkplatz hatte, geschweige denn einen vor seiner Haustür. Ganz besonders schwierig war der Kampf um einen dieser Plätze am Abend, wenn brave Bürger heimkehrten. Immer wieder dachte er darüber nach, sich in einer Tiefgarage einzumieten, was schon Vorteile hätte, im Winter sowieso, aber das war einfach zu teuer. Na ja, jetzt hatte er ja einen. Auch wenn er bis zu seiner Wohnung noch zwei Straßen weiterlaufen musste.

Renato wohnte in der oberen Etage einer geräumigen Altbauwohnung in Herdern. Man war in nur wenigen Minuten im Getriebe der Innenstadt oder, wenn man abschalten wollte, ebenfalls in wenigen Minuten in der freien Natur zwischen Wiesen und Wäldern. Ideal, fand Renato. Nicht umsonst wurde das Viertel immer beliebter und leider auch teurer. Diesen Luxus gönnte sich Renato. Er brauchte einen Platz, an dem er das Elend, mit dem er sich in seinem Beruf tagtäglich auseinandersetzen musste, einfach einmal hinter sich lassen konnte. Und so einen Platz hatte er gefunden.

Schon beim Betreten seiner Wohnung atmete er auf. Die Schuhe ließ er achtlos an der Garderobe liegen, Hemd und Hose landeten auf dem Bett, während er schnell einen Jogginganzug überstreifte. Kurz kam ihm dabei eine andere Jogginghose, die er heute auch schon gesehen hatte, in den Sinn, deren Trägerin Emily hieß. Emily, das klingt gut!

Aber jetzt hieß es für ihn laufen. Danach könnte er vielleicht etwas kochen, sann er weiter. Ja und unbedingt musste er auch noch Mama anrufen. Aber bald schon gab er sich dem Laufen ganz hin und schaltete alles andere aus.

Viel später, nachdem er sich auf den Rat seiner Mutter hin noch in Oberkirchs Weinstuben am Münsterplatz mit ein paar Verwandten getroffen hatte, die sich von seiner Mutter nicht in Lahr, sondern lieber mitten in Freiburg einquartiert hatten, lag er bei offenem Fenster quer über seinem Bett und schlief wie ein Stein. Zum zweiten Mal an diesem Tag riss ihn das Telefon aus dem Schlaf.

„Herr Rupp, Sie müssen kommen. Die Kathi hat sich die Pulsadern aufgeschnitten. Machen Sie schnell!"

Mit einem Schlag war Renato hellwach: „Rufen Sie sofort den Krankenwagen. Ich beeile mich."

Renato versuchte gleichzeitig Hose und T-Shirt anzuziehen, was aber nicht so richtig klappte. Noch Schuhe und Autoschlüssel. Er rannte die Treppe hinunter und den Weg bis zum Auto. Dann knallte er das Blaulicht aufs Autodach und raste Richtung

Autobahn. Die Straßen waren jetzt fast leer zu nennen. Günstig für ihn. Mit der Freisprechanlage kontaktierte er die Ettenheimer Kollegen. Sie waren schon informiert. Frau Fehrenbach war auf dem Weg ins Ettenheimer Krankenhaus. Sie war also noch rechtzeitig gefunden worden. Renato entspannte sich ein wenig. Das hätte nicht passieren dürfen. Er hätte auf psychologischer Betreuung bestehen müssen, dachte er. Jetzt nagten Gewissensbisse an ihm. Und wieso hatte eigentlich Emily angerufen und nicht die Kollegen? Na ja, er würde es bald erfahren.

Aber sollte er noch seinen jungen Kollegen aus dem Bett klingeln? Renato entschied sich dagegen. Es war nicht notwendig, dass sie beide um den Schlaf gebracht wurden.

In weniger als 30 Minuten war er am Ettenheimer Krankenhaus. Das Gebäude stand auf einer Anhöhe. Bestimmt hatte man am Tag von hier eine gute Aussicht, dachte Renato. Als er hineinging, sah er, dass das Gebäude alt war, aber das musste natürlich nichts heißen. Auf seine Frage nach Frau Fehrenbach hin, zeigte man ihm den Weg. Von Weitem schon erkannte er Frau Uhland und Emily. Sie saßen auf Stühlen im gefliesten Flur. Als er näher kam, erhoben sie sich und gingen ihm ein paar Schritte entgegen.

„Gut, dass Sie kommen konnten. Es ist alles so schrecklich!“

„Sie haben mich angerufen, Frau Braun?“, beinahe wäre ihm ‚Emily‘ herausgerutscht! Er musste sich zusammenreißen. Auch wenn sie so schutzbedürftig in ihrem kurzen T-Shirt-Kleidchen und ihren Plüschhausschuhen aussah, was sie wahrscheinlich gar nicht bemerkte. Er räusperte sich und sagte: „Am besten wir setzen uns alle da drüben an der Sitzecke hin und Sie erzählen mir der Reihe nach, was passiert ist. Einen Moment noch, gehen Sie schon vor, ich komme gleich zu Ihnen."

Renato ließ die beiden alleine zu der Sitzgelegenheit weitergehen, da in diesem Moment ein Arzt aus dem Patientenzimmer kam. Er stellte sich ihm vor und fragte nach dem Befinden von Frau Fehrenbach. Als er hörte, dass sie zwar noch geschwächt, aber soweit überm Berg sei und er sie morgen auch schon sprechen könnte, bedankte er sich und ging zu den wartenden Frauen.

„So, meine Damen, wer hat Frau Fehrenbach denn gefunden?"

Frau Uhland sah bleich aus, sprach aber mit gefasster Stimme: „Ich war das. Wissen Sie, ich gehe so gegen 23 Uhr immer noch mal mit Telemann raus, und da war es bei Kathi, also bei Frau Fehrenbach, schon dunkel. Ich dachte, sie hätte sich früh hingelegt nach der ganzen Aufregung. Aber als ich eine Viertelstunde später wieder zurückkam, war das ganze Haus hell erleuchtet. Also wirklich in jedem Zimmer brannte Licht. Das kam mir komisch vor. Und da wollte ich sie einfach fragen, ob ich etwas für sie tun könnte." Jetzt war es mit der Fassung von Frau Uhland doch vorbei. Sie schluchzte auf, und Emily legte sofort beruhigend den Arm um sie.

„Sie hat geklingelt, und als niemand öffnete, hat sie mich auf dem Handy angerufen, dass ich den Schlüssel bringen soll“, übernahm jetzt Emily.

Frau Uhland riss sich wieder zusammen und fuhr fort: „Wissen Sie, wir haben schon immer unsere Hausschlüssel gegenseitig deponiert. Falls mal was passiert. Es war aber heute das erste Mal, dass wir sie gebraucht haben.“

„Und was war dann?“, versuchte Renato wieder auf den Punkt zu kommen.

„Wir haben laut ‚Kathi‘ gerufen, aber sie hat nicht geantwortet. Da hat Emily alle Räume im Erdgeschoss abgesucht und ich bin nach oben gegangen. O mein Gott!“, in Erinnerung an den furchtbaren Anblick schlug Frau Uhland die Hände vors Gesicht, und Emily streichelte besorgt ihren Rücken. Mit versagender Stimme fuhr sie fort: „Ich habe sie in ihrer Badewanne gefunden. Sie hatte sich die Pulsadern durchtrennt. Die blutige Rasierklinge lag auf dem Boden. Kathi regte sich nicht. Überall war Blut, und das Wasser lief auch noch. Ich wusste gar nicht, was ich zuerst machen sollte. Zuerst habe ich, glaub ich, das Wasser abgedreht, den Stöpsel gezogen und nach Emily geschrien.“

„Du hast wie am Spieß geschrien, dass ich Hilfe holen soll. Da habe ich in Panik Ihre Visitenkarte neben dem Telefon liegen sehen und zuerst Sie angerufen.“

Deshalb also. Renato wunderte sich über die leichte Enttäuschung, die er bei dieser logischen

Erklärung empfand. Er schob sie schnell beiseite. *Bleib professionell, Ren*, ermahnte er sich. *Nichts Privates bei der Arbeit!* „Aber danach haben Sie die 110 angerufen, nicht wahr?", fragte er sachlich.

So hatte es sich abgespielt. Der Rest war schnell erzählt. Der Krankenwagen war fast gleichzeitig mit der Polizei angekommen, und zum Glück war es für Frau Fehrenbach noch nicht zu spät gewesen!

Frau Uhland und Emily fuhren dann beide mit dem Krankenwagen mit und warteten hier auf Renato.

Der bot sich nun an, sie nach all der Aufregung nach Hause zu fahren, was sie zu freuen schien. Zuerst wollten sie aber noch kurz bei Kathi hineinschauen. Renato wollte das auch und begleitete sie.

Im Krankenbett lag die totenbleiche Frau Fehrenbach mit verbundenen Armen. Sie schlief. Was mag wohl in sie gefahren sein, dass sie sich das Leben nehmen wollte? Was war so schrecklich, dass sie meinte, es nicht mehr aushalten zu können? War es nur der Mord an ihrem Mann, der sie dazu trieb? Oder fühlte sie sich auf irgendeine Weise vielleicht sogar schuldig am Tod ihres Mannes? Was wollte diese Frau durch ihren eigenen Tod für immer verbergen?

Heute würde niemand mehr etwas darüber erfahren. Vielleicht morgen.

Auf der Heimfahrt wurde nicht gesprochen. Jeder war mit seinen eigenen Gedanken beschäftigt. Renato versuchte im Rückspiegel einen Blick aus

Emilys meergrünen Augen zu erhaschen. Aber als sich ihre Augen trafen, schaute sie sofort weg. Was war das nur mit ihr? Eben noch in der Klinik hatte er den Eindruck, dass sie ihm zumindest Vertrauen entgegenbrachte, und jetzt fühlte sie sich schon wieder belästigt von ihm? Er spürte ein kleines schmerzhaftes Ziehen in der Brust. *Renato, verrenne dich da nicht in etwas*, ermahnte er sich selbst. *Du ermittelst hier. Nichts weiter!*

Als er anhielt, öffnete Emily augenblicklich die Autotür und floh geradezu aus seinem Auto. Ohne sich noch einmal umzudrehen, eilte sie ins Haus, das die beiden Frauen in der Aufregung nicht einmal abgeschlossen hatten. Frau Uhland sah ihr irritiert nach. Was hatte Emily denn auf einmal? So kannte sie sie ja gar nicht. Da bedankte sie sich für beide und sah Renato nach, bis er wegfuhr. Dann ging sie ebenfalls ins Haus, direkt hinunter zu Emily, die bereits auf ihrer Couch lag und schon die Kopfhörer in den Ohren hatte.

Lotte trat vor sie hin und wartete, bis Emily die Kopfhörer wieder herausnahm. „Was war das denn, Emily?"

„Ach nichts."

„Für nichts benimmst du dich aber höchst seltsam!"

„Ich kann Männer nicht ausstehen, die meinen, nur weil sie solche Augen haben, fällt ihnen jede Frau sofort zu Füßen!", ereiferte sich Emily und sprang auf die Füße.

„Ah, daher weht der Wind. Du hast dich in ihn verguckt!"

„Im Leben nicht! Was soll ich denn mit so einem Oberkommissar, bitte schön?"

„Emily, bitte werde nicht beleidigend."

„Bist du meine Mutter?"

Lotte gab auf und ging wieder nach oben. Sie wollte nicht streiten.

Emily warf sich auf die Couch zurück und stellte ihre Musik lauter. Mist, jetzt hatte sie auch noch Lotte verärgert! Dabei hatte die nicht ganz Unrecht. Dieser Renato beschäftigte sie schon irgendwie. Mehr, als ihr Recht war. Und sie hatte ihn auch keineswegs ganz zufällig als Ersten angerufen, dort bei Kathi, als sie Hilfe holen sollte.

Seine Telefonnummer stand ja auf der Visitenkarte, die er bei Lotte neben dem Telefon hatte liegen lassen. Und die hatte sie natürlich gelesen. Was konnte sie denn dafür, dass sie ein fotografisches Gedächtnis hatte und sich alles so leicht einprägen konnte? Gut, sie hätte auch den Notruf wählen können, statt seiner Nummer. Hatte sie aber nicht. Na und? Aber musste er sich deswegen schon etwas einbilden? Das tat er nämlich. Sie hatte es in seinen Augen gelesen, als er ihre im Rückspiegel gesucht hatte. Emily ignorierte bewusst die Erinnerung an die leichte Schwäche, die sie aufkommen spürte, als sich ihre Blicke im Rückspiegel trafen.

Kapitel 6

Wer wie Renato bei offenen Fenstern schläft, wird zu dieser Jahreszeit unerbittlich beim ersten Sonnenstrahl von überwältigendem Vogelgezwitscher geweckt. Der alte, gepflegte Baumbestand in den Gärten ehrwürdiger Gebäude, der Herdern zu dem macht, was es ist, ist Heimat zahlloser Vögel, die alljährlich zu Beginn der Paarungszeit anheben, sich mit ihren variationsreichsten Gesängen gegenseitig lautstark zu überbieten. Später im Jahr, wenn die Zugehörigkeiten geklärt und die Nester gebaut sind, wird es dann wieder ruhiger.

Renato war jedes Jahr aufs Neue berührt von der Stimmgewalt der Natur in seinem Garten. Ihn versetzte das geschäftige Pfeifen und Zwitschern allmorgendlich in eine angenehme Aufbruchsstimmung. Auf den Wecker konnte er verzichten. Die Vögel waren pünktlich. Nachdem er eine Weile am offenen Fenster gestanden hatte, riss er sich los und machte sich an seine eigene Morgenroutine.

Nach dem letzten Schluck seines wohlmundenden Kaffees fühlte er sich bereit für den Tag. Den Weg zum Polizeipräsidium legte er heute in Bestzeit zurück, denn samstags war auf Freiburgs Straßen so früh am Morgen wenig los.

Auch im Präsidium war wenig Betriebsamkeit zu spüren. Röschens Arbeitsplatz war verwaist. Dafür überraschte ihn erneut, dass sein neuer Kollege schon da war. Zuverlässig war er auf jeden Fall. Sie hielten sich nicht lange im Büro auf, da sie einen langen Weg vor sich hatten und in Ettenheim erwartet wurden. Unterwegs sprachen sie miteinander ab, wie sie beim Meeting vorgehen wollten.

Dann wagte Renato doch einen Vorstoß: „Wieso sind Sie eigentlich zur Polizei gegangen? Jemand mit Ihrem Hintergrund hätte doch bestimmt ganz andere Möglichkeiten? Ihnen hätte doch die Welt offen gestanden.“

„Das stimmt. Mein Vater hätte ohne Weiteres die Wege in eine erfolgreiche Zukunft für mich ebnen können.“

„Und das wollten Sie nicht? Warum nicht?“

„Vielleicht aus demselben Grund nicht, aus dem Sie nicht Jurist geworden sind, um dann in die florierende Kanzlei Ihres Vaters einzutreten.“ Felix warf Renato einen verschmitzten Seitenblick zu.

„Sie haben sich über mich informiert?“

„Sie nicht?“

Ertappt! Renato grinste schief zurück.

„Chef, ich kann Ihre Vorbehalte mir gegenüber gut verstehen. Aber Sie müssen sich keine Sorgen machen, mein Vater bleibt außen vor. Leider habe ich nicht verhindern können, dass er beim Polizeipräsidenten anrief, um für mich Vorteile zu erwirken. Ich selbst will das auf keinen Fall!

Und ehrlich gesagt bin ich durchaus in der Lage, aus eigener Kraft etwas zu leisten. Ich hoffe, Sie sind nicht voreingenommen und geben mir eine Chance."

„Offene Worte, Felix. Das weiß ich zu schätzen. Bei mir zählt nur die Zusammenarbeit. Und bisher sehe ich das positiv. Und übrigens haben Sie Recht, ich bin nicht Jurist geworden, um unabhängig von meinem Vater zu sein. Und das hat ihn auch nicht gerade gefreut."

„Ich hatte zuerst ein paar Semester Psychologie studiert, bis mir klar wurde, dass mein Vater schon anfing, in Praxis-Immobilien zu investieren und sich damit weiter in meine Zukunft einmischen würde. Da habe ich abgebrochen und bin zur Polizei gegangen mit der Gewissheit, dass Polizeipräsidien nicht käuflich sind und es ihm zumindest schwerfallen würde, in ein stark reglementiertes Beamtensystem einzugreifen. Und mit Psychologie hat es ja schließlich auch zu tun."

„Hört sich an, als ob es nicht leicht ist, Sohn Ihres Vaters zu sein."

„Das ist es wohl nie. Davon können Generationen von Söhnen ein Lied singen."

So einander nähergekommen grinsten sie sich gegenseitig an und verbrachten die letzten Minuten vor dem Ziel in angenehmem Schweigen.

Im Tagungsraum der Polizeistation in Ettenheim waren schon alle versammelt. Jemand hatte auf Tischen an der rückwärtigen Wand Getränke und Butterbrezeln bereitgestellt, an denen sich die Kollegen dankbar bedienten. Renato und Felix nahmen sich etwas und suchten einen Platz in der vordersten Reihe.

Als der Dienststellenleiter vortrat, verstummte das Geplauder und man hörte nur noch hie und da das Klirren einer Kaffeetasse oder das Öffnen einer Flasche. Herr Huber, hiesiger Dienststellenleiter, begrüßte alle, insbesondere die Gäste aus Freiburg, die bei der Aufklärung des Schulleitermordes aktiv waren, und bedankte sich für die Selbstverständlichkeit, mit der alle Kollegen den zusätzlichen Einsatz hinnahmen. Dann übergab er Renato Rupp das Wort. Dieser berichtete zunächst von den Ereignissen der letzten Nacht und bat dann den Leiter der KTU, seinen langjährigen Freund Leo Wanninger, die Ergebnisse seiner Mannschaft zu präsentieren.

Leo Wanninger hatte ein wenig Mühe, seine über 200 Kilogramm Körpergewicht aus dem engen Stuhl, in den er sich zuvor gezwängt hatte, hochzuhieven. Dann aber zog er die Zuhörer nicht nur durch seine beeindruckende Größe, sondern auch durch seine sonore Stimme in den Bann.

„Wir haben am Tatort nichts gefunden, was wirklich weiterhelfen könnte. Die Fingerabdrücke am Tennispokal sind wohl mit dem weißen Seidenschal des Opfers abgewischt worden. Das Blut am Schal stammt eindeutig vom Opfer. Wir haben am Tatort nichts finden können, was mit dem roten Seidenfaden unter dem Fingernagel des Opfers in Verbindung gebracht werden könnte. Der Dienstcomputer sowie das Handy unseres Opfers wurden von den Technikern ebenfalls überprüft. Auch da war nichts Auffälliges dabei, wenn man davon absieht, dass Herr Fehrenbach öfter mal schwärmerische Mails von seinen Tennismädchen bekommen hat. Ich habe sie vorsichtshalber für alle ausdrucken lassen, falls sich für Sie doch Hinweise daraus ergeben sollten. Wir haben ansonsten in seinem Büro überhaupt nichts Privates gefunden, was schon auffällig ist. Möglich, dass sein Arbeitszimmer zuhause ergiebiger ist. Da waren wir noch nicht, würden das aber gerne jetzt gleich noch in Angriff nehmen. Den Haustürschlüssel hat die Nachbarin? Gut. Das wär's von unserer Seite bis jetzt."

Renato bedankte sich und entließ die KTU, wodurch sich der Kreis der Zuhörer deutlich verkleinerte. Außer dem Dienststellenleiter gab es gerade noch vier Kollegen aus Ettenheim. Ein kurzes Stühlerücken und dann projizierte Felix auch schon das übersichtliche Schaubild, das in ihrem Büro in Freiburg hing, an die Wand des Tagungsraums nach vorne. Es war jetzt so still, dass man eine Stecknadel hätte fallen hören, als Renato mit seinen Ausführungen begann. Er gab zunächst einen Überblick über den bisherigen Stand der Ermittlungen, der auf dem Schaubild verdeutlicht war, und forderte die Kollegen dann auf, ihrerseits mögliche Fakten zu ergänzen, die sie beim Überprüfen der Alibis bisher entdeckt hatten.

Sofort meldete sich eine Kollegin: „Stark. Mein Kollege Meier und ich haben die Gastredner vom Donnerstagabend überprüft. Sie haben die Schule miteinander kurz gegen 20.40 Uhr verlassen und sind mit ihren Autos gleichzeitig weggefahren. Die Ankunftszeiten in ihren Wohnungen stimmen mit dieser Aussage überein. Außerdem haben wir mit vier Eltern von der Liste gesprochen. Zwei sind nach dem Vortrag, also um 20 Uhr, sofort nach Hause, die anderen beiden zwanzig Minuten später."

Renato lächelte und bedankte sich.

„Und Sie beide?"

„Hopf mein Name und das ist Herr Gardener. Wir haben die zwei der Schule verwiesenen Schüler überprüft. Das hat nichts ergeben. Und bei den von uns bisher überprüften Eltern auch nicht. Die Sekretärin ist schon um 20 Uhr gegangen und der Hausmeister hatte frei. Er hat ein Alibi. Das haben wir bereits überprüft."

„Vielen Dank auch Ihnen. Bitte sehen Sie zu, dass Sie die restlichen Personen auf der Liste noch aufsuchen. Die beiden Referendare stehen noch drauf?"

Die Kollegen nickten.

„Bitte nehmen Sie sich die heute zuerst vor, denn Frau Jäckle haben wir noch gar nicht gesprochen. Und da gab es Unstimmigkeiten mit der Schulleitung."

„Wir übernehmen das", bot sich Frau Stark an.

„Und rufen Sie mich bitte an, wenn sich etwas ergibt. Warten Sie auf keinen Fall bis Montag. Die Kontaktdaten haben Sie erhalten?"

Alle vier nickten.

„Dann nur noch eines. Wurde Michael Fehrenbach für heute einbestellt?", wandte sich Renato nun direkt an den Dienststellenleiter.

„Den konnten wir bisher einfach nicht erreichen. Aber wir bleiben dran."

„Dann danke ich Ihnen herzlich. Wenn sich nichts Neues ergibt, sehen wir uns am Montag wieder hier."

Renato verließ mit Felix den Tagungsraum. „Wir fahren jetzt zur Witwe. Sie muss uns jetzt endlich die Informationen geben, die wir brauchen. Und rufen Sie doch gleich mal den Leo Wanninger an. Vielleicht hat der ja inzwischen auch was."

Die Fahrt zum Krankenhaus war kurz. Felix war immer noch dabei, mit Leo Wanninger zu sprechen, als Renato auf dem Parkplatz schon einparkte. Endlich kam er zum Ende. Mit strahlendem Blick sah er Renato an: „Chef, Herr Wanninger hat etwas gefunden."

„Jetzt machen Sie es doch nicht so spannend."

„Er hat Unterlagen gefunden, aus denen hervorgeht, dass unser Opfer sein Haus vor zwei Jahren mit 200 000 Euro beliehen hat. Und vor sechs Monaten nochmals mit 100 000 Euro. Er unterhält neben seinem Gehaltskonto noch ein zweites bei der Deutschen Bank Freiburg, auf dem diese Beträge eingegangen sind, und jetzt kommt's, Chef!"

„Na, sagen Sie doch endlich!"

„In der ganzen Zeit hat er mehrmals im Monat zwischen zehn- und zwanzigtausend Euro abgehoben!"

„Felix, jetzt haben wir eine Spur! Wir müssen klären, wozu er das Geld gebraucht hat. Ich bin gespannt, ob die Ehefrau davon etwas weiß! Hat Leo vielleicht noch ein Notizbuch oder etwas in der Art gefunden?"

„Nein. Den Computer hat er mitgenommen. Er konnte mit seinen Leuten nur im Arbeitszimmer nachsehen, da hat die Nachbarin streng drauf geachtet."

„Wer? Frau Uhland?"

„Nein, es war die andere. Frau Braun. Sie stand wohl die ganze Zeit in der Tür und hat aufgepasst wie ein Luchs!"

Renato schmunzelte.

Im Krankenzimmer trafen sie auf Frau Uhland, die sich aber gerade verabschiedete. Frau Fehrenbach hatte wieder Farbe im Gesicht. Es schien ihr besser zu gehen, wenn man von ihrer deutlichen Nervosität absah.

Nachdem sie sich nach ihrem Befinden erkundigt hatten, begannen sie mit der Befragung. „Frau Fehrenbach, wo ist Ihr Sohn?"

„Ich weiß es nicht, er geht nicht ans Handy."

„Schreiben Sie bitte Ihrem Sohn eine Nachricht, dass er sich bei mir oder bei der Polizeidienststelle in Ettenheim umgehend melden soll, sonst schreiben wir ihn zur Fahndung aus. Haben Sie das verstanden?“ Renato hatte eindringlich gesprochen. Er war sicher, dass sie wusste, wo ihr Sohn sich aufhielt.

Dann übernahm Felix: „Frau Fehrenbach, Sie sagten uns, dass Sie Ihren Mann am Donnerstag beim Mittagessen zum letzten Mal gesehen haben. Stimmt das?“

Und als sie nickte, fuhr er fort: „Haben Sie sich denn nicht gewundert, dass er die ganze Nacht vom Donnerstag auf den Freitag gar nicht nach Hause kam?“

Als sie nach ihrem Taschentuch griff und den Anschein machte, gleich wieder zu weinen, griff Renato erneut ein und sagte streng: „Bei allem Verständnis für Ihren Schmerz, Frau Fehrenbach, können wir unsere Fragen nicht länger aufschieben. Sie wollen doch auch, dass der Mörder Ihres Mannes verhaftet wird, oder?“

Offenbar brauchte sie klare Worte, denn sie riss sich merklich zusammen und antwortete: „Ich habe in jener Nacht doch bei meiner Schwester in Kappel übernachtet und kam erst am nächsten Morgen wieder, als ich dachte, dass er schon in der Schule wäre.“

„Wieso das denn?“, fragte Felix freundlich.

„Ich wusste nicht, was ich machen sollte, und ich brauchte Abstand."

„Frau Fehrenbach, reden Sie bitte nicht drum herum, sagen Sie uns endlich, was Sache ist." Renato forcierte wieder etwas und hatte sofort Erfolg.

„Ich war nicht damit einverstanden, wie er unseren Sohn behandelt hat. Und darüber wollte ich in Ruhe nachdenken."

„Bei Ihrer Schwester in Kappel."

„Ja."

„Wann sind Sie denn losgefahren?", erkundigte sich Felix.

„Es muss so kurz nach halb neun gewesen sein. Als ich an der Schule vorbeifuhr, war sie noch hell erleuchtet und auf dem Parkplatz davor standen noch mehrere Autos. Das weiß ich noch ganz genau. Bei meiner Schwester war ich dann um Viertel vor neun."

„Woher wissen Sie das so genau, Frau Fehrenbach?", fragte Renato nach.

„Na, weil ich auf die Uhr geschaut habe, um zu sehen, ob meine Schwester schon daheim sein könnte. Sie singt doch donnerstags im Kirchenchor."

„Aber sie war schon da und hat Sie reingelassen?", vermutete Felix.

„Eben nicht. Und ihr Sohn, der Kevin, hat mein Klingeln nicht gehört, weil er wieder Kopfhörer aufhatte beim Zocken. Sie wissen doch, wie die Jugendlichen heute sind."

„Und dann?" Renato sah sie streng an.

„Dann habe ich eben mit meinem Schlüssel aufgeschlossen und bin rein. Ich habe mich dann ins Wohnzimmer gesetzt und auf meine Schwester gewartet. Die kam erst gegen halb zehn."

„Hat Kevin Sie bemerkt?", fragte Felix.

„Nie im Leben! Neben dem könnte eine Bombe explodieren und er würde nichts bemerken, wenn er zockt."

„Aha. Und jetzt nochmals zurück, Frau Fehrenbach. In welcher Angelegenheit waren Sie und Ihr Mann sich uneinig im Verhalten gegenüber Ihrem Sohn?" Felix formulierte seine Frage vorsichtig.

„Mein Mann hat dem Michael den Umgang mit einem Freund verboten. Und dabei kam es zu einem ziemlich heftigen Streit. Mein Sohn ist danach abgehauen und hat sein Handy abgestellt. Es ist alles so schrecklich!" Jetzt ließ sie ihren Tränen freien Lauf und sank zurück aufs Kissen.

Die beiden hatten erst einmal genug erfahren und verabschiedeten sich.

Auf der Fahrt nach Freiburg sagte Felix: „Chef, die Frau hat uns belogen."

„Das ist etwas, was feststeht, Felix. Die Frage ist nur, warum? Schützt sie sich oder ihren Sohn? Aber den müssen wir erst einmal in die Finger kriegen. Der verhält sich doch mehr als merkwürdig."

Renatos Handy klingelte. Als er sah, dass Kollegin Stark dran war, gab er es an Felix weiter. Der sprach lange mit ihr. Sie hatte nämlich interessante Neuigkeiten. Die gab er nun aufgeregt an Renato weiter: In ihrem Gespräch mit Frau Jäckle war herausgekommen, dass diese sehr wohl ein Problem mit Jürgen Fehrenbach hatte. Er schien sie mehrfach sexuell belästigt zu haben. Das war es auch, was Frau Uhland, ihre Mentorin, mit Fehrenbach klären wollte. Allerdings ergab die Überprüfung, dass Frau Jäckle ein wasserdichtes Alibi hatte.

Jetzt machte sich in Renato die Aufregung breit, die er immer dann spürte, wenn der Fall ins Rollen kam, wenn sie aufhörten, auf der Stelle zu treten.

„Es wird spannend, Felix. Finden Sie nicht? Auf einmal häufen sich die Tatmotive. Jetzt heißt es, nichts zu überhasten. Ein guter Kriminalist muss gerade jetzt Geduld beweisen und darf sich nicht zu früh festlegen. Das wäre ein gravierender Fehler, Felix. Merken Sie sich das gut."

„Schon verstanden, Chef." Felix strahlte. Er schien Renatos Jagdfieber zu spüren.

„Chef?"

„Ja?"

„Ich bin froh, Ihnen zugeteilt zu sein."

Renato grinste ihn an.

Kapitel 7

Ein Aprilsonntag, der sich von der besten Seite zeigte. Emily, vom schlechten Gewissen geplagt, war noch früher als sonst aufgestanden und bis weit hinter Ettenheimweiler auf Wirtschaftswegen zwischen blühenden Löwenzahnwiesen und Obstplantagen hindurchgejoggt, während Telemann immer mal wieder seitlich ausscherte, um verdächtigen Bewegungen nachzujagen, was sich allerdings meistens als sinnloses Bemühen herausstellte, wenn er wieder nur einem aufgescheuchten Vogel hinterherschauen konnte. Nach etwa einer Stunde kamen beide ausgepowert und zufrieden zurück.

Telemann verzog sich hinter die Küchentheke und streckte alle viere von sich. Wahrscheinlich würde er da so lange liegen bleiben, bis sein Futternapf gefüllt würde. Emily ihrerseits beeilte sich mit dem Duschen, da sie auf der Terrasse fürs Frühstück eindecken wollte. Daher nahm sie sich nicht die Zeit zum Föhnen, sondern verstaute ihre nassen Haare, nachdem sie in eine Jeans und in ein hautenges T-Shirt geschlüpft war, unter einem Handtuch, das wie ein Turban befestigt war.

Während sie zwischen Küchenecke und Terrassentisch hin und her hastete und gerade versuchte, den bedenklich schwankenden Aufbau von Geschirr auf dem Tablett durch geschicktes Ausbalancieren ohne Zwischenfall draußen auf dem Tisch abzusetzen, klingelte das Telefon. Emily erschrak, aber sie fing sich rechtzeitig und stellte das Tablett tatsächlich sicher auf dem Tisch ab.

Beim vierten Läuten, während Emily in Windeseile alles zurechtstellte, tauchte Lotte im Morgenmantel auf. Doch bis sie, nach einem weiteren Läuten, den Hörer erreichte, hatte der Anrufer bereits aufgelegt.

„Was hast du denn vor? Ist es denn wirklich warm genug da draußen?“, fragte sie zweifelnd.

„Zieh dir eben noch eine Jacke an, wenn du es zu frisch findest. Ich finde, wir sollten es uns heute mal schön machen, nach den ganzen Aufregungen. Kommst du gleich oder willst du noch duschen? Wie du willst“, überließ Emily ihr die Entscheidung, froh darüber, dass sie kein bisschen sauer klang.

„Ich komme gleich. Duschen kann ich später“, antwortete Lotte von hinten.

Da versah Emily schnell noch die letzten Handgriffe, die ein ausführliches Frühstück erforderten, und füllte den Napf von Telemann, der sich sofort erhob und sich schmatzend über sein Futter hermachte.

Für den Kaffee ging Emily lieber zweimal. Sie wollte heute nicht riskieren, dass etwas überschwappte und die Stimmung zwischen ihr und Lotte womöglich noch mehr trübte.

Dann nahm sie draußen auf der von Frühblühern umsäumten Terrasse Platz und schaute in den Garten. Wie schön es hier war. In Berlin, wo sie zuhause war, hatten sie keinen Garten. Sie wohnte mit ihrer Mutter in einem großzügigen Loft mit Ausblick auf die Stadt. Das war auch schön. Da pulsierte das Leben. Aber hier im ländlichen Ettenheim, und gerade jetzt mit Blick in diesen blühenden Garten, entspannte man total. Sie wusste im Moment gar nicht, was sie vorziehen sollte: Stadt oder Land. Vielleicht brauchte man beides!

Da kam Lotte. Sie trug einen kuscheligen Hausanzug, der sie sicher gut wärmte. „Vielleicht gehe ich nachher auch joggen. Das bringt mich mal auf andere Gedanken", sagte sie und nahm sich eine Scheibe Brot.

„Lotte, ich möchte mich für gestern entschuldigen!", begann Emily kleinlaut. „Es war total unfair, dich mit meiner Mutter zu vergleichen."

„Ach papperlapapp! Tatsächlich habe ich mich sogar ein bisschen wie deine Mutter gefühlt. Das ist auch nicht besser."

Erleichtert grinsten sie sich an.

„Hast du deshalb Frühstück gemacht? Es freut mich."

„Und mich freut, dass du so eine gute Freundin für mich bist. Deshalb darfst du meinetwegen weiterhin an mir noch ein bisschen rumerziehen. Aber gib zu, dass du nicht anders kannst, du Lehrerin!", neckte sie Lotte lachend.

„Nur wenn du zugibst, dass ich Recht hatte!", konterte Lotte, ebenfalls lachend.

Die Stimmung war so heiter, dass Lotte zum wiederholten Mal dankbar daran dachte, wie gut es doch war, dass sie vor einem knappen Jahr zugestimmt hatte, Emily bei sich aufzunehmen. Nur mit Telemann alleine war ihr Leben in der letzten Zeit doch recht einsam gewesen, seit ihre Tochter, alles, was sie an Familie noch hatte, mit ihrem Mann nach Kanada ausgewandert war. Und Emily tat die Auszeit auf dem Land merklich gut. Sie wirkte inzwischen schon viel ausgeglichener.

In Berlin muss Emily wohl kurz vor einem Burn-out gestanden haben, nach dem, was ihre Freundin Anne, Emilys Mutter, ihr berichtet hatte. Anscheinend hatte sich Emily zu viel zugemutet, sich selbst zu sehr unter Leistungsdruck gesetzt und nur Bestnoten in ihrem Studium gelten lassen, bis sie zusammenbrach. Zum Glück war ihre Mutter, als Tänzerin selbst hochdiszipliniert, eine kluge Frau und bestand auf dieser Auszeit. Emily konnte in Ruhe ihrem Wunsch, Schriftstellerin zu werden, nachgehen und versuchen, ein Buch zu schreiben. Bisher hatte sie allerdings nur ein paar ihrer Artikel in Journalen untergebracht, aber das reichte ihr zum Leben, denn ihr Vater, der von der Mutter getrennt lebte, unterstützte sie finanziell.

Also alles in bester Ordnung an diesem Sonntagmorgen.

Da klingelte das Telefon erneut. Es war Kathi. Sie durfte das Krankenhaus heute schon verlassen und bat Lotte, sie abzuholen.

„Geh nur, ich räume ab. Und ja, ich gebe alles brav in die Spülmaschine“, kicherte Emily.

„Bin bald zurück. Du kannst ja dann rüberkommen, vielleicht bekommst du Anregungen für dein Buch“, lachte Lotte und fuhr, wer hätte das von ihr gedacht, in salopper Hauskleidung und ungeduscht zur Klinik. Das war ja nun gar nicht lehrerinnenhaft. Fand jedenfalls Emily.

Emily ging nach unten und sah sich ihre Aufzeichnungen an. Bisher hatte sie außer den ausführlichen Darstellungen ihrer Protagonisten lediglich zwei drastische Szenen beschrieben: Das Auffinden des Mordopfers in der Schule und den Selbstmordversuch der Ehefrau. Nicht gerade viel, aber gar nicht so übel, fand sie. Emily ließ ihren Gedanken nun freien Lauf. Sollte sie abwarten, wie sich die Dinge entwickelten, oder sollte sie in diesem frühen Stadium schon eigene Wege gehen? Entschlossen zog sie mit einem Bleistift eine Linie mitten durch das oberste Blatt ihres DIN-A3-Blockes, den sie für Schaubilder aller Art immer griffbereit hatte. Die linke Seite überschrieb sie mit „Fakten“, die rechte Seite mit „Ideen“. Dann legte sie los. Fakten gab es nicht gerade viele, aber in der Rubrik Ideen fand sie, besonders was den Selbstmordversuch von Kathi anging, diverse Schlussfolgerungen, die allerdings alle Kathi in ein schlechtes Licht rückten. Mal sehen, was sie selbst über ihre Gründe zu diesem Schritt erzählen würde.

Emily schreckte aus ihren Überlegungen hoch: Hoffentlich war sie nicht zu spät und hatte das Beste womöglich schon verpasst. Auf jeden Fall brauchte sie ihr Handy, um das Gespräch aufnehmen zu können. Erlaubt oder nicht. Nur, wohin sollte sie es stecken? Ihr Blick fiel auf ihren weißen Sporthoody mit der Kängurutasche. Den zog sie sich schnell über und verstaute ihr Gerät darin mühelos.

Sie kam gerade rechtzeitig, denn soeben betraten Lotte und Kathi das Nachbarhaus. Emily rannte die paar Schritte, damit sie noch mit hineinkam, ehe die Tür verschlossen wurde. Lotte geleitete ihre Freundin zur Sitzecke und erbot sich fürsorglich, einen Kaffee aufzusetzen. Emily setzte sich Kathi gegenüber und erkundigte sich besorgt nach ihrem Befinden.

Wenn man die Pflaster an ihren Handgelenken nicht sah, kam man nicht ohne Weiteres auf die Idee, dass Kathi soeben aus dem Krankenhaus entlassen worden war, denn schon stand sie auf und sagte: „Ich muss den Anrufbeantworter abhören. Vielleicht hat ja Michael sich gemeldet." Und in Richtung Küche: „Es muss noch von dem Käsekuchen da sein! Emily, geh, hol du doch den Kuchen und Teller."

Emily tat, wie ihr geheißen, versuchte aber zu hören, was der Anrufbeantworter von sich gab. Aber als Kathi dann ebenfalls in der Küche auftauchte, konnte man ihrem enttäuschten Gesicht unschwer entnehmen, dass ihr Sohn sich nicht gemeldet hatte.

„Vielleicht hat er sein Handy ja nicht dabei, da wo er gerade ist. Der meldet sich schon noch, Kathi“, versuchte Emily zu trösten. Und als sie dann alle um den Tisch herumsaßen, fügte sie hinzu: „Was könnte denn der Grund sein, weshalb er nichts von sich hören lässt?“

Kathi legte die Gabel, mit der sie sich gerade ein Stück Käsekuchen abgetrennt hatte, auf den Teller zurück, legte ihre Arme mit einem Seufzer schlaff in den Schoß und sagte: „Ihr werdet es ja doch erfahren. Jürgen hatte am Mittwoch, noch bevor er in die Schule fuhr, einen solchen Streit mit Michael, dass er ihn am Ende rausgeschmissen hat.“

„Was? Die beiden kamen doch bisher ganz gut miteinander aus? Und Michael ist doch ein lieber Kerl?“, wunderte sich Lotte.

„Weswegen haben sie denn so gestritten?“, erkundigte sich nun Emily interessiert.

„Ach es war nicht nur ein Streit.“ Kathis Stimme klang schon wieder leicht belegt. „Jemand hat wohl Jürgen erzählt, dass unser Michael mit einem jungen Mann zusammen wäre.“

„Michael ist schwul?“, warf Emily ein.

„Ach bitte, Kathi, wir leben doch im 21. Jahrhundert! So schlimm kann das doch nicht sein, selbst wenn es stimmen würde, was ja auch nicht unbedingt der Fall sein muss, wenn Jürgen das nur über Dritte erfahren hat. Ich weiß ja, dass er altbackene Ansichten vertrat, dein Jürgen, aber das hätte ich ihm doch nicht zugetraut. Warst du denn bei dem Streit dabei?“ Lotte hatte nun auch aufgehört Kuchen zu essen.

„Was hat denn Michael dazu gesagt?“, Lottes Augen funkelten. Das war ja besser als erwartet.

Kathi schnäuzte sich ausführlich in das Tempotaschentuch, das Lotte ihr gereicht hatte, und fuhr dann fort: „Michael hat alles zugegeben. Er ist dann noch in die Schule, aber am Nachmittag hat er eine Tasche gepackt, ist auf seinen Roller gestiegen und verschwunden. Als er die ganze Nacht wegblieb, wusste ich, dass es ernst war. Aber Jürgen wollte mit mir beim Mittag nicht darüber sprechen. Da bin ich zu meiner Schwester nach Kappel gefahren. Damit ich für mich überlegen konnte, was ich jetzt machen wollte. Und als ich am Freitag in der Früh wieder heimkam, war der Jürgen doch schon tot! Und von Michael kein Wort! Da wollte ich einfach nicht mehr.“ Kathi konnte ein Schluchzen nicht ganz verhindern, und Lotte suchte bereits nach einer neuen Packung Tempos. Da schrillte das Telefon.

Kathi riss sich sichtlich zusammen, ging zu der Kommode, wo es in der Ladestation stand, und nahm den Anruf entgegen. „Michael!“, rief sie, erneut überwältigt von Emotionen. „Endlich! Du musst sofort kommen. Der Papa ist tot.“

Was im Weiteren gesprochen wurde, konnten Emily und Lotte nicht mehr verfolgen, weil Kathi mit dem Telefon ins angrenzende Gästezimmer verschwand, um ungestört mit ihrem Sohn sprechen zu können.

„Hast du gewusst, dass Michael schwul ist, Lotte?“

„Nein, aber jetzt wird mir im Nachhinein so einiges klar. Weißt du, ich hatte mich immer gewundert, dass Michael und meine Tochter Maren all die Jahre so eng miteinander befreundet waren, heute noch, und dennoch nie etwas miteinander hatten.“

„Vielleicht wusste deine Tochter davon?“

„Ich glaube nicht. Sie waren wie Geschwister, weißt du. Oder soll ich sagen wie Freundinnen? Nicht mal die kleinen Romanzen, die Maren mit ein paar wenigen Jungs in der Zeit hatte, änderten da etwas. Michael war immer ihr Vertrauter.“

Da kam Kathi merklich erleichtert zurück: „Michael kommt nachher zurück. Er hatte sein Handy nicht dabei und wusste nichts von dem, was passiert ist.“

„Hat er denn keine Zeitung gelesen?“, bohrte Emily nach.

„Er war mit seinem Freund in Rom und ist gerade erst zurückgekommen. Deshalb.“ Kathi schien von ihrer früheren Lebendigkeit einiges zurückgewonnen zu haben. Sie straffte ihre Schultern und hielt den Kopf gerade.

„Das freut mich wirklich für dich, Kathi“, sagte Lotte. „Aber vergiss nicht, dass Herr Rupp ihn dringend sprechen möchte.“

„Habe ich ihm schon gesagt. Er will gleich anrufen. Dann kommt er.“ In ihrer Stimme schwang fast schon Freude mit, was Lotte eher mit Besorgnis sah, denn es zeigte, dass Kathi noch unter enormen Stimmungsschwankungen litt. Verständlich natürlich. Aber jemand sollte ein Auge auf sie haben.

„Gut, dann gehen wir mal rüber, Kathi. Wenn etwas ist, melde dich, ja?“ Lotte gab Emily einen Wink, sich zu erheben, denn wie es aussah, hätte die das Geschehen gerne noch weiterverfolgt.

Kapitel 8

Emily wachte auf, als Telemann ihr zum zweiten Mal mit seiner feuchten Zunge übers Gesicht fuhr: „Iiih, Telemann, hör auf! Du sollst doch nicht immer auf mein Bett springen!“ Aber dann knuddelte sie ihn doch erst einmal durch, bis es ihm zu viel wurde und er vom Bett sprang. Emily stand gut gelaunt auf, denn sie hatte in der Nacht noch lange geschrieben und war sehr zufrieden mit sich.

Nach einem kurzen Kaffee im Stehen entschied sie, das gesamte Leergut, das sich in der Vorratskammer stapelte, wegzubringen und durch neuen Vorrat zu ersetzen. Lotte würde zufrieden sein!

Im Auto, einem roten Mini Cooper, stellte sie das Radio laut und sang hingebungsvoll mit, wenn einer ihrer bevorzugten Songs gespielt wurde. Ein herrlicher Morgen! Das Leben konnte so schön sein! Und mit Schwung parkte sie auf dem Edeka-Parkplatz.

Ihr Überschwang ließ ein wenig nach, als sie an der Kasse warten musste, weil die Kundin vor ihr der Kassiererin in höchsten Tönen von ihrem soeben verbrachten Urlaub vorschwärmte. Als sie dann noch ihr Handy zückte, um Bilder zu zeigen, konnte Emily nicht anders: „Entschuldigen Sie, geht es hier nicht weiter?“

Wenn Blicke töten könnten, wäre Emily tot umgefallen.

Beleidigt steckte die Kundin ihr Handy ein, und die Kassiererin nahm ihre Aufgabe wieder auf. Nicht ohne mit einem bissigen Blick auf Emily zu bemerken: „Wir sind auch persönlich für unsere Kunden da! Wer das nicht will, kann ja in einem der Billigläden einkaufen."

Das konnte doch nicht wahr sein! Emily biss sich auf die Zunge, damit ihr nicht noch eine Bemerkung entschlüpfte, bezahlte ihre Rechnung und ging. Wir sind hier in Ettenheim, nicht in Berlin, sagte sie sich wieder einmal. Hier ist der Kunde nicht König, sondern hat sich an Regeln zu halten.

Innerlich den Kopf schüttelnd, hievte sie die Sprudelkästen in ihren Kofferraum, und die Flasche Rotwein, die sie noch als Überraschung für Lotte gekauft hatte, legte sie daneben.

Da erklang hinter ihr eine wohlbekannte Stimme, die sie sofort elektrisierte: „Guten Morgen Frau Braun, wie schön, Sie zu sehen!"

In einer einzigen Bewegung schlug sie den Kofferraumdeckel zu und fuhr herum. Tatsächlich, sie hatte richtig gehört. Renato Rupp stand genau vor ihr, mit einer Papiertüte in der Hand und diesem unverschämten Grinsen im Gesicht.

„Guten Morgen. Ich habe es leider ziemlich eilig." Emily riss an der Fahrertür, um schnell einzusteigen, aber sie ging nicht auf. Hastig suchte sie den Autoschlüssel in ihren Hosentaschen. Auch nichts.

Renato beobachtete ihr hektisches Treiben, ohne sich von der Stelle zu bewegen.

Das war das Schlimmste.

„Kein Schlüssel? Haben Sie ihn vielleicht an der Kasse liegen lassen? Soll ich schnell nachsehen?"

Gott, jetzt war er auch noch so hilfsbereit! Warum ging er nicht einfach?

„Nein, ich habe doch den Kofferraum damit aufgeschlossen." Emily spähte durch die Rückscheibe in den Kofferraum hinein. Da lag er, ihr Schlüssel! Gott, wie peinlich.

Renato, der nun ebenfalls hineinsah, erkannte ihre Lage sofort. Der Wagen war komplett verschlossen und der Schlüssel unerreichbar. Da gab es nur eines:

„Ich könnte Sie schnell nach Hause fahren, damit Sie einen Ersatzschlüssel holen können, und Sie dann wieder zurückbringen. Wenn Sie möchten."

Emily warf ihm einen dankbaren Blick zu. „Danke. Wenn Sie Zeit haben?" Sie war erstaunt, dass er ihr Ungeschick mit keinem Wort erwähnte oder sich auf irgendeine Weise über sie lustig machte.

Die Fahrt verlief schweigend und Emily entspannte sich.

Während sie den Ersatzschlüssel holte, wendete Renato.

Wieder eingestiegen, traute sie sich dann doch, nach dem Stand der Ermittlungen zu fragen. Eine bessere Gelegenheit bekam sie so schnell nicht wieder!

„Sie wissen sicher, dass ich darüber nichts sagen darf, auch wenn ich verstehe, dass Sie als Schriftstellerin gesteigertes Interesse an unseren Ergebnissen haben und nicht aus reiner Neugierde fragen."

„Werdende Schriftstellerin! Michael hat sich wahrscheinlich bei Ihnen schon gemeldet? Lotte und ich waren gerade bei Kathi, als er anrief." So schnell gab sie nicht auf.

„Gut, wenn Sie das schon wissen, ich kann es nicht leugnen."

„Und Sie wissen auch, weshalb er abgehauen ist?"

„Frau Braun, wenn Sie mehr Informationen brauchen, fragen Sie ihn doch einfach selbst. Er ist doch Ihr Nachbar. Oder sind Sie mit ihm nicht gut bekannt?"

„Doch, doch, ich kenne ihn gut. Und genau das werde ich tun: ihn fragen. Falls Sie ihn nicht noch einsperren!"

Renato lachte, fiel aber auf ihren Trick nicht herein.

„Gerne hätte ich mit Ihnen weitergeplaudert, aber sehen Sie, wir sind schon da."

Schade, dachte Emily, vielleicht hätte er sich doch noch irgendwann verplappert. Sie bedankte sich und stieg aus.

Merkwürdig, überlegte sie weiter, als sie nun mit ihrem Mini Cooper wieder auf dem Nachhauseweg war, er hat während der Fahrt gar nicht versucht, mich zu bezirzen? Das leichte Ziehen in ihrem

Körper, das sich bei diesem Gedanken einstellte, schob sie ärgerlich beiseite und stelle das Radio lauter.

Michael Fehrenbach saß noch immer im Verhörraum. Man hatte ihm eine Pause gegönnt und etwas zu trinken bereitgestellt. Und nun brachte Renato, der zusammen mit Felix hereinkam, auch noch einen Teller mit drei Berlinern mit, die er gerade im Edeka für die Kaffeepause der Kollegen besorgt hatte. Während sie sich setzten, öffnete sich abermals die Tür und die Sekretärin fragte, ob sie Kaffee zu den Berlinern wollten. Michael lehnte ab, da verzichteten die beiden Ermittler ebenfalls.

Nachdem sie Michael Fehrenbach bereits länger vernommen hatten, gab es jetzt noch einige Fragen zu klären.

„Sie haben ausgesagt, am Mittwoch nach der Schule zu Ihrem Freund Joachim Reuter nach Freiburg gezogen zu sein, weil Ihr Vater Ihnen Hausverbot erteilt hatte. Wie sind Sie denn da hingekommen?“

„Ich habe einen Roller. Normalerweise leihe ich mir das Auto meiner Mutter aus, aber das ging ja jetzt nicht.“

„Können Sie sich vorstellen, wer Ihrem Vater von Ihrer Homosexualität erzählt haben könnte?“

„Nein, das kann ich nicht. Jo und ich haben uns immer nur in Freiburg getroffen. Niemals hier, wo uns viele kennen. Jo hat nämlich, seit er Kunstgeschichte studiert, ein Zimmer im Stühlinger, und da waren wir ungestört."

„Und niemand weiß von Ihnen beiden?"

„Wir sind doch auch noch gar nicht so lange zusammen! Niemand außer Maren weiß davon. Und die ist in Kanada."

„Maren?" Felix konnte sich gerade nicht erinnern, diesen Namen schon einmal gehört zu haben.

„Maren, die Tochter von Frau Uhland."

„Und warum wusste gerade Maren Bescheid und sonst keiner?"

„Maren war immer schon meine Freundin. Also nicht sexuell natürlich. Wir haben uns immer alles gesagt."

„Aber Sie kennen Joachim Reuter schon länger?" Jetzt konnte Renato nicht mehr länger widerstehen. Er nahm sich einen Berliner und biss herzhaft hinein.

„Joachim ist seit ewigen Zeiten mein Tennispartner. Das weiß jeder. Das hat nie jemanden gestört! Aber zusammen sind wir erst, seit er mit dem Studium anfing."

Felix übernahm, als er sah, dass Renato noch kaute. „Haben Sie selbst denn jemanden in Freiburg zufällig getroffen, den Sie kannten, als Sie bei Ihrem Freund waren?"

„Nein! Und ich habe echt keine Ahnung, wer uns in Freiburg gesehen haben könnte."

Renato, der offensichtlich klebrige Hände hatte, sah sich verstohlen nach etwas um, woran er sie abwischen konnte. Da streckte ihm Felix unterm Tisch ein perfekt gebügeltes weißes Taschentuch entgegen, auf dem seine hochherrschaftlichen Initialen aufgedruckt waren.

Renato nahm es mit stoischem Gesichtsausdruck entgegen und fragte: „In Rom hatten Sie also Ihr Handy nicht dabei, sagen Sie. War das Absicht?"

„Ich war so sauer auf meinen Vater, dass ich ein paar Tage nichts mehr von Familie hören wollte. Und ich kenne doch meine Mutter. Die hätte von mir sicher verlangt, dass ich wieder brav daheim ankomme und versuche, meinen Vater umzustimmen. Aber diesmal nicht!"

„Was meinen Sie denn mit ‚diesmal'? Gab es schon öfters Auseinandersetzungen mit Ihrem Vater?", fragte Renato weiter.

„Ja schon. Manchmal konnte ich seine engstirnige, überhebliche Art einfach nicht ertragen und habe ihn kritisiert. Dann flippte er regelmäßig aus, und ich habe mich danach bei ihm entschuldigt, weil meine Mutter es so wollte. Für eine Weile war dann wieder Frieden. Und jetzt ist er tot!", offenbar war jetzt die Schwelle des Erträglichen für Michael Fehrenbach erreicht. Die Tränen liefen ihm übers Gesicht.

Renato und Felix sahen sich an. Der junge Mann hatte freimütig Auskunft zu allen Fragen gegeben. Dass er jetzt zusammenbrach, war nicht in ihrem Sinne, aber durchaus verständlich. Solche Ereignisse wären für niemanden leicht zu verkraften. Renato ging um den Tisch herum, legte ihm eine Hand auf die Schulter und fragte: „Möchte Sie einen Arzt, Herr Fehrenbach?“ Und als dieser den Kopf schüttelte: „Wir fahren Sie jetzt nach Hause, kommen Sie.“

Mehr war heute von Michael Fehrenbach nicht zu erfahren.

Als sie in der Straße Im Saal ankamen und Michael ausgestiegen war, sahen sie, dass bei Frau Uhland eine Vespa parkte, die sie auch schon auf dem Schulparkplatz gesehen hatten.

„Prüfen Sie doch schnell mal nach, wer diese Vespa fährt, Felix. Ich möchte doch zu gerne wissen, wer aus dem Kollegium bei unserer kommissarischen Schulleiterin so ein und aus geht. Wissen Sie, Felix, manchmal spielt einem der Zufall in die Hände. Das darf man nie unterschätzen!“

Felix, der anscheinend die Listen auf seinem iPad hatte, blickte auf: „Die Vespa wird von einem gewissen Referendar Phillip Heimburger gefahren. Nicht ungewöhnlich, dass der sich mit seiner Mentorin trifft. Schade.“

„Ziehen Sie keine voreiligen Schlüsse, Felix. Notieren Sie sich, was Sie beobachten, und warten Sie ab. Die meisten Informationen führen zu nichts, aber woher wollen Sie wissen, welche das sind?“

„Daran muss ich wohl noch arbeiten, Chef!“

„Wissen Sie was? Sie machen Ihre Sache schon sehr gut. Jetzt gerade im Verhör sind Sie mitgegangen, als ob Sie das schon lange machten! Und wenn ich nicht die Initialen auf dem Taschentuch gesehen hätte, könnte ich glatt vergessen, welchen hochherrschaftlichen Hintergrund Sie haben."

Dabei holte er etwas verlegen das Taschentuch heraus und ergänzte: „Danke, übrigens. Sie kriegen es gewaschen und kantenscharf gebügelt zurück!" Dann steckte er es wieder ein.

Da errötete der lange Kerl neben Renato doch tatsächlich!

„Äh, vertragen Sie keine Scherze über den Adel? Dann tut mir das von eben leid."

„Nein, nein Chef. Es ist nur wegen des Lobes."

„Und damit Sie sich nicht darauf ausruhen, bekommen Sie jetzt von mir einen Spezialauftrag: Finden Sie heraus, wie man ins Darknet kommt, denn ich vermute, dass unser Opfer da vielleicht zu Gange war. Finden Sie außerdem heraus, ob uns illegale Wettbüros bekannt sind, in denen man solche Beträge loswerden kann. Sie können alle Verbindungen zu unseren Spezialabteilungen nutzen. Ihrer Kreativität sind da keine Grenzen gesetzt. Und Sie können doch gut mit dem Computer umgehen?"

„Danke, Chef. Gleich, wenn wir im Büro sind, setze ich mich dran."

Renato wollte sich um einen Durchsuchungsbefehl für Fehrenbachs Haus bemühen. Es musste doch einfach noch mehr Hinweise zu den hohen Geldbeträgen geben. Vielleicht gab es ja einen versteckten Laptop irgendwo im Haus oder ein weiteres Handy oder auch nur ein Notizbuch. Wenn jemand so viel Geld ausgab, musste er doch einfach Spuren hinterlassen. Vielleicht konnte er heute noch etwas beim Staatsanwalt erreichen. Mal sehen.

Kapitel 9

Lotte stieg aus ihrem Wagen aus. Wie üblich war sie die Erste. Sie schloss die Schule auf und durchschritt mit schnellen kurzen Schritten das leere Haus, in dem das Klacken ihrer Pumps ihr unnatürlich laut in den Ohren hallte. Auf ihrem langen Weg zum Rektorat machte sie überall Licht, was ihr die Geräusche, die sie verursachte, erträglicher vorkommen ließ.

Auf den letzten Metern vor der Bürotür überfiel sie, wie neuerdings jeden Morgen seit dem Tod Jürgens, ein mulmiges Gefühl. Das ist irrational, sagte sie sich. Und obwohl sie so stolz darauf war, ziemlich furchtlos zu sein, von den Schülern wurde sie nicht umsonst heimlich ‚die toughe Lotte' genannt, konnte sie nichts dagegen tun. Am schlimmsten war immer der Moment, wenn sie die Tür zum Büro öffnete: Das Bild vom toten Jürgen hatte sich so tief in ihr Gedächtnis gegraben, dass sie ihn immer noch dort sehen konnte. Leblos in seinem Bürostuhl hängend. Mit starren, offenen Augen und dem Blut an der Stirn.

Lotte gab sich einen Ruck. Der Tatort war gründlich gereinigt, der Bürostuhl ausgetauscht, und sie glaubte nicht an Gespenster! Aus! Weiter geht's. Schwäche zeigen passte nicht zu ihr. Basta!

Während sie den Computer einschaltete und ihre Termine überprüfte, kam allmählich Leben ins Haus. Die Kollegen trudelten so nach und nach ein. Lotte erkannte einige schon an ihrem Gang. Im Prinzip natürlich ganz einfach, denn die Reihenfolge, in der die Kollegen ankamen, war immer mehr oder weniger die gleiche. Es gab immer die vorbildlich Frühen, die gerade noch Rechtzeitigen und die notorisch Verspäteten. Da waren die Lehrer nicht anders als ihre Schüler.

Das Telefon läutete nebenan bei der Sekretärin, die ebenfalls gerade gekommen sein musste. Wahrscheinlich eine erste Krankmeldung. Hoffentlich für einen Schüler und nicht für einen Lehrer, dachte Lotte. Lehrerausfall war automatisch mit Stress verbunden und die dadurch anfallenden Vertretungen durch Kollegen in solchen Fällen höchst unbeliebt. Lotte seufzte. Sie wusste schon, weshalb sie einen Schulleiterposten nie angestrebt hatte. Dieser Posten hatte nur noch wenig mit dem zu tun, wofür sie einmal angetreten war und auch heute noch stand. Sie wollte unterrichten, nicht verwalten. Wollte lenken und hinführen, nicht von Fremden erstellte Verordnungen durchsetzen. Es gab noch so viele Punkte, die ihr dazu einfallen würden. Aber jetzt hatte sie, zum Glück nur für eine Übergangszeit, hier ihr Bestes zu geben. Und das würde sie auch.

Es klopfte an der Tür. „Ah, Herr Rupp, guten Morgen. Was kann ich denn für Sie tun? Bin ich schon wieder verdächtig?“

„Nein, nein", lachte Renato Rupp und reichte ihr die Hand, „ich komme nicht wegen Ihnen. Ich müsste heute Vormittag aber Ihre Referendarin Frau Jäckle kurz sprechen. Geht das?"

„Natürlich, Herr Rupp. Lassen Sie mich kurz auf dem Plan schauen, wann es günstig wäre. Moment." Lotte öffnete am Computer die entsprechende Seite und murmelte vor sich hin: „Die ersten zwei Stunden bei mir, dann Phillip, und sie erst wieder die fünfte in der dritten Klasse. Für unseren Schulbetrieb wäre es am besten, wenn Sie das Gespräch zwischen neun und zehn Uhr zwanzig einrichten könnten. Ginge das?"

„Gut. Sagen wir gleich um neun. Auf dem Revier. Können Sie es ihr sagen, bitte?"

„Das mache ich gerne. Sie wird dort sein."

Lotte begleitete Renato noch ein Stück durchs Schulhaus. Als sie sich trennten, ging er zum Ausgang und Lotte ins Lehrerzimmer. Sie hoffte dort ihre Referendare zu treffen, um einige Termine mit ihnen abzusprechen. Da Jürgen für die Unterweisung in Schulrecht, die er traditionell für alle Referendare dieser Schule gegeben hatte, nicht mehr verfügbar war, und Lotte sich auf dem Gebiet nicht gut auskannte, musste eine andere Lösung gefunden werden. Sie hatte deswegen schon beim Schulamt vorgesprochen. Schließlich musste vermieden werden, dass Frau Jäckle durch den Ausfall von Jürgen Fehrenbach in der Prüfung, die in Kürze anstand, womöglich Nachteile hatte.

Für Phillip Heimburger, der erst seit Februar im Referendariat war, war dies weniger wichtig.

Im Lehrerzimmer herrschte eine lockere Atmosphäre. Man stand in Grüppchen zusammen und besprach etwas oder man saß an seinem angestammten Platz und blätterte in Unterlagen. Kollegin Forst stand wie immer neben dem Fenster, plauderte lachend mit Kollege Gabriel und biss dabei herzhaft in ihr Schinkenbrötchen. Auf einigen Plätzen standen verwaiste Kaffeebecher.

Lotte musste sich beeilen, denn gleich würde der Gong ertönen und den Schülermassen Eintritt gewähren, was im Lehrerzimmer als der späteste Zeitpunkt zum Aufbruch galt, wollte man nicht riskieren, dass es zwischen den Schülern schon vor Beginn des Unterrichts zu unliebsamen körperlichen Auseinandersetzungen kam. Als alle weg waren, verließ auch Lotte das Lehrerzimmer. Alles ruhig im Haus. Lotte lächelte. Sie war gerne hier.

Zur gleichen Zeit etwa, als Lotte in ihrem Büro einige Telefonate organisatorischer Art erledigte und Kommissar Rupp seine Morgenbesprechung im Tagungsraum auf der Polizeidienststelle abhielt, kam Emily von ihrer Joggingrunde mit Telemann zurück. Sie war außer Atem und wollte gerade ins Haus, als sie bemerkte, dass Kathi eiligen Schrittes herüberkam.

„Hallo Kathi. Lotte ist in der Schule. Die kommt erst um eins wieder."

„Grüß dich, Emily. Ja, ich weiß. Kann ich trotzdem kurz reinkommen?"

„Na klar, Kathi. Komm nur. Ich will nur noch kurz Telemann versorgen, dann habe ich Zeit. Setz dich doch. Du kennst dich ja aus." Emily füllte Telemanns Fressnapf und die Wasserschüssel. Sie war neugierig, was bei Kathi so eilig war, dass sie nicht einmal auf Lotte warten konnte. Vielleicht wäre es besser, sie würde das Gespräch aufnehmen? Die eine Minute konnte Kathi auch noch warten!

„Ich komme gleich, Kathi, ich will nur kurz das T-Shirt wechseln, weil ich so verschwitzt bin." Sie zog sich ein frisches T-Shirt über und steckte das Aufnahmegerät in die Tasche der Jogginghose. Dann eilte sie zu Kathi, die bedrückt auf dem Sofa saß.

„Also Kathi, was hast du denn auf dem Herzen?"

„Es ist mir jetzt wirklich peinlich, Emily, dass ich das jetzt sagen muss, aber es wäre grad noch schlimmer, wenn ich es Lotte ins Gesicht sagen müsste!"

„Jetzt mach dir doch nicht so einen Kopf, Kathi, sag einfach, was Sache ist. So schlimm wird es schon nicht sein!"

„Ich habe gelogen, als ich sagte, dass ich wegen dem Streit zwischen Michael und meinem Mann zu meiner Schwester gefahren bin. Nein, nicht eigentlich gelogen", druckste sie herum und knüllte ihr Taschentuch wieder einmal heftig in der Hand.

„Komm, Kathi, spuck's aus, dann fühlst du dich gleich besser."

„Also, Gott ist das peinlich! An dem Morgen, als er so mit Michael gestritten hatte, war er selber so außer sich, dass er seine Schultasche hat stehen lassen. Du weißt ja nicht, wie er war! Es durfte niemand je an seine Sachen. Schon gar nicht an seine Schultasche. Und wirklich, Emily, ich wollte sie ihm nur nachbringen, sonst nichts! Aber da sah ich, dass sie offen war. Und ja, weil ich so sauer auf ihn war, hab ich einfach reingeschaut."

„Und?" Emily war jetzt äußerst gespannt.

„Zuerst nichts. Aber dann habe ich es gefunden! Das Foto!" Kathi flüsterte jetzt beinahe. „Ich wusste ja schon immer, wie die Frauen auf Jürgen reagieren. Und er konnte so charmant sein. Du weißt das doch, oder?"

„Er war zwar nicht mein Typ, aber ich kann mir schon vorstellen, dass er auf einige Frauen durchaus wirkte."

„Und es heißt doch: Schöne Männer hat man nie alleine." Ihre Blicke baten fast schon um Verständnis.

„Kathi, willst du mir sagen, dass er fremdgegangen ist?", kürzte Emily das Drumherumgerede ab.

„Ich weiß, dass es nicht das erste Mal war, Emily!"

„Also sag schon, was war auf dem Foto drauf?"

„Da schau!“ Sie holte ein Foto aus ihrer Rocktasche und schob es entschlossen über den Tisch. Emily nahm es in die Hand und unterdrückte mühsam einen entsetzten Ausruf, als sie erkannte, was sie da sah: Ein junges Mädchen, höchstens dreizehn, saß nackt, breitbeinig auf einem Stuhl mit Rückenlehne. Lediglich ein roter Schal, locker um den Hals drapiert, schlängelte sich zwischen ihren Brüsten hinunter bis zur Scham.

„Und du denkst, dass dein Mann mit ihr etwas hatte?“

„Du glaubst das doch auch, oder? Michael scheidet ja aus.“

„War sonst nichts dabei, Kathi?“

„Nur das Bild, Emily. Aber sein Notizbuch habe ich mir auch genommen! Ich war so geschockt, als ich das Bild fand. Auf dem Bild, das ist doch noch ein Kind! Mal fremdgehen, ja, damit habe ich immer gerechnet. Aber doch nicht mit sowas!“

Emily befürchtete schon, dass Kathi gleich wieder in Schluchzen ausbrechen würde, aber erstaunlicherweise hatte sie sich im Griff.

„Kathi, du musst das Bild dem Kommissar geben. Unbedingt!“

„Nein, Emily. Wie steh ich denn da, wenn das rauskommt? Was meinst du, was die Leute sagen? Deshalb bin ich doch auch zu meiner Schwester gefahren, weil ich alleine nicht mehr wusste, was ich tun sollte.“

„Und was meinte deine Schwester?“

„Ich habe ihr gar nichts gesagt. Und am nächsten Tag war doch Jürgen dann schon tot. Da wollte ich es lieber ganz geheim halten."

„Und warum hast du jetzt deine Meinung geändert, Kathi?"

„Weil es mir auch nicht besser geht, wenn ich so tue, als gäbe es das Foto gar nicht. Ich brauche einfach Klarheit, Emily. Und ihr müsst mir helfen! Du bist doch Schriftstellerin und kannst gut recherchieren. Ich muss wissen, wer das auf dem Bild ist. Bitte Emily! Sprich mit Lotte. Auf mich wird sie sauer sein. Verstehe ich ja, aber es war mir alles so peinlich."

„Kathi, ich bin doch keine Detektivin. Und noch nicht einmal Schriftstellerin. Ich weiß nicht, ob wir dir helfen können!"

„Bitte Emily, versuch es. Und hier, schau, das Notizbuch von Jürgen. Vielleicht könnt ihr ja was damit anfangen." Kathi erhob sich, umarmte Emily kurz und ging.

Natürlich wusste sie, dass es nicht ging, der Polizei das Foto und das Notizbuch vorzuenthalten. Lotte würde genau dasselbe sagen. Dennoch konnte Emily ihre Neugier nicht bezähmen und öffnete das kleine silberfarbene Buch, das Kathi ihr überlassen hatte. Auffallend fand sie, dass die Dienstage neongelb markiert waren. Nicht jeder Dienstag, aber im letzten Monat jeder einzelne. Und davor mindestens jeder zweite.

Was mochte es wohl mit diesen Dienstagen auf sich haben. Mist, jetzt war Kathi schon weg, vielleicht hätte sie doch etwas gewusst. Bevor Lotte nach Hause kam und diese Schätze gleich wieder verschwinden würden – wie sie annahm, da Lotte sich nie etwas zu Schulden kommen ließ –, wäre es wohl das Beste, alles vorsorglich zu kopieren. Dagegen konnte Lotte eigentlich nichts haben. Schon gar nicht, weil man es ihr nicht unbedingt auf die Nase binden musste! Emily fand ihre Idee einfach genial.

Pünktlich um neun Uhr betrat Jessica Jäckle die Polizeidienststelle Ettenheim. Sie war nervös. Schließlich hatte sie dieser Polizistin doch schon alles gesagt. Was wollte man denn noch von ihr? Als sie sich an der Pforte meldete, wurde sie gleich zum Verhörraum geführt. Der Raum war spartanisch ausgestattet. Ein Tisch, einige wenige Stühle, eine Kamera in der Zimmerecke ganz oben.

Renato stellte sich vor und setzte sich. Sie versuchte an seinem Gesicht abzulesen, was er wollte, aber seine Miene war undurchdringlich. Er erklärte ihr, dass das Gespräch mitgeschnitten würde, und nannte seinen Namen, Datum und Uhrzeit. Dann wandte er sich ihr zu: „Frau Jäckle, bitte beschreiben Sie Ihr Verhältnis zu Ihrem Vorgesetzten Jürgen Fehrenbach."

„Herr Fehrenbach war sicher ein kompetenter Schulleiter. Nur Frauen gegenüber vertrat er altmodische Ansichten."

„Können Sie das konkretisieren?"

„Ich kann es nicht beweisen, aber männliche Referendare betrachtete er eher auf Augenhöhe als weibliche. Es hat sich unter uns Referendaren zum Beispiel schnell rumgesprochen, dass er Frauen immer deutlich schlechter bewertet als Männer. Männer bekamen leicht mal eine Eins, Frauen nie besser als eine Zwei. Ich glaube, in Wirklichkeit hielt er nichts von Frauen im Beruf."

„Wurden Sie denn schon von ihm beurteilt?"

„Die Schulleiternote gibt es erst am Ende des Schuljahres, aber verbal hat er schon einigen Unterricht von mir beurteilt. Und ich hatte dabei immer das Gefühl, dass er sich nicht eigentlich dafür interessierte."

„Und Frau Uhland, Ihre Mentorin, hat die sich dazu geäußert?"

„Frau Uhland ist toll! Sie hilft, ist sehr kompetent und setzt sich für uns ein. Gegen sie hatte Herr Fehrenbach keine Chance, da sie ihm fachlich echt überlegen war."

„Aber es gibt auch noch andere Vorwürfe?"

„Muss ich das jetzt wirklich alles noch einmal sagen? Das habe ich doch schon bei Ihrer Kollegin angegeben?"

„Bitte, Frau Jäckle. Ich muss mir ein eigenes Bild machen, das verstehen Sie doch. Es kam zu sexuellen Übergriffen?"

„Also gut. Herr Fehrenbach unterrichtete uns Referendare in Schulrecht. Immer nachmittags, wenn der Unterricht vorbei war. Darin war er übrigens ein Ass. Aber manchmal, wenn Phillip nicht konnte, weil er am Seminar sein musste – im ersten Halbjahr der Ausbildung verbringt man dort nämlich besonders viel Zeit –, war ich alleine mit ihm zu so einem Termin. Und da kam es dann vor, dass er wie unabsichtlich seine Hand kurz auf meinen Oberschenkel legte oder über den Tisch griff, um etwas zu herzuholen, und dabei meinen Busen berührte. Solche Sachen eben."

„Und wie haben Sie reagiert?"

„Wie habe ich reagiert? Ich bin weggerückt und habe so getan, als hätte ich es nicht bemerkt! Was sollte ich denn machen?"

„Und wie hat er dann darauf reagiert?"

„Am Anfang gar nicht. Und wenn ich dann nach Hause ging, war ich oft unsicher, ob ich mir das vielleicht nur eingebildet hatte."

„Aber es blieb nicht dabei?"

„Nein, es blieb nicht dabei."

„Ja, bitte."

„In der letzten Sitzung, am Donnerstag, hat er grinsend mit seiner Hand plötzlich an meinem Bein hochgestrichen und gesagt: ‚So langsam muss ich mir mal Gedanken über die Schulleiterbeurteilung machen'. Dieses Schwein!"

„Und Sie?"

„Ich bin aufgesprungen und rausgerannt und sofort zu Lotte, also Frau Uhland, nach Hause und habe ihr alles erzählt. Sie war stinksauer und hat versprochen, mit ihm zu sprechen."

„Danach haben Sie ihn nicht mehr gesehen?"

„Doch, am Abend bei der Infoveranstaltung habe ich ihn von Weitem gesehen, natürlich. Ich war zusammen mit Phillip dort. Wissen Sie, man sieht es gerne, wenn Referendare bei jeder Veranstaltung dabei sind. Ein Referendar soll die ganze Vielfalt der Aufgaben in einem Schuljahr kennenlernen!"

„Sie haben also am Donnerstag keinen Kontakt zu ihm gehabt?"

„Nein."

„Und hat Frau Uhland am Donnerstag noch darüber mit Herrn Fehrenbach gesprochen?"

„Nein, sie hat gesagt, sie will ihn, wenn Gäste im Haus sind, in Ruhe lassen. Sie wollte es am Freitag machen."

„Und wann sind Sie dann an diesem besagten Abend gegangen?"

„Phillip und ich sind sofort nach dem offiziellen Teil gegangen. Das war um acht. Ich hatte noch einiges vorzubereiten und Phillip bestimmt auch. Ich habe ihn sogar noch heimgefahren nach Grafenhausen, weil seine Vespa nicht ansprang."

„Und Sie sind dann mit Ihrem Auto nach Lahr gefahren, da Sie zurzeit bei Ihren Eltern wohnen?“

„Das stimmt. Während der Referendarzeit ziehen viele vorübergehend wieder bei den Eltern ein. Man ist so eingespannt mit Seminar und Schule, dass man froh ist, wenn man sich nicht auch noch um Essen und Wäsche und all sowas kümmern muss.“

„Das ist verständlich. Gut, Frau Jäckle. Das war's fürs Erste. Sie können gehen.“

Froh, es hinter sich gebracht zu haben, verabschiedete sich Jessica Jäckle von Renato und fuhr in die Schule zurück.

Felix rief aufgeregt bei Renato an. Er hatte sich zusammen mit ihrem IT-Spezialisten Zugang zum Darknet verschafft. Sie könnten nun einen fingierten Waffenkauf oder einen Sexhandel vortäuschen. Was Renato davon halte. Renato bat, noch ein bisschen zu warten, bis die Hausdurchsuchung bei Fehrenbachs abgeschlossen sei. Vielleicht fände man ja da noch einen konkreteren Hinweis. Außerdem sollte dazu das LKA eingeschaltet werden, da die mit den Darknet-Fällen eine deutlich größere Routine hätten. Und Renato wollte vorher darüber erst noch mit Horst Baltes, seinem Chef, sprechen. Der müsse das Ganze erst noch absegnen. Das verstand Felix.

Er wollte dann solange noch den Hinweisen über ein paar illegale Pokerrunden, die er ausgegraben hatte, nachgehen. Vielleicht hatte Fehrenbach ja dort verkehrt, was seine hohen Bargeldabhebungen erklären könnte. Als Renato auflegte, musste er lächeln. Der Eifer seines jungen Kollegen erinnerte ihn an sich selbst, als er bei der Polizei anfing. Damals brannte er richtig, wenn er eine Spur hatte, Hitzkopf, der er damals war. Und oft hatte er sich auch dabei verrannt. Ihn hatte damals sein Freund Horst Baltes zur Besonnenheit und Geduld ermahnt.

Endlich kam grünes Licht von der Staatsanwaltschaft: Sie konnten die Hausdurchsuchung bei den Fehrenbachs durchführen.

Kapitel 10

„Seid ihr noch zu retten?“ Lotte sprang voller Entsetzen von ihrem Stuhl auf und starrte Emily an, die genau diese Reaktion von Lotte erwartet hatte. „Unterschlagen von Beweismaterial ist strafbar! Und du lässt dich von Kathi einfach so da reinziehen? Hast du den Verstand verloren?“

„Was hätte ich denn machen sollen? Kathi ist doch deine Freundin? Und sie hat um Hilfe gebeten. Und dem Kommissar Rupp können wir das bisschen Material doch immer noch geben, oder?“

„Na, dann zeig mal her.“ Lotte setzte sich wieder und nahm das Foto entgegen.

„Mein Gott, jetzt kann ich Kathi gerade noch verstehen. Wie konnte Jürgen nur so ein Schwein sein! Ein Kind! Das ist doch noch ein Kind! Und was steht in dem Notizbuch?“

„Keine Namen, keine Telefonnummern, aber sehr oft die Dienstage markiert. Das ist doch was. Wir sollten herausfinden, was Jürgen an den Dienstagen gemacht hat, meinst du nicht, Lotte?“

„Klar, Emily, aber wie denn?“ Lotte stand bereits wieder auf und trat ans Fenster, denn dort fuhren soeben zwei Polizeifahrzeuge und Renato Rupp mit seinem BMW vor.

„Schau mal, Emily, ich glaube, jetzt hat Kathi richtig Ärger! Die machen eine Hausdurchsuchung!“

Emily war schon neben sie getreten und schaute ebenfalls hinüber. „Sollen wir rübergehen und die Fotos und das Notizbuch abgeben?"

„Netter Versuch, Emily, aber ich glaube, da will uns im Moment keiner sehen. Kathi wird dir sicher später noch alles lang und breit erzählen, sei also ein wenig geduldig und warte ab." Sie schauten noch eine Weile zu, wie in weißen Behältern Unterlagen herausgetragen wurden, dann zogen sie sich vom Fenster zurück und beratschlagten, wie sie die Beweismittel weitergeben könnten, ohne ihrer Freundin Kathi zu sehr zu schaden. Schließlich kamen sie überein, erst noch einmal mit Kathi zu reden, ehe die Polizei das Material bekommen sollte.

Sie mussten ganz schön Geduld aufbringen, ehe die Polizeiwagen und dann auch der BMW Renatos abzogen. Emily war immer wieder zum Fenster gegangen, um nachzusehen, ob es nicht endlich so weit war. Sie konnte ihrer Ungeduld kaum Herr werden, während Lotte ruhige Gelassenheit zur Schau stellte. Als Letzter verließ Renato den Schauplatz. Emily sah ihm zu, wie er zum Auto ging. *Wenn er sich umdreht und zu unserem Haus herschaut, bin ich ihm doch nicht ganz gleichgültig,* dachte sie. Für einen kurzen Moment sah es aus, als würde Renato ohne Weiteres in seinen BMW einsteigen. Dann zögerte er, drehte sich um und schaute nachdenklich herüber. Emilys Herz setzte für einen Schlag aus. Schnell trat sie vom Fenster zurück und wartete, bis sie den Motor seines

Wagens anspringen und ihn wegfahren hörte. *Blöde Kuh,* schimpfte sie sich selbst, *das ist doch nur Zufall!* Und zu Lotte gewandt, in forschem Ton: „Sie sind weg. Komm, wir gehen rüber, Lotte."

„Nicht so hastig. Gib Kathi noch ein bisschen Zeit, die ist doch sicher wieder ganz durch den Wind."

Es hätte nichts dergleichen bedurft, denn Kathi kam schon ganz von alleine herüber.

„Gut, dass du kommst, Kathi!", rief Emily ihr auf halbem Weg entgegen, denn sie hatte bereits die Tür geöffnet und stand abwartend im Türrahmen. Kathi atmete heftig, als sei sie gerannt und fiel dann schwer aufs Sofa. Jetzt gab es kein Halten mehr. Die Tränen rannen in Bächen über ihr Gesicht, der ganze Körper wurde von Schluchzern geschüttelt. Emily und Lotte waren sofort neben ihr, reichten ihr abwechselnd Tempotaschentücher, legten den Arm um ihre Schultern, streichelten ihr den Rücken und redeten beruhigend auf sie ein. Aber Kathi war schwer zu beruhigen. Immer wieder wurde sie von neuen Heulkrämpfen geschüttelt, und nur schwer konnten Lotte und Emily überhaupt verstehen, was sie dazwischen herausbrachte: „Dieser Dreckskerl, der Verlogene! So ein Arschloch! Was hat er immer gesagt? ‚Die Familie ist der Garant für ein harmonisches Leben'. Dieser elendige Heuchler! Alles nur Fassade!"

„Jetzt mal der Reihe nach, Kathi. Was hat man dir erzählt?" Lotte versuchte durch ihre sachliche

Art auf Kathi einzuwirken. Und es schien zu helfen. Während Emily nach unten wieselte, um ihr Aufnahmegerät zu holen, gelang es ihr nach und nach, Kathi zu vernünftigen Sätzen zu bewegen.

„Zuerst hat mich der Kommissar gefragt, ob ich wüsste, wofür Jürgen die 300 000 Euro, mit denen er unser Haus beliehen hat, ausgegeben hat. Das muss man sich mal auf der Zunge zergehen lassen: 300 000 Euro! Und wir konnten uns gerade mal einen zweiwöchigen Urlaub im Jahr leisten! Dabei hat er unser Haus verscherbelt und das Geld verpulvert!"

„Und du hast von der Hypothek auf euer Haus nichts gewusst? Bist du denn als Eigentümerin nicht miteingetragen?"

„Eben nicht! Das Geld, mit dem wir das Haus gebaut haben, kam doch von ihm. Er hat nach dem Tod seiner Eltern alles verkauft, was er geerbt hat, und in unser Haus gesteckt."

„Und die Polizei, hat die denn eine Idee, wofür er so viel Geld brauchte?", fragte Emily und legte das Aufnahmegerät für alle sichtbar auf den Tisch.

Lotte schaute zwar missbilligend, sagte aber nichts, wodurch Emily sich ermutigt fühlte zu fragen: „Kathi, du hast doch nichts dagegen, dass ich die Informationen festhalte, oder?"

Kathi, deren leerer Blick weit entfernt an etwas zu haften schien, winkte ab. „In all den Jahren habe ich mich bemüht, ihm eine gute Frau zu sein. Und es war nicht immer einfach, kann ich euch sagen. Ständig habe ich versucht, ihm alles recht zu machen, denn er war ja perfekt, der Herr, unantastbar! Ein Top-Mann, und immer nur nach den höchsten Ansprüchen gekleidet. Aber wehe, seine Hemden waren nicht makellos gebügelt. Der eitle Geck! Wenn ich nur schon an seine affigen Seidenschals denke, ohne die er das Haus nie verließ. Ein Mann von Welt wollte er sein. Und was war er? Ein Kinderschänder, ein erbärmlicher!“ Die letzten Worte hatte sie sehr leise, wie erloschen gesprochen.

Lotte fragte ebenfalls leise: „Was sagst du da, Kathi?“

„Die Polizei hat im Keller, in seinem ausrangierten alten Schreibtisch in einer verschlossenen Schublade, ein weiteres Handy gefunden. Sie haben mir nichts gesagt, aber als der Kommissar damit zu Gange war, habe ich ihm unbemerkt über die Schulter geschaut und gesehen, was ich lieber nicht gesehen hätte.“

Emily war jetzt ganz aufgeregt, hier taten sich ja Abgründe auf! Und sie bekam alles hautnah mit! So sanft sie konnte, sagte sie: „Sag’s uns, Kathi. Lass es einfach raus.“

„Auf seinem Handy gab es noch mehr von den Mädchen, die nackt posierten. Und alle in aufreizenden Posen. Und alle dekoriert mit seinen verdammten Seidenschals, die ich ganz genau erkannt habe. Er muss diese Fotos gemacht haben. Das Schwein!“

„Aber dir haben sie nichts gesagt?“

„Nur das mit den Hypotheken. Aber das war ganz am Anfang. Als sie das Handy hatten, wurden alle ganz aufgeregt und der Kommissar hat viel telefoniert."

„Kathi, dass Jürgen Fotos von den Mädchen hatte, meinetwegen auch selbstgemachte, heißt noch nicht, dass er auch sexuell mit den Kindern aktiv war", versuchte Lotte zu beschwichtigen.

„Ich bin zwar eine dumme Kuh, dass ich mich so habe hinters Licht führen lassen. Aber ich bin nicht von gestern, Lotte! Wozu hätte er denn so viel Geld gebraucht, wenn nicht für Sex mit Mädchen?"

„Kathi, du hast doch Emily ein Foto und das Notizbuch gegeben? Du verstehst sicher, dass der Kommissar die Sachen bekommen muss, oder? Wir machen uns sonst strafbar, weißt du?", sagte Lotte.

„Jetzt ist eh schon alles egal. Macht damit, was ihr wollt. Es wäre besser gewesen, du hättest mich nicht gefunden, Lotte. Dann hätte ich wenigstens alles schon hinter mir."

Lotte und Emily sahen sich an. Dieser Stimmungswandel war gar nicht gut. Resolut fragte Lotte: „Wo ist Michael?"

„Ich weiß nicht. In der Schule oder bei seinem Freund. Ich habe keine Ahnung."

„Du rufst ihn jetzt sofort an, Kathi, er soll seinen Hintern auf der Stelle hierherbewegen. Sag ihm das."

Kathi nahm ihr Handy und tat einfach, was Lotte sagte. Als Michael sich meldete, riss ihr Lotte das Handy aus der Hand und kommandierte ohne Vorrede: „Michael, hier ist Lotte, hör zu, deine Mutter ist bei mir und du musst sofort herkommen. Verstanden?“ Dann legte sie auf und gab Kathi das Handy zurück. „So, dein Sohn wird bald hier sein. Und wir überlegen jetzt, was wir tun können.“

Emily übernahm: „Ich finde, wir sollten herausfinden, was es mit dem Foto auf sich hat.“

„Ach wozu denn noch? Die Polizei wirbelt bestimmt genug Dreck auf.“

„Kathi, du hast uns um Hilfe gebeten und die bekommst du jetzt von uns. Ob es dir passt oder nicht. Also, was hat Jürgen an Dienstagabenden immer gemacht? Die sind doch in seinem Notizbuch ziemlich regelmäßig markiert, stimmt's Emily?“

Emily nickte mit funkelnden Augen.

Erstaunlicherweise schien die Aussicht auf eine neue Aktivität Kathis Stimmung zu beleben. Sie setzte sich aufrechter hin und gab Auskunft: „Jürgen hat dienstags immer Schach gespielt. In Kenzingen bei seinem alten Mentor, habe ich das dir nie erzählt, Lotte?“

„Kann sein, dann habe ich es eben wieder vergessen. Nun gut. Bei dem Mann fangen Emily und ich an. Du schreibst uns jetzt die Adresse von dem Schachpartner auf, und wenn Michael hier eintrifft, machen wir uns auf den Weg. Glaub mir, es ist gut zu wissen, was Sache ist. Deprimiert sein kannst du später immer noch.“

Schon bei den letzten Worten Lottes hörte man, dass Michaels Roller vorfuhr. Emily öffnete ihm. Er sah besorgt aus, da er die neuesten Ereignisse ja auch noch nicht kannte.

Lotte ließ aber nicht zu, dass Kathi hier alles noch einmal wiederholte. Das konnten die beiden später miteinander ausmachen. Entschlossen trat sie auf Michael zu und bestimmte: „Deine Mutter hatte einen schweren Vormittag. Sie wird dir nachher sicher alles haarklein erzählen. Jetzt aber ist es wichtig, dass sie hier rauskommt. Sofort! Sie braucht jetzt etwas Schönes, verstehst du? Am besten fährst du mit ihr nach Freiburg, gehst mit ihr essen oder bummeln, oder ihr trefft euch mit deinem Freund auf einen Kaffee. Egal was! Hauptsache hier raus und eine schöne Ablenkung, hörst du? Egal, welche dramatischen Dinge sie dir auch erzählt." Dabei ging Lotte ganz dicht auf Michael zu, und erst als sie in seinen Augen Verstehen aufblitzen sah, ließ sie von ihm ab.

Als Michael mit seiner Mutter gegangen war, machten auch Lotte und Emily sich auf den Weg. Nach Kenzingen mussten sie. Das war ja nicht allzu weit.

Sie fuhren in Lottes Wagen, einem relativ neuen Golf, und als Lotte an der Kreuzung nach der Brücke rechts abbog, rief Emily: „He, wir hätten nach links fahren müssen!"

„Später, Emily. Erst einmal werden wir uns vom Ballast befreien." Und noch ehe Emily etwas entgegnen konnte, lenkte sie den Wagen auf den Parkplatz vor der Polizei.

Es war ein altes Gebäude. Mehrere Granitstufen führten hinauf zum Eingang an der Seite des Hauses. Innen stand eine Holzbank in der geräumigen Diele, auf der man Platz nehmen konnte, falls man warten musste. Die Tür zum Empfang stand offen und Lotte lenkte ihre Schritte, ohne auch nur kurz zu zögern, geradewegs da hinein. Sie hatten Glück: Herr Rupp war noch anwesend. Sie mussten lediglich die Treppe hinaufgehen. Zweite Tür links.

Die gewundene Holztreppe ins Obergeschoss ächzte bei jedem ihrer Schritte. Früher war das Gebäude bestimmt einmal ein Wohnhaus gewesen und kein schlechtes dazu, dachte Emily, die mit gemischten Gefühlen hinter Lotte hinaufging. Sie spürte schon wieder einen beschleunigten Herzschlag, wenn sie an die bevorstehende Begegnung dachte. Allerdings blieb ihr nicht viel Zeit, denn Lotte klopfte bereits an der dunklen Holztür, die im Kontrast zu den weißen Wänden stand.

Als sie Renatos „Herein" hörten, traten sie beide ein.

Überrascht erhob er sich, als die beiden Damen so unerwartet bei ihm ins Büro hereinschneiten. Er schien erfreut und bot ihnen geflissentlich einen Stuhl vor seinem Schreibtisch an.

Emily konnte nur mühsam ihre Augen von seinem strahlenden Lächeln abwenden. Er sah einfach zu gut aus!

„Was kann ich denn für Sie tun, meine Damen?“, begann er liebenswürdig, und Emily beobachtete, dass sich selbst Lotte seinem Charme nicht entziehen mochte. Sie schlug ihre langen Beine übereinander, lächelte verhalten und gurrte mehr, als dass sie sprach, was ihr von Emily direkt einen strengen Blick eintrug: „Wir haben von Frau Fehrenbach heute Vormittag dieses Foto und dieses Notizbuch bekommen.“

„Sie haben *was*?“, Renato sprang aus seinem Stuhl auf und riss Lotte unsanft aus der Hand, was diese ihm gerade anmutig entgegenstreckte. Jetzt sah er nicht mehr so freundlich aus. Seine schwarzen Brauen waren zusammengezogen und seine Augen sprühten Funken: „Das ist Unterschlagung von Beweismitteln!“

Unwillkürlich rutsche Emily auf ihrem Stuhl weiter nach hinten, aber Lotte stellte ihre Beine nachdrücklich nebeneinander und reckte ihr Kinn etwas. „Kein Grund, uns so anzufauchen, werter Herr Kriminalkommissar! Wir haben rein gar nichts unterschlagen, sondern bringen Ihnen, was uns ausgehändigt worden ist. Also bitte!“

Emily musste Lotte bewundern. Die ließ sich nicht einfach alles gefallen. Wahrscheinlich musste man das als Lehrer können. So bestimmt auftreten.

Renato setzte sich wieder. „Tut mir leid, dass ich etwas überreagiert habe.“ Er sah sich das Foto an, aber schien nicht sonderlich überrascht. „Unbefugte sollten während der Ermittlungen solche Einblicke gar nicht bekommen. Das verstehen Sie doch?“

„Unbefugt sind wir eigentlich nicht, denn Kathi hat uns das Foto selbst gegeben. Sie hat es zufällig gefunden. Und sie würde gerne wissen, wer das ist, mit dem Jürgen sie da vielleicht betrogen hat“, preschte Emily jetzt vor.

„Außerdem haben wir in dem Notizbuch die markierten Dienstage entdeckt und erfahren, dass Jürgen, also Herr Fehrenbach, an diesen Abenden immer in Kenzingen Schach spielte. Das muss Sie doch interessieren?“, fügte Lotte noch hinzu.

„Ich glaube, die Schachspielabende führen nicht weiter. Ehrlich gesagt verfolgen wir im Moment eine sehr vielversprechende Spur, über die ich natürlich nicht reden kann. Aber dieses Foto hier passt ganz gut in die Reihe dessen, was wir sonst noch ermittelt haben.“

Lotte erhob sich, und Emily tat es ihr gleich. Renato kam um den Schreibtisch herum und verabschiedete sich mit Handschlag. Als er Emilys Hand nahm, durchzuckte sie kurz ein angenehmer Schauer. Da konnte sie nicht anders, sie lächelte mitten in seine unergründlichen Augen hinein. Dann folgte sie Lotte mit weichen Knien und hoffte, dass man es nicht sah.

„Den möchte man nicht zum Feind haben, deinen Kommissar“, meinte Lotte, als sie wendete und in Richtung B3 fuhr.

„Das ist nicht *mein* Kommissar!“

„Was? Sollte ich mich so getäuscht haben? Du findest ihn also nicht anziehend?“ Lotte warf Emily einen verschmitzten Blick zu.

„Doch ja. Anziehend ist er schon. Meinst du, er hat was gemerkt, Lotte?“

„Ach, bis Männer mal etwas merken, vergeht viel Zeit. Aber lass dich nicht von ihm ausnutzen, hörst du? Darin sind Männer nämlich wiederum ziemlich gut.“

Auch Emily lächelte jetzt verschmitzt, dann wurde sie unvermittelt wieder ernst: „Hoffentlich bricht Kathi nicht zusammen!“

„Man darf sie jetzt nur nicht alleine lassen. Ich hoffe, Michael hat das eben richtig verstanden.“

„Für ihn ist das ja auch nicht leichter, wenn er hört, dass sein Vater pädophil war.“

„Emily, hör auf! Wir wissen nicht mit Bestimmtheit, ob er es wirklich war oder ob es vielleicht noch eine andere Erklärung für die Fotos auf seinem Handy gibt.“

„Du denkst echt, dass da noch Zweifel bestehen?“

„Ich muss! Du, Jürgen war nicht nur mein Nachbar, er war wie ein Freund! Als Roland noch lebte, sogar mit Sicherheit. Die beiden haben sich so gut verstanden. Ich, na ja, ich war stärker mit Kathi befreundet. Sie tat mir immer ein bisschen leid, weil der Jürgen schon ein ziemlicher Macho sein konnte. Und Gerüchte über andere Frauen verstummten eigentlich nie."

„Und sein Verhältnis zu jüngeren Frauen, zu Mädchen?"

„Das macht mich doch jetzt so fertig, ich denke die ganze Zeit an Maren, als sie noch so ungefähr zwölf war: Denkst du, wir hätten uns was dabei gedacht, wenn er sie umarmte oder etwas in der Art? Wir haben unserer Freundschaft vertraut! Und jetzt bekommt das alles eine ganz andere Bedeutung! Entschuldige, aber das ist einfach nur scheiße!"

Emily schwieg. Sie versuchte sich in Lotte hineinzuversetzen. Schwierig sich vorzustellen, dass gefühlte Tatsachen sich in nichts auflösen konnten.

„Du, Lotte, willst du dich nicht lieber um Kathi kümmern und wir lassen das hier?"

„Ich will mich um Kathi kümmern, aber ich will mich auch selbst davon überzeugen, ob an der ganzen Sache was dran ist. Wenn es eine Chance gibt, dass Jürgen gar nicht pädophil war, will ich helfen, das zu beweisen. Für Kathi und für mich. Untätigkeit würde mich jetzt nur noch mehr fertigmachen, glaub mir."

Das Ortsschild meldete, dass sie in Kenzingen angekommen waren.

Kapitel 11

„Einen wunderschönen guten Tag, meine Damen. Das muss mein Glückstag sein, wenn gleich zwei solch liebliche Schönheiten an meiner Tür klingeln. Hereinspaziert, falls Sie sich nicht an der Tür geirrt haben!“ Nach dieser überschwänglichen Begrüßung drehte Manfred Knobel seinen Rollstuhl einfach um, manövrierte ihn durch einen breiten Flur in einen lichtdurchfluteten Raum mit großer Fensterfront, auf dessen hellem Holzboden sich zahllose Bücherstapel erhoben. Der Mann schien zwischen seinen Büchern zu leben!

„Setzen Sie sich, meine Damen.“ Er wies auf die beiden einzigen Stühle im Raum und betrachtete sie mit offensichtlichem Vergnügen.

Ehe sie seiner Aufforderung nachkamen, stellten sie sich Herrn Knobel vor. Da fiel sein Lächeln ab, wie ein welk gewordenes Blatt. „Tragische Sache. Ich habe davon in der Zeitung gelesen. Wie geht es Kathi?“

Lotte übernahm, während sich Emily unverhohlen in diesem Raum umsah, der aus ihrer Sicht mehr einer Bibliothek kurz vor dem Umzug glich als einem Wohnzimmer, hätten da nicht überall Familienfotos gehangen. Auf dem Tisch vor ihnen war ein Schachbrett mit außergewöhnlichen Figuren aufgebaut. Hinten stand ein Flügel, ebenfalls von Büchern übersäht.

„Kathi geht es gar nicht gut, wie Sie sich sicher denken können. Aber sie hat uns Ihre Adresse gegeben, damit wir uns mit Ihnen über Jürgen unterhalten können. Sie waren sein Mentor?"

„Ich war sein Mentor, damals, als er bei uns in Staufen als Referendar anfing. Und, weil uns das Schachspiel verband, auch so etwas wie sein Freund. Aber das alles haben Sie doch sicher schon von Kathi gehört. Also was ist Ihr eigentliches Anliegen? So sehr ich die Gesellschaft von so reizenden Damen, wie Sie es sind, schätze, wüsste ich doch gerne über den eigentlichen Grund Ihres Besuches bei mir Bescheid. Also heraus mit der Sprache, meine Damen!"

Lotte und Emily sahen sich an. Emily rutschte auf ihrem Stuhl nach vorne und holte zu einer langen Erklärung aus: „Sehen Sie, es ist so: Ich recherchiere zu diesem Fall, der mir praktisch vor die Füße gefallen ist, da ich dabei bin, Schriftstellerin zu werden. Und es würde mir viel bedeuten, wenn Sie erzählen könnten, wie Herr Fehrenbach als junger Mann, so wie Sie ihn gesehen haben, war. Damit ich mir ein vollständigeres Bild von ihm machen kann, verstehen Sie?"

„So, so. Schriftstellerin also. Hm." Sekundenlang schaute er Emily aus seinen lebhaften Augen prüfend an, dann hatte er sich wohl entschieden, darauf einzugehen.

„Also schön, ich will ja Ihrem Erfolg nicht im Wege stehen. Was darf ich Ihnen denn anbieten?

Kaffee oder Wasser vielleicht?“ Als beide ablehnten, holte er sich ein Wasser.

„Und dürfte ich das Gespräch vielleicht auch noch aufzeichnen?“

Als er mit einem Nicken des Kopfes zustimmte, konnte Lotte nur staunen, mit welcher Sicherheit Emily hier auftrat. Das Mädchen machte sich. Eindeutig.

„Ja, Herr Knobel, dann erzählen Sie doch einfach mal, wie Sie Jürgen, also Herrn Fehrenbach, damals erlebt haben.“

Manfred Knobel besann sich einen Augenblick und begann danach zu erzählen.

„Als Jürgen in meine Schule kam, das muss jetzt so zwanzig, zweiundzwanzig Jahre her sein, war noch alles in bester Ordnung, wenn ich so sagen darf.“ Dabei schweifte sein Blick ab zu den fröhlichen Familienbildern, die dort gerahmt an der Wand hingen. Lotte verstand sofort, was er damit sagen wollte, deshalb schob sie ihre Frage leise dazwischen: „Wann ist Ihre Frau denn verstorben?“

„Es ist jetzt schon fast zwei Jahre her. Ja, die Zeit vergeht.“ Dann riss er sich sichtbar zusammen und fuhr, an Emily gewandt, fort: „Jürgen hat von Anfang an die Aufmerksamkeit aller auf sich gezogen. Er war von schneller Auffassung, sah gut aus und verdarb es sich mit keinem. Ein echter Glückstreffer für uns.“

„Er hatte also mit niemandem dort Streit?“, hakte Emily nach.

„Streit? Der Jürgen? Er war unheimlich beliebt bei uns. Nun, er war ja auch sehr engagiert. Zum Beispiel hat er bei den Sechstklässlern kostenlos Mathematikförderunterricht erteilt, weil er fand, dass es unsere Pflicht sei, gerade die schwachen Schüler noch mehr zu unterstützen."

„Und die Schüler, haben sie das Angebot angenommen?"

„Angenommen? Ich glaube, er hätte anbieten können, was er wollte, sie wären auf jeden Fall hingeströmt. Und das zusätzlich zum Unterricht, das darf man nicht vergessen! Ganz besonders die Mädchen. Also die haben ihn natürlich angehimmelt. Aber er hatte auch Schlag bei den Jungs. Durchaus! Schließlich war er ein Supersportler, der Jürgen, und das kam natürlich an."

„Und wie kam er mit den Kollegen zurecht?", wollte Emily wissen.

„Gut. Zuerst fanden manche ja, dass er so ein eitler Schnösel sei, mit seinem angeberischen Outfit, aber nach und nach haben sie dann ihre Meinung ändern müssen, weil Jürgen sich sehr kollegial und sozial verhielt. Ach was, er war einfach der Knaller! Ich habe ihn von Anfang an gemocht. Und ein hervorragender Schachspieler war er auch."

„Was meinten Sie mit ‚angeberischem Outfit'?" Emily ahnte schon, was kam, wollte aber sichergehen.

„Na ja, er war versessen auf Seidenschals. Immer hatte er einen lässig umhängen, selbst im Sommer, und das fanden manche ziemlich affig. Mich hat es nie gestört. Jürgen wollte einfach unverwechselbar sein, wenn ich das mal so sagen darf."

„Und Sie haben mit ihm Schach gespielt?"

„Die letzten zwanzig Jahre. Als meine Frau noch lebte, haben wir uns oft sogar zu viert getroffen. Dann, als Michael geboren war, wenigstens noch wir zwei. Jeden Dienstag. Den Dienstag habe ich in meiner aktiven Zeit als Lehrer von vornherein immer dafür freigehalten. Jürgen auch. Tja, aber das ist auch längst Geschichte." Herr Knobel seufzte bedauernd.

Emily verstand nicht ganz. „Wie meinen Sie das, Geschichte?"

„Seit etwa zwei Jahren haben wir nicht mehr zusammen gespielt. Und jetzt ist er tot. Alles hat ein Ende, auch wenn man es nicht wahrhaben will."

Nun mischte sich Lotte wieder ein: „Und was hat er Ihnen als Erklärung für das Ende der Schachspielabende angegeben?"

„Wie es halt so ist, immer mehr Termine, die man aufgedrückt bekommt. Und irgendwann schafft man nicht mehr alles, denn man wird ja auch älter. Das habe ich verstanden. Wenn auch immer bedauert."

„Eine letzte Frage noch, Herr Knobel. Ist denn in der Zeit, als Michael in Staufen Referendar war, mal mit einem Mädchen etwas vorgekommen?“ Emilys Herz klopfte schneller bei dieser Frage.

„Im Zusammenhang mit Jürgen nicht. Nein. Allerdings ist tatsächlich etwas mit einem Mädchen passiert. Sie war sogar Schülerin in seiner Matheklasse. Interessiert Sie das, auch wenn Jürgen nichts damit zu tun hatte?“ Und als sowohl Emily als auch Lotte nickte, sprach er weiter. „Ja, jetzt fällt es mir wieder ein. Es war die Sensation des Jahres. Melanie Glatt, das war ihr Name, gerade mal dreizehn und bildhübsch. Na ja, besonders helle war sie nicht, aber die Jungs waren alle hinter ihr her. Das ist sicher. Man hat sie tot bei der Schlossruine gefunden. Erwürgt. Eine Woche vor Schuljahresende. Das hat Wellen geschlagen, sage ich Ihnen. Die Polizei hauste quasi in der Schule. Aber nichts zu machen. Der Täter wurde nicht gefunden. Tragisch. Dann kamen die Sommerferien und man hat Gras drüber wachsen lassen.“

Lotte und Emily hatten genug gehört. Sie plauderten noch ein paar Minuten über Belangloses und verabschiedeten sich dann.

Wieder im Auto fiel es Lotte schwer, Emily zu beruhigen, die der Neuigkeiten wegen richtig fiebrig war. „Lotte, so schwer es für dich sein mag, wir haben nichts erfahren, was Jürgen irgendwie entlasten würde. Denkst du nicht auch?“

„Stimmt leider. Ich fürchte, dass Jürgen seit zwei Jahren nicht mehr bei Herrn Knobel war, ist eher schlecht. Wo kann er denn gewesen sein?“

Lotte seufzte tief. „Wir müssen das umgehend dem Kommissar sagen." Und mit einem flüchtigen Blick zu Emily: „Möchtest du das übernehmen? Gleich wenn wir daheim sind? Ich treffe mich nämlich noch mit Phillip. Wir müssen uns beeilen, sonst verpasse ich ihn noch." Lotte beschleunigte das Tempo.

„Lotte?"

„Was noch?"

„Was hältst du davon, wenn wir auch dem Mord an diesem Mädchen – wie hieß es denn gleich? Melanie? – nachgehen?"

„Haben wir nicht genug an dem Mord von Jürgen?"

„Ich weiß nicht, ich habe so ein merkwürdiges Gefühl. Und Gefühlen soll man nachgehen, habe ich gelesen."

„Papperlapapp! Das hast du erfunden!"

„Ja. Aber nicht schlecht, wie? Wir könnten doch mal nach Staufen fahren, morgen."

„Nach Staufen! Um was zu tun?"

„Ich würde mir gerne mal die Schule ansehen, an der Jürgen angefangen hat."

„Mein Gott, Emily, was gibt es denn an einer Schule schon groß zu sehen! Erwartest du etwa einen ‚Jürgen-Fehrenbach-Gedenkstein', der ihn mit Lorbeer bekränzt als besten Referendar ehrt? Du hast doch mehr im Sinn!"

„Du, glaube mir, als Schriftstellerin ist es gut, wenn man sich von allem ein genaues Bild macht."

„Ja und als Lehrerin ist es gut, wenn man über genügend Menschenkenntnis verfügt, wenn man nicht auf alles reinfallen will! Also! Was noch?“

„Vielleicht könnten wir etwas über die Familie erfahren, deren Tochter damals ermordet wurde.“ Emily sah Lotte gespannt von der Seite an. Auch sie verfügte über ein bisschen Menschenkenntnis. Jedenfalls kannte sie Lotte und ihr war deren Reaktion, als Herr Knobel von dem Mädchen berichtete, nicht entgangen.

Lotte zögerte. Emily hatte natürlich Recht. Auch sie hatte ein grummeliges Gefühl. Was aber, wenn ihre Recherchen nur noch mehr Dreck aufwühlten? Sollten sie nicht lieber an diesem Punkt zurücktreten und der Polizei das Feld überlassen? Jetzt gab es nämlich immerhin noch die Chance, dass sich Jürgen in den letzten zwei Jahren an den Dienstagen, statt Schach zu spielen, lediglich mit einer anderen Frau traf. Das wäre für Kathi sicher das kleinere Übel, schätzte Lotte.

Sie schaute zu Emily. Und wenn es so wäre, was würde es also schon ausmachen, wenn sie Emily, die gerade so emsig war, einfach ein wenig unterstützte und ihr half, einen zweiten, völlig unabhängigen Mord etwas genauer unter die Lupe zu nehmen. Schließlich lechzte Emily einfach nur nach Material, das sie dann irgendwie zu einem Buch verknüpfen konnte. War daran vielleicht etwas schlecht? Nein.

„Also gut, du hast gewonnen, wir gehen deiner Spürnase nach. Hoffentlich finden wir etwas, was du gut gebrauchen kannst!"

Emily strahlte.

Als sie zuhause ankamen, sauste sie gleich nach unten, um das Gehörte auszuwerten, während Lotte eine Runde mit Telemann ging. Da fiel Emily ein, dass sie ja noch Renato Rupp anrufen sollte. Erwartungsfroh wählte sie seine Nummer und wartete.

„Rupp."

„Hi, hier ist Emily." Unwillkürlich entspannten sich ihre Gesichtsmuskeln zu einem sanften Lächeln.

„Oh, Emily. Äh, Frau Braun."

„Nein, nein, Emily ist o.k." Ihr Lächeln vertiefte sich.

Räuspern am anderen Ende: „Und hier ist Renato."

„Aber das weiß ich doch! Ich habe Sie doch angerufen!"

„Ja! Äh, was kann ich denn für Sie tun?"

„Sie wissen doch, dass Lotte und ich heute bei Manfred Knobel in Kenzingen waren."

„Weiß ich das?"

„Na sicher, haben Sie das denn schon vergessen? Wozu spreche ich mit Ihnen überhaupt, wenn Sie gleich wieder alles vergessen? Dann kann ich es ja auch lassen!" Und schon legte Emily auf.

Keine zehn Sekunden später klingelte bei ihr das Telefon.

„Ja?"

„Emily, es tut mir leid, wenn ich etwas missverstanden haben. Also was wollten Sie mir denn sagen?"

„Ich wollte Ihnen nur sagen, dass Jürgen Fehrenbach in den letzten zwei Jahren dienstags nie bei seinem Schachpartner Knobel gewesen ist."

„Das ist nett von Ihnen, aber wir wissen es bereits."

„Wo war er denn dann?"

„Kommen Sie, Emily, das hatten wir doch schon. Das sind laufende Ermittlungen."

„Ja. Aber wenn ich Ihnen nun etwas darüber erzähle, was Lotte und mir bei den Recherchen aufgefallen ist, erzählen Sie mir dann auch etwas?"

„Käme darauf an, was Sie wissen wollten."

„Mich interessiert, was Sie über Jürgens Dienstage wissen."

„Gut, darüber könnte ich Ihnen dann schon etwas sagen. Also, was haben Sie denn herausgefunden?"

Da konnte Emily nicht länger und platzte stolz heraus: „In Staufen, wo Jürgen früher Referendar war, hat es einen Mord an einer Schülerin von ihm gegeben!"

„Das ist ja interessant. Aber es ist besser, wenn Sie sich ab jetzt aus meinem Fall heraushalten, Emily. Obwohl ich nicht mal sehe, dass da eine Verbindung bestehen könnte. Trotzdem: sicher ist sicher!"

„Wollen Sie jetzt etwa kneifen, Renato? Das kann doch nicht wahr sein, wir haben doch eine Vereinbarung! Sie sind jetzt dran!"

„Ich kneife niemals! Wir wissen über die Dienstage nur, dass Herr Fehrenbach sie nicht in Kenzingen und nicht in Ettenheim verbracht hat, sondern möglicherweise in Freiburg. Ich sage: möglicherweise! Aber jetzt muss ich weiterarbeiten. Tut mir leid."

„Das ist alles, was Sie wissen? Damit können Sie mich doch jetzt nicht im Ernst abspeisen!"

„Tut mir leid, wenn Sie mehr erwartet haben. Es ist alles, was wir bisher darüber genau wissen, ja. Aber jetzt muss ich wirklich."

„Wieso habe ich gerade das Gefühl, dass Sie mich nicht ernst nehmen? Und ich muss übrigens auch weiterarbeiten! Also bis dann, Renato." Noch ehe er etwas erwidern konnte, legte Emily empört auf. Am besten, sie würde sich diesen Renato aus dem Kopf schlagen! Man wusste einfach nicht, woran man bei ihm war. Wütend begann sie, auf ihren Computer einzuhämmern. Das hier würde richtig gut werden, das fühlte sie mit allen Sinnen. Und nach wenigen Augenblicken versank sie ganz in den Ideen ihrer Geschichte.

Kapitel 12

„Sie haben ein Auge auf Frau Braun geworfen, Chef!" Felix kommentierte die Reaktion auf das soeben abrupt beendete Telefongespräch Renatos völlig emotionslos, als er zusah, wie der sich mit beiden Händen ärgerlich durch die Haare fuhr und dabei stöhnte.

„Ich? Wirklich nicht! Diese Frau macht mich noch ganz wahnsinnig", brach es aus Renato heraus.

„Das sind die bekannten, üblichen Symptome, Chef. Alles ganz normal. Sie sollten mit der Dame ausgehen!"

„Felix, was spricht denn da aus Ihnen? Zwei Semester abgebrochenes Psychologiestudium und schon Kenner der menschlichen Psyche?"

„Abgeschlossenes Psychologiestudium seit einem Monat – Fernstudium! Und aus mir spricht lediglich Besorgnis, Chef. In diesem ungeklärten Zustand könnte Ihr sonst überragender kriminalistischer Scharfblick einer leichten Trübung unterliegen. Und das wäre unseren Ermittlungen sicher abträglich." Felix schaute Renato offen an. Er schien es ernst zu meinen.

„Zum Teufel, Felix! Diese Frau ist nicht mal mein Typ! Aber sie hat etwas an sich, das einem unter die Haut geht. Dabei will sie mich nur benutzen. Für die Arbeit an ihrem Buch. Schon klar. Dann wieder scheint da mehr zu sein als das. Ich werde noch ganz irre!“

Felix ließ sich nicht aus der Ruhe bringen: „Ein Grund mehr, mit ihr auszugehen. Finden Sie's raus, ob da etwas ist. Es ist die einzige Alternative, wenn Sie diesen Zustand beenden wollen.“

„Vielleicht mache ich das wirklich.“ Renato hatte sich wieder im Griff. „Und Sie haben tatsächlich das Psychologiestudium an Ihrem Vater vorbei abgeschlossen? Respekt, Felix! Ich gratuliere Ihnen.“

Felix war deutlich verlegen. „Keine große Sache, Chef. Danke!“ Er schob seine Stifte, die er allmorgendlich exakt parallel auf seinem Schreibtisch ausrichtete, verlegen hin und her.

„Ist sonst noch was? Jetzt spucken Sie's schon aus!“, ermunterte ihn Renato.

„Ich weiß, die Recherchen im Darknet und das Aufspüren der dortigen Kontakte haben wir ans LKA abgegeben und müssen nun abwarten, ob und wann wir Weiteres erfahren. Und so lange sind uns die Hände gebunden. Aber mir ist da eine Idee gekommen, was wir doch noch in der Angelegenheit tun könnten, Chef.“

„Immer raus damit. Oder erwarten Sie, dass ich Gedanken lese?“

„Michael Fehrenbach kann sich doch überhaupt nicht erklären, wer seinem Vater von seiner geschlechtsspezifischen Dominanz berichtet hat.“

„Herrschaftszeiten, Felix, reden Sie doch nicht so umständlich daher!“

„Entschuldigung, Chef, ich falle doch immer wieder in die alten Sprachmuster zurück. Genau wie mein Kommunikationstrainer sagt!"

Renato konnte ihn nur mit offenem Mund ansehen. Hatte er gerade ‚Kommunikationstrainer' gehört?

Felix räusperte sich: „Also er hat keine Ahnung, wer seinem Vater gesagt haben könnte, dass er schwul ist."

Noch immer sprachlos, nickte Renato nur.

„Es könnte doch also sein, dass Herr Fehrenbach seinen Sohn in Freiburg am Dienstag vor seinem Tod selbst gesehen hat. Oder nicht?"

Jetzt war Renato alarmiert: „Dazu würde dann auch der Streit am Mittwochmorgen passen! Ja klar, er selbst hat seinen Sohn in Freiburg gesehen. Nur, dass der nichts davon mitbekam! Mensch Felix, Sie sind der Wahnsinn!"

Inzwischen waren sie beide zum Schaubild an der Wand getreten. Renato schlug Felix anerkennend auf die Schulter, als dieser Freiburg mit einem roten Kreis hervorhob und mit dem Wort „Dienstag" versah. Felix zuckte unter dem Ritterschlag leicht zusammen, konnte sich aber sein Strahlen nicht verkneifen.

„Und nun meine Idee, Chef: Jemand könnte mit dem Sohn alle Wege abgehen, die der am Dienstag in Freiburg gegangen ist, wodurch wir den Radius, in dem der Vater sich aufgehalten hat, deutlich eingrenzen könnten."

Renato hatte schon den Hörer in der Hand und erteilte seine Anweisungen. Als er wieder auflegte, schien er sehr zufrieden. „Ich habe den Jungen einbestellt. Er müsste in einer Stunde spätestens hier sein. Möchten Sie die Aufgabe übernehmen, Felix? Oder soll ich einen Kollegen abstellen?"

„Tatsächlich hatte ich gehofft, mit dieser Aufgabe betraut zu werden, Chef."

„Sagen Sie, Felix, was hat es mit diesem Kommunikationstrainer auf sich? Kaffee?" Renato begab sich, nachdem Felix abwehrend die Hände gehoben hatte, zu seiner Edelkaffeemaschine und begann mit den notwendigen Handgriffen für eine richtig gute Tasse Kaffee.

Felix erhob sich ebenfalls, ging zu ihrem Mini-Kühlschrank und entnahm ihm einen Liter Milch. Und als Renato zwar nichts sagte, aber kugelrunde Augen machte, gab er gleich die passende Erklärung ab: „Kalzium, Chef. Würde Ihnen auch guttun. Aber um auf Ihre Frage zurückzukommen: Ich halte es für notwendig, wenn ich bei der Polizei bleiben will, meine eher überkommene Ausdrucksweise auf ein allgemeineres Sprachniveau zu senken. Denn ich konnte nicht umhin zu bemerken, dass ich damit doch schon auch auf Unverständnis bei anderen, mit denen ich zu tun hatte, stieß. Deshalb nehme ich die Dienste eines Kommunikationstrainers in Anspruch."

Felix sprach darüber, als ob es das Selbstverständlichste auf der Welt sei, einen

Kommunikationstrainer zu verpflichten. So wie andere Mathenachhilfe bekamen, bekam Felix eben Trainingsstunden in Umgangssprache. O.k., warum nicht? Renato staunte dennoch wieder einmal. Der Bursche überließ nichts dem Zufall.

„In welcher Schule lernt man eigentlich, so zu sprechen, wie Sie es draufhaben? Wahrscheinlich war das eine Privatschule, oder?"

„Schlimmer, Chef!", Felix errötete leicht, ehe er zugab: „Ich hatte Hauslehrer, die von meiner Mutter sorgfältig nach gerade solchen Kriterien ausgesucht worden waren. Dass sich daraus Probleme für mich ergaben, stellte ich leider erst fest, als ich in der Mittelstufe endlich eine Schule besuchen durfte. Eine Privatschule selbstverständlich, mit Internat. Aber immerhin hatte ich jetzt Kontakt zu anderen Schülern."

Da sagte Renato nichts mehr. Vielleicht sollte er nach Büroschluss mal wieder bei seinen Eltern vorbeifahren. Seine Mutter wäre begeistert. Und noch ehe er begriff, was er tat, fragte er schon: „Haben Sie heute Abend eigentlich schon eine Essensverabredung?" Dann griff er zum Telefon und rief seine Mutter an.

Emily war so besessen von ihrer Schreiberei, dass sie nicht einmal aufsah, als Lotte kurz herunterkam, um ihr zu sagen, dass Phillip da sei und plane, nach der Besprechung mit Lotte für sie alle zu kochen.

„Sie ist so verändert, also positiv, möchte ich meinen, seit sie angefangen hat, den Tod Jürgens als Ausgangspunkt für ihre Buch-Idee zu nehmen. Kaum zu bremsen, das Mädel. Also dann lass mal sehen, was du für die Stunde morgen schon hast."

Lotte und Phillip hatten sich in die offene Arbeitsecke gesetzt, die sich, nur durch eine Stufe getrennt, dem Wohnbereich anschloss. Die Wände schmückten Bücherregale in verschiedenen Tiefen, dazwischen hohe Zimmerpflanzen, einen Schreibtisch und einen langen, zusätzlichen Arbeitstisch, an dem sie sich jetzt niederließen. Phillip breitete seine schriftlichen Unterrichtsmaterialien aus und begann, Lotte seine Unterrichtsidee zu erläutern. Nach ungefähr einer Stunde waren sie durch und Phillip schien ganz zufrieden. Er hatte gerade alles wieder weggeräumt und war mit seinen Lebensmitteln unterwegs in die Küche, als es an der Tür läutete.

Kathi kam herein: „Du, Lotte, Michael muss nach Freiburg aufs Präsidium, die wollen da etwas mit ihm zusammen überprüfen, hat's geheißen. Und ich hab mit meiner Schwester ausgemacht, dass sie mich gleich abholt, weil der Michael doch mein Auto hat und mich zum Beerdigungsinstitut fährt. An die Beerdigung muss man ja auch endlich mal denken, oder? Aber wir wissen noch nicht, wann die Pathologie den Jürgen freigibt. Jedenfalls, nur dass du Bescheid weißt, ich übernachte heute bei meiner

Schwester. Das hat sie mir angeboten. Dann bin ich nicht so alleine im Haus."

Phillip kam aus der Küchenecke dazu: „Hallo, mein Beileid noch, Frau Fehrenbach. Ich bin Phillip, ein Referendar an der Schule Ihres Mannes. Frau Uhland ist meine Mentorin."

„Ach so? Ja, danke. Also ich geh jetzt wieder rüber. Ich wollte dir nur Bescheid sagen, Lotte, dass du dir keine Sorgen machen musst. Und übrigens: Danke für den Tag mit Michael. Uns hat das wirklich gutgetan, so weg von allem. Auf Wiedersehen, Herr Phillip! Bis dann, Lotte."

Kathi ging eilig weg. Wenigstens machte sie einen gefassten Eindruck, dachte Lotte. Und bei ihrer Schwester würde es weitere Ablenkung geben.

Das Essen, das Phillip zubereitet hatte, war wirklich gut, und er genoss das Lob der beiden Damen. Außerdem passte es heute zeitlich gut in den Tagesablauf. Für beide Lehrer! Denn ab 20 Uhr waren in der Schule die Klassenpflegschaftsabende angesagt, und da war es doch schön, wenn es davor noch ein gemütliches Abendessen für alle gab.

„Du schreibst an einem Buch über Jürgen Fehrenbach?", erkundigte sich Phillip bei Emily.

„Nicht gerade über Jürgen, aber die Fakten um seinen Tod herum bieten mir eine hervorragende Ausgangsposition dafür."

„Du sammelst also die ganzen Fakten?"

„Ich sammle nicht nur, sondern recherchiere auch selbst!", prahlte Emily ein wenig vor ihm.

„Und, was recherchierst du denn so, du zukünftige Bestsellerautorin?“, neckte Phillip sie.

Lotte folgte dem Geplänkel amüsiert.

„Du traust mir wohl nichts zu, was? Heute waren wir zum Beispiel in Kenzingen bei Jürgens altem Mentor.“

„Aha, das klingt ja nach einer ganz gewieften Spur“, lachte Phillip.

„Ja, allerdings! Und die führt uns direkt nach Staufen! Da bist du sprachlos, was? Aber mehr sage ich dir nicht, du Laie, sonst stiehlst du mir noch meine Idee!“

Auch Emily lachte und knuffte ihn in die Seite.

Dann war die Mahlzeit beendet.

Phillip wollte noch die Küche aufräumen, aber Lotte winkte ab: „Du hast jetzt genug für uns getan. Vielen Dank. Ich hoffe, du hast in deiner Stunde morgen genauso viel Erfolg, wie beim Kochen. Es war wirklich gut, Phillip. Den Rest übernehmen wir, stimmt's, Emily?“

„Aye, aye, Sir!“ Emily deutete den militärischen Gruß an und fragte dann noch lachend: „Ist Lotte in der Schule auch so unbeugsam?“

„Die Schüler nenne sie die ‚toughe Lotte‘. Ist das deutlich genug?“

Die jungen Leute lachten herzlich, und Lotte drohte, ebenfalls lachend, mit der Faust. Das war mal ein erfreuliches Abendessen, das sie hatte vergessen lassen, dass noch immer Beklemmendes über ihnen allen schwebte. Als Lotte dann noch neckisch zu Emily meinte: „Ihr habt euch ja gut verstanden!“, hörte sie nur: „Niemals, Lotte! Er ist ein Junge!“

Alles klar, dachte Lotte. Sie nahm die Leine entgegen, die Telemann ihr im Maul entgegentrug, und bat Emily, doch bitte mit Telemann noch eine Runde zu gehen, wobei sie ihn hätschelte und mit zärtlichen Worten überschüttete.

„Machst du's, Emily?“, rief sie in den Raum und schlüpfte bereits in ihre Jacke, denn sie wollte wenigstens eine halbe Stunde vor dem ersten Termin in der Schule sein. Das gehörte bei ihr einfach dazu: In Ruhe lange genug vor dem Termin ankommen, mit Kollegen plaudern, entspannt beginnen. So hielt sie es immer, gleichgültig welcher Art die Termine waren.

„Emily?“

„Ja doch, natürlich gehe ich gerne mit Telemann.“ Emily nahm die Leine in Empfang und verließ zur selben Zeit das Haus wie Lotte. Sicher würde es ihr guttun, sich in der abendlichen Stille zu bewegen und die Gedanken zu ordnen.

„Ich geh dann mal, Emily! Hast du eine Taschenlampe mit?“

„Ja, Mama! Viel Spaß dir!“

Als Emily nach etwa einer Stunde wieder zuhause war, hatte sie es eilig, sich mit ihren Notizen zu beschäftigen. Und bald schon war sie über ihr Material gebeugt und tief in Gedanken. Da klingelte das Telefon durchdringend. Ärgerlich warf Emily ihren Stift auf den Tisch und rannte nach oben, um den Anrufer noch zu erwischen. Lotte hatte sie ausdrücklich darum gebeten. Es könnte ja Kathi sein, die rief ausschließlich auf dem Festnetz an. Obwohl sie durchaus ein Handy hatte.

Kapitel 13

„Renato!“ Mit diesem Aufschrei breitete die kleine strahlende Frau, deren blaue Schürze das blaue Kleid mit den bunten Schmetterlingen schützte, ihre Arme aus und zog ihren Sohn, der einen hilflosen Blick über die Schulter zu Felix warf, heftig an ihre Brust. Dass er sie um gut einen Kopf überragte, schien sie nicht zu stören. „Ich habe mich so gefreut, dass du angerufen hast. Wir sehen dich doch so selten!“

Als er ihren Rücken gestreichelt und sich aus der Umarmung gewunden hatte, stellte er Felix vor: „Das ist mein junger Kollege Felix, von dem ich dir am Telefon berichtet habe.“ Jetzt wurde auch Felix mit solcher Herzlichkeit begrüßt, dass ihm ganz warm wurde. Im Wohnzimmer wartete Renatos Vater auf sie. Er grüßte eher förmlich, aber man konnte in seinen Augen die Freude darüber, dass Renato gekommen war, deutlich ablesen. Dann wurde gegessen, und Felix wurde nicht müde, Renatos Mutter bei jedem Gang, der aufgefahren wurde, formvollendet zu beglückwünschen.

Dass Renatos Mutter dies genoss, sah man an ihren glühenden Wangen, und dass Felix sich ausgesprochen wohlfühlte, war auch nicht zu übersehen. Es war ein gelungener Abend, und obwohl die beiden Polizisten auf Alkohol verzichteten mussten, denn sie hatten Bereitschaft, kam keinen Moment Langeweile auf.

Da klingelte Renatos Handy. Er stand auf, entfernte sich ein paar Schritte, um die anderen nicht zu stören, und meldete sich: „Rupp."

„Renato, komm schnell, ich hatte einen schlimmen Anruf."

Emily! Sie hatte Angst! Sofort begann sein Herz schneller zu schlagen, aber er zwang sich, ruhig zu fragen: „Bist du in Sicherheit, Emily!"

„Ich bin hier ganz alleine, Lotte ist noch in der Schule, und dann kam dieser Anruf", schluchzte sie in den Apparat.

„Schau nach, ob alles abgeschlossen ist, und bleibe im Haus. Ich bin gleich da." Und zu Felix: „Wir haben einen Einsatz, los, kommen Sie! Tut mir leid, Mama, Papa! Wir wiederholen das? Abgemacht?" Dann hielt ihn nichts mehr. Er platzierte das Blaulicht aufs Dach, ließ den Motor aufheulen und raste davon. Seine Eltern sahen ihm besorgt hinterher.

Sie hatten die Strecke von Lahr bis zu Lottes Haus in Ettenheim in Rekordgeschwindigkeit zurückgelegt. Renato fuhr, unterstützt durch die Blaulichtvorteile, als ob der Teufel hinter ihm her wäre. Die Hände fest ums Steuer gekrallt und seinen grimmigen Blick stur auf die Straße gerichtet, entging ihm völlig, dass Felix neben ihm sich krampfhaft festhielt und ihm mehrmals besorgte Blicke von der Seite zuwarf. Als sie anhielten, atmete Felix vor Erleichterung aus, denn zuletzt hatte er nur noch die Luft angehalten.

Renato bemerkte nichts davon. Er eilte zur Haustür und klingelte Sturm. Gleichzeitig hämmerte er gegen die Tür und rief: „Emily, ich bin's. Renato! Machen Sie auf!"

Da stand auf einmal Lotte im Türrahmen: „So stürmisch, lieber Herr Rupp? Treten Sie ein, die Wogen haben sich bereits geglättet!"

Renato, durch Lottes Erscheinen an der Tür sichtbar wieder abgekühlt, folgte ihr mit Felix in den Wohnbereich. Emily stand auf, schenkte ihm eine flüchtige Umarmung, die ihn völlig aus dem Gleichgewicht brachte, aus der sie sich aber sofort wieder zurückzog: „Ich hatte solche Angst! Danke, dass Sie sofort gekommen sind. Aber gleich nachdem ich Sie angerufen hatte, kam Lotte aus der Schule zurück."

Als sie Platz genommen hatten, ergriff Felix mit einem kurzen Blick auf Renato das Wort: „Es war genau richtig, uns anzurufen. Was hat der Anrufer denn eigentlich genau gesagt?"

„Zuerst habe ich gar nichts gehört und wollte schon auflegen. Dann kam plötzlich so eine krächzende Stimme und sagte: ‚Keine Einmischung! Sonst werdet ihr es bereuen!' Und ich rief: ‚Hallo? Wer ist da?' Aber dann war die Leitung tot."

Renato, der sich gefasst hatte und bereits sein Notizbüchlein bereithielt, fragte: „War es eine männliche oder eine weibliche Stimme?"

„So genau kann ich das nicht sagen, es könnte beides zutreffen."

„Hm. Das war eine Drohung. Wenn es kein makabrer Scherz eines Bekannten von Ihnen war, bedeutet das, dass Sie beide wohl jemandem zu nahe gekommen sind. Und das ist gefährlich! Felix, überprüfen Sie doch gleich mal, ob die Anrufrückverfolgung etwas bringt. Obwohl ich nicht damit rechne."

„Mach ich, Chef." Er ging nach draußen und sprach in sein Handy.

„So, und jetzt erzählen Sie doch mal, was Sie heute nacheinander so gemacht haben, wen Sie gesprochen haben. Nichts auslassen bitte!"

Lotte und Emily wiederholten haarklein, wie und mit wem sie ihre Zeit heute verbracht hatten. Das meiste wusste Renato sowieso schon. Außer mit Kathi, Herrn Knobel, Phillip und Michael hatte Lotte auch in der Schule vor den Klassenpflegschaftsabenden noch mit etlichen Kollegen im Lehrerzimmer über Privates gesprochen. Mit einigen, mit denen sie mehr als nur eine berufliche Bekanntschaft verband, auch über den Mord an Jürgen. Zwar hatte sie dort nichts über den Verdacht der Pädophilie geäußert, aber stolz erzählt, dass Emily durch diesen tragischen Fall, der sich quasi vor ihren Augen abspielte, jetzt auch als Schriftstellerin daran interessiert sei. Und sie hatte auch von ihrem Besuch in Kenzingen in diesem Zusammenhang erzählt. War das denn schlimm? Schließlich wussten viele im Kollegium über Emily Bescheid und kannten sie auch persönlich. Sie hatte doch sogar beim Schulfest geholfen und damals auch den Zeitungsbericht darüber geschrieben.

Nein, das war nicht schlimm, aber es wäre deutlich einfacher gewesen, den Anrufer herauszufinden, wenn der Personenkreis nicht so groß wäre.

Renato bat sie, eine Liste aufzustellen, wer von den Kollegen von ihrem Kenzingen-Besuch gehört haben könnte oder wem sie es direkt erzählt hatte. Er erhob sich, als Felix hereinkam, und ermahnte die beiden Damen mit ernstem Gesicht: „Das war jetzt nur ein Drohanruf. Aber wir wissen nicht, wie ernst es dem Anrufer ist. Deshalb beschwöre ich Sie, keine weiteren Recherchen anzustellen! Überlassen Sie das zukünftig bitte der Polizei. Wir werden uns selbst mit Herrn Knobel befassen, und Sie fahren nicht noch einmal nach Kenzingen! Ist das bei Ihnen beiden angekommen?"

Wie Schulmädchen, die gerade bei etwas erwischt worden waren, standen Lotte und Emily vor ihm und nickten folgsam. Aber sah er da nicht schon wieder den Schalk in Emilys Augen aufblitzen? Innerlich seufzte Renato, denn er ahnte schon, dass Emily, sobald der Schreck verpufft war, weitermachen würde.

Im Auto bat Renato Felix, auf dem Revier Bescheid zu sagen, dass ein Streifenwagen nachts Im Saal regelmäßig vorbeifahren sollte, um Präsenz zu zeigen.

„Denken Sie, dass das hilft?", fragte ihn Felix, als er der Bitte nachgekommen war.

„Es ist besser als nichts. Was war mit der Anrufrückverfolgung?"

„Kein Ergebnis, leider. Denken Sie, dass die beiden Damen auf Sie hören werden, Chef?"

Renato seufzte: „Das werden sie bestimmt nicht. Frau Uhland vielleicht, aber Emily? Ich glaube, wenn die sich etwas in den Kopf gesetzt hat, zieht sie es einfach durch."

„Den Eindruck habe ich auch von ihr. Wir sollten sie unbedingt im Auge behalten. Auch sonst, Chef! Sie ist deutlich an Ihnen interessiert." Und dabei grinste er anzüglich zu Renato hinüber. Renato grinste zurück.

„Was ich noch sagen wollte, Chef. Der Abend bei Ihren Eltern war sehr schön. Ihre Eltern mit Ihnen zu sehen, das erwärmt einem das Herz. Ganz zu schweigen von dem köstlichen Essen. Eine wahre Gaumenfreude. Man muss sich direkt wundern, wie Sie in all den Jahren bei einer so kochfreudigen Mutter trotzdem in Form bleiben konnten."

Renato lachte. „Glück gehabt und die väterlichen Gene geerbt."

Sein Handy klingelte. Er nahm es aus der Tasche. Horst Baltes, sein Chef. „Felix, halten Sie es mir einfach ans Ohr."

Felix tat, wie ihm geheißen.

„Was gibt's, Horst?" Er hörte aufmerksam zu und schien zufrieden über das, was er von seinem Chef zu hören bekam. „Ja, das sage ich ihm gleich.

Er sitzt neben mir im Auto. Wir sind noch auf der Autobahn."

Und kurz darauf: „Nein, Horst, das ist nicht nötig. Sorge dafür, dass wir ihn morgen Nachmittag zum Verhör im Präsidium sehen. Das reicht erst einmal. Morgen früh verfolgen wir nämlich eine weitere Spur in der Schule."

Und wenig später: „Ja, du auch, Horst. Bis dann."

Felix steckte Renato das Handy wieder zurück in die Tasche und sah seinen Chef erwartungsvoll an.

„Der Verbindungsmann vom LKA hat sich gemeldet. Sie konnten Jürgens Kontakt ins Darknet identifizieren und wollen zusammen mit Interpol im Morgengrauen den Typen hochnehmen und hoffentlich die Mädchen befreien. In einem Hochhaus am Rande von Colmar hat er anscheinend, man weiß noch nicht ob alle, Mädchen untergebracht und deshalb mussten sie Interpol einschalten. Horst hat gefragt, ob wir dabei sein wollen, aber ich habe verneint. Der Mädchendealer wird uns am Nachmittag, nachdem die ihn in der Mangel hatten, zur Befragung in unserem Fall überstellt."

Felix strahlte. „Das sind doch wunderbare Neuigkeiten, Chef! Denken Sie, dass uns das der Aufklärung unseres Mordes näher bringt?"

„Ehrlich gesagt bezweifle ich das. Aber wir können dann vielleicht mit Sicherheit sagen, dass Fehrenbach pädophil war. Ach und übrigens, Felix, Horst Baltes lässt Ihnen ausrichten, dass Ihre Idee, mit Michael Fehrenbach die Wege abzugehen und dadurch den Aufenthalt seines Vaters einzugrenzen, wesentlich zum Erfolg der Operation beigetragen hat." Mit einem Blick auf die ansteigende Röte am Hals seines Beifahrers fuhr er fort: „Stellen Sie sich vor, Fehrenbach war so naiv, sich mit eigenem Namen in den Hotels, die um den Bahnhof herum liegen, einzutragen. Immer abwechselnd. Am letzten Dienstag vor seinem Tod war er im Novotel, und dort muss er seinen Sohn mit Freund auf dem Weg dahin entdeckt haben. Ganz wie Sie es vermutet haben, Felix. Kompliment."

„Danke, Chef." Felix war immer noch mit einem rosa Hauch überzogen. Er räusperte sich und schien erleichtert, als auch sein Handy klingelte. Nach einem schnellen Blick darauf meldete er: „Da kommt gerade die Liste von Frau Uhland herein, Chef. Außer denen, die wir schon kennen, gibt es also noch sechs Leute aus der Schule, die gehört haben oder gehört haben könnten, dass die beiden Damen Fehrenbachs Mentor in Kenzingen besuchten."

„Gut, die müssen wir alle befragen. Das machen wir diesmal aber zusammen. So viele sind es nicht. Suchen Sie doch bitte heraus, was wir von ihnen schon haben, und bitten Sie Frau Uhland, eine günstige Gesprächsreihenfolge für den Schulbetrieb festzulegen und uns zuzuschicken sowie die Kandidaten über die Zeiten zu informieren. Wir sind gleich zum Unterrichtsbeginn dort und benutzen für die Befragungen wieder den Elternsprechraum, wenn sie nichts Besseres für uns haben." Renato seufzte ein wenig. Der Elterngesprächsraum war im Prinzip eine Zumutung. Weißgestrichene Korbstühle mit Sitzkissen und ein runder Tisch! Na ja, wenn es nicht anders ging.

Felix gab alles wieselflink auf seinem Handy ein, und kurz darauf bedeutete ihm ein Piepton, dass Antwort da war.

„Sie hat schon die Einteilung fertig? Die Frau macht mir Angst!", bemerkte Renato.

„Nein, Chef, die Einteilung liegt morgen früh pünktlich vor, schreibt sie. Aber sie stellt uns für die Befragungen ihr Büro zur Verfügung!" Felix schaute Renato mit breitem Grinsen an.

„Na also, geht doch! Wie haben Sie das denn hingekriegt?"

„Ach, das war gar nicht so schwer, Chef!", schmunzelte Felix.

Die restliche Strecke zum Präsidium verbrachten sie schweigend, jeder mit seinen Gedanken beschäftigt. Dann waren sie da.

Renato wollte noch einmal in sein Büro, um alle Indizien, die sie bisher hatten, ein weiteres Mal durchzugehen.

„Dann kommen Sie gut heim, Felix. Wir sehen uns morgen", wandte er sich an Felix, als dieser gerade ausstieg.

„Nein, Chef, ich komme noch mit hoch. Ich will noch unser Schaubild anpassen und die Unterlagen für morgen zusammenstellen."

„Sind Sie sicher, Felix? Ich will Sie nicht ausbeuten!"

„Ganz sicher, Chef. Ich habe nichts anderes vor heute."

„Dann werden Sie also nicht zuhause erwartet?"

„Nein, leider nicht, Chef."

„Ich dachte, mit Ihrem Hintergrund, könnten Sie sich vor interessierten Damen kaum retten?"

„Das ist ja das Problem, Chef. Die Damen, die Sie meinen, sind hauptsächlich an meinem Hintergrund interessiert. Weniger an mir."

„Nun sehen Sie das mal nicht so schwarz. Vielleicht sollten Sie einfach nicht so streng sein mit Ihren Ansprüchen an die Damen, die sich zu Ihnen drängen. Gönnen Sie sich einfach ein wenig Spaß!"

„Es ist großartig, solch einen Berater in Liebesdingen an meiner Seite zu haben! Wirklich Chef, vielleicht sollte ich mir einfach diesbezüglich auch an Ihnen ein Beispiel nehmen?" Die Ironie war nicht zu überhören.

„Felix, überreizen Sie es nicht", gab dieser in gespielter Strenge zurück.

„Würde ich mir niemals erlauben, Chef!"

So miteinander flachsend durchquerten sie das Präsidium, das zu dieser Zeit nur spärlich besetzt war. Aber sobald sie in Renatos Büro ankamen, wurden sie wieder ernst.

Während Felix die neuesten Infos am Schaubild ergänzte, fasste Renato zusammen, was sie hatten: „Das Opfer wurde im Sitzen von einem rechtshändigen Täter oder Täterin mit einem Pokal zunächst geschlagen, was sicher zu einer Benommenheit oder Ohnmacht führte, aber nicht zum Tod. Kurze Zeit danach wurde das Opfer am Hals mit etwas Weichem, vielleicht einem Schal, zu Tode gewürgt. Keine Fingerabdrücke. Das Opfer belästigte Frauen am Arbeitsplatz, wobei wir von einer ganz konkret wissen, und war fast mit Sicherheit pädophil, was sich spätestens morgen sicher sagen lässt. Daraus könnte sich ein Tatmotiv ergeben: Rache. Verdächtig sind immer noch die Ehefrau, da ihr Alibi unsicher ist, und die Referendarin Jäckle oder jemand aus ihrer Familie. Der Drohanruf bei Frau Uhland zeigt, dass der Täter oder die Täterin wahrscheinlich hier auf unserer neuesten Liste zu finden ist oder in deren Umfeld. Wir kommen dem Täter näher, Felix. Ich möchte alles über die Personen auf dieser Liste wissen. Über ihre Familien, über ihre Vorstrafen, wenn es denn welche gibt, ihre sexuelle Ausrichtung, ob es Töchter gibt, die mit Fehrenbach zu tun hatten, ihre Alibis, falls sie uns noch nicht bekannt sind. Ich möchte, dass jeder Stein in ihrem Leben umgedreht wird. Dabei werden uns die Ettenheimer Kollegen helfen. Sie bekommen die Instruktionen morgen bei der Frühbesprechung. Können Sie das bitte vorbereiten, Felix? Und dann möchte ich diesen Herrn Knobel sprechen. Vereinbaren Sie für morgen am späten Nachmittag einen Termin."

Felix glühte vor Eifer. „Sie können sich ganz auf mich verlassen, Chef."

„Das weiß ich doch, Felix!"

Dann verabschiedeten sie sich. Was noch fehlte, würde Felix zuhause ausarbeiten, und Renato nahm die Tatortfotos mit. Er wollte sie noch einmal genauestens studieren. Vielleicht hatten sie ja etwas übersehen. Etwas in seinem Unterbewusstsein störte ihn schon die ganze Zeit, aber er kam einfach nicht drauf, was es war.

Renato wusste aus Erfahrung, dass er in solchen Fällen auf sein Inneres hören musste. Manchmal dauerte es eben, bis ein Detail an die Oberfläche drang. Deshalb wollte er alle Fotos, die sie von dem Tatzusammenhang hatten, zuhause noch einmal studieren. Da gab es keine Ablenkung, und wer weiß, vielleicht war es schon heute Nacht so weit, dass er sah, was ihn daran störte.

Kapitel 14

In seiner Wohnung angekommen, riss er sich die Kleider vom Leib und sprang unter die Dusche. Zum Joggen hatte er jetzt keinen Nerv, aber duschen musste er trotzdem. Das gehörte bei ihm zum festen Ritual, damit spülte er den Polizisten Renato von sich ab und gab dem Privatmann Renato Raum. Natürlich wusste er, dass das nur eine Theorie war, selbst wenn er keine Akten mit nach Hause brächte, würde sein Kopf weiterarbeiten. Das war immer so. Aber sein Ausbilder hatte ihm gesagt: „Renato, schaffe dir ein Privatleben, das brauchst du, wenn du bis zur Pension durchhalten willst. Lass dich auch vom schlimmsten Fall niemals völlig absorbieren, sonst bist du bald ausgezehrt! Und wenn du Tag und Nacht mit deinem Fall beschäftigt bist, dann sorge wenigstens für private Rituale, damit du nicht untergehst."

Renato hatte seinen Ausbilder sehr geschätzt und versucht, einen Ausgleich zu schaffen. Deshalb hatte er sich ja auch für diese Wohnung entschieden. Schon wenn er mit seinem Auto heranfuhr an dieses ehrwürdige Haus mit dem alten Baumbestand, spürte er, wie er sich entspannte. Und wenn er dann lange unter der Dusche gestanden und seine Kleidung ausgetauscht hatte, war die Erholung vom Arbeitstag eingeläutet.

Jetzt etwas essen! Sofort dachte er an seine italienische Mama. Jedes Mal, wenn er sie besuchte, wollte sie ihm etwas von ihrem Essen mitgeben. Und er, der Trottel, lehnte jedes Mal ab, dachte er, als er in den Kühlschrank schaute. Morgen musste er sich wirklich Zeit nehmen und wieder einmal einkaufen. Im Kühlfach fand er noch eine Packung Züricher Geschnetzeltes mit Rösti. In die Mikrowelle damit! Aber wenigstens hatte er noch eine Flasche guten Rotweins. Na dann!

Renato ging auf Socken durch sein großzügig geschnittenes Wohnzimmer und schenkte sich, während er auf das „Pling" der Mikrowelle wartete, Wein in ein edles Rotweinglas ein. Auch da hatte er deutliche Regeln: Niemals im Stehen in der Küche essen, immer optisch ansprechendes Geschirr benutzen, sich Zeit für die Mahlzeiten nehmen. Wenigstens wenn er in seiner Wohnung war. Tagsüber aß er zwischendurch, wobei er auch nicht vor Junkfood haltmachte. Da war oft keine Zeit und deshalb war er in der Auswahl seiner Speisen recht gleichgültig. Aber zuhause war er privat und legte bewusst viel Wert auf eine schöne Umgebung, auch auf dem Tisch. Wenn schon das Gericht aus der Mikrowelle kam, sollte es zumindest auf edlem Porzellan serviert werden!

Nach dem Essen, das von Vivaldis Frühling begleitet wurde, räumte Renato alles weg, stellte die Musik aus und benutze nun den großen Esstisch, um darauf die mitgebrachten Fotos auszubreiten.

Unter einer großen Lupe ließ er Bild für Bild auf sich wirken. Na, kommt schon, sprecht zu mir, murmelte er vor sich hin, als er seinen Blick langsam von einem Mädchenfoto zum nächsten gleiten ließ. Er verglich die Gesichter: Alle trugen Lippenstift, alle lächelten in die Kamera. Wahrscheinlich nicht freiwillig, oder? Stand euer Freier hinter der Kamera? Wahrscheinlich schon, denn die Fotos waren ja auf seinem Handy. Habe ich Recht? Wann hat er die Fotos gemacht? Bevor er sich an euch vergangen hat oder danach? Mit seiner Lupe glitt Renato zum nächsten Foto. Ich denke mal, er hat das Foto vorher gemacht, um sich aufzuheizen. Habe ich Recht? Man sieht allerdings keine Angst in euren Gesichtern? Hattet ihr die Hoffnung, dass es bei Fotos bleibt, oder wart ihr zu sehr zugedröhnt? Und immer von einem Seidenschal umschmeichelt. Dieses Schwein! Eigentlich schade, dass er nicht mehr zur Verantwortung gezogen werden kann. Renatos Lupe glitt unaufhaltsam weiter, aber er sah nichts, was er nicht schon zigmal zuvor gesehen hatte: Alle Mädchen waren dunkelhaarig, mal mit langen Haaren, mal mit kurzen. Unterschiedliche Nationalitäten.

Dann war er beim letzten Foto angekommen. Das Foto, das Herr Fehrenbach angeblich in seiner Schultasche versteckt hatte und das von seiner Frau gefunden wurde. Die gleiche Pose wie bei den anderen, der rote Schal …

Stopp, Renato! Hier war es, worauf ihn sein Unterbewusstsein die ganze Zeit aufmerksam machen wollte! Er verglich es noch einmal mit dem letzten Foto. Und mit dem davor und davor. Eindeutig! Alle Mädchen schauten unbestimmt in die Ferne, aber auf keinen Fall zum Fotografen. Ihre Blicke mieden ihn, kein Wunder, da sie ja genau wussten, was sie von ihm zu erwarten hatten. Dieses eine Mädchen aber nicht. Es schaute zum Fotografen hin! Natürlich! Es kannte ihn! Es lag ihm daran, ihm zu gefallen. Deshalb lächelte es ihn auch an. Und da war noch ein weiterer Unterschied: Dieses Mädchen trug nicht nur Lippenstift, sondern war komplett geschminkt. Es hatte sich sorgfältig für dieses Foto zurechtgemacht!

Und was schließen wir daraus? Möglicherweise ist dieses Foto freiwillig entstanden!

Renato sprang auf und griff zum Telefon: „Felix, schlafen Sie schon?"

„Nein, Chef, ich geh gerade nochmals die Erstaussagen der Lehrer durch, die wir auf morgen einbestellt haben."

„Das ist gut, Felix. Das ist gut. Aber jetzt machen Sie sich schleunigst auf die Socken und kommen hierher! In meine Wohnung. Ich muss Ihnen nämlich dringend etwas zeigen. Sie kennen die Adresse?"

Felix fragte sicherheitshalber noch nach der Hausnummer, die Straße kannte er, und versprach, in spätesten zehn Minuten da zu sein. Seiner Stimme war eine gewisse Aufregung bereits anzumerken.

Kurze Zeit später, nachdem Renato sein Telefonat mit Horst Baltes beendet hatte, stand Felix vor der Tür.

„Kommen Sie, bestimmt sehen Sie es auch."

Felix, der sah, dass sein Chef in Strümpfen ging, zog unverzüglich seine Schuhe auch aus und folgte Renato zum Esstisch, wo ihm sofort eine Lupe in die Hand gedrückt wurde.

„Jetzt vergleichen Sie dieses letzte Bild in der Reihe nacheinander mit den anderen. Achten Sie dabei auf jede Kleinigkeit!"

Felix verglich konzentriert, indem er immer wieder zurück zum letzten Foto schaute. Auf einmal überzog ein Lächeln sein Gesicht: „Ich sehe es! Der Blick ist anders."

„Genau!", Renato nahm ihm die Lupe aus der Hand und zeigte ihm, was er sonst noch gefunden hatte.

Schritt für Schritt gingen sie nun miteinander durch, welche Schlussfolgerungen sich daraus ziehen ließen. Längst war die Euphorie auf Felix übergesprungen.

„Was machen wir, Chef? Ändern wir jetzt unseren Plan?"

„Nein, den ändern wir nicht. Aber wir wissen jetzt etwas Neues. Machen Sie mir Kopien von diesem Foto. Einmal für das LKA, die sollen nachsehen, ob sie das Mädchen in der Kartei des

Mädchendealers finden, sofern sie eine sicherstellen können. Das ist natürlich noch abzuwarten. Und zum anderen brauchen wir das Foto, um es dem Herrn Knobel in Kenzingen vorzulegen. Vielleicht haben wir ja Glück und da ergibt sich etwas."

Sie gingen wieder und wieder durch, was sie tatsächlich hatten und welche Schlüsse sich daraus ergaben. Renato bot Felix von seinem Wein an, aber der lehnte dankend ab. Er wollte später noch an seinen Unterlagen zuhause weitermachen und lieber einen klaren Kopf behalten.

„Aber sagen Sie, Chef: Was hat Sie bewogen, die Beweisfotos, die ja auch am Schaubild im Präsidium hängen, noch einmal mit der Lupe anzusehen?"

„Mein Bauchgefühl hat mir gesagt, dass da etwas sein muss, was ich aber einfach nicht sah. Wissen Sie, das passiert immer wieder, dass man es direkt vor der Nase hat und es nicht bemerkt. Da hilft es, aus einer anderen Perspektive und an einem anderen Ort es nochmals zu versuchen. Merken Sie sich das Felix. Jetzt liegen die Fotos vor uns auf dem Tisch. Sie hängen nicht mehr an der Wand, und unsere Aufmerksamkeit wird nicht noch zusätzlich durch weitere Vernetzungen drumherum abgelenkt. Sie haben es doch auf diese Weise auch gleich gesehen, oder?"

„Ja schon, Chef, weil Sie mir gesagt haben, wonach ich schauen soll."

„Diesmal habe ich es Ihnen gesagt, aber schon beim nächsten Mal werden Sie ganz von alleine draufkommen. Glauben Sie mir."

„Meinen Sie?"

„Hey, kratzt da etwas am Putz Ihres sonst so überlegenen Selbstwertgefühls?", neckte Renato.

„Nein, Chef, natürlich nicht. Ich war nur auf Komplimente aus!", flachste Felix zurück, konnte aber nicht vermeiden, dass sich dabei sein Gesicht mit einer leichten Röte überzog. Da konnten sie sich ein befreiendes Lachen nicht mehr verkneifen. Für Felix wurde es Zeit und sie trennten sich an diesem Abend zum zweiten Mal.

Jetzt merkte Renato, dass er ganz schön müde war, und ging ins Bett. So war es meistens. Solange er noch nichts in der Hand hatte, stand er so unter Strom, dass er gar nicht zum Schlafen kam. Platzte aber irgendein Knoten, ließ die Anspannung sofort nach und er konnte in den tiefsten Schlaf fallen. Heute war so ein Tag. Bevor er einschlief, dachte er noch an Emily. Hoffentlich war sie nicht in Gefahr! Das könnte er nicht ertragen. Irgendwie ging sie ihm schon jetzt unter die Haut. Noch während er über seine Erkenntnis lächelte, war er eingeschlafen.

Renato stand vor Lottes riesiger Glaswand und schaute von da in den Wohnbereich. An der Tür tauchte jetzt eine vermummte Gestalt mit einem roten Schal auf. Mein Gott, Emily war in Gefahr! Renato wollte ums Haus herumlaufen, um ihn sich zu greifen, aber er konnte seine Beine nicht bewegen. Jetzt ertönte ein schriller Klingelton und kurz darauf kam Emily die Treppe hoch. Sie schwebte mehr, als dass sie ging. Ihre Haare waren vom Schlaf noch ganz verwuschelt und sie trug ein kurzes Schlafshirt. Er schrie von draußen: „Emily! Geh nicht an die Tür!"

Sie hörte ihn nicht.

Nun trommelte er mit beiden Fäusten gegen die Scheibe. Emily schwebte einfach weiter Richtung Tür. Das Klingeln wurde ohrenbetäubend und er konnte nichts tun!

Völlig nassgeschwitzt fuhr Renato im Bett hoch. Sein Handy! Gott sei Dank nur ein Albtraum.

Er schlug die Decke zurück und meldete sich: „Rupp."

„Hast du schon geschlafen, Ren?"

Renato stand nun ganz auf und ging zur Küche.

„Geschlafen? Nein, um diese Zeit erwarte ich doch immer deine Anrufe, Horst!"

„Ich dachte, du willst doch sicher sofort wissen, was bei der LKA-Aktion herauskam. Ich kann dir sagen, das sind wirkliche Profis, Ren. Das hätte dir auch gefallen."

„Sicher, Horst, aber du warst ja dabei. Also jetzt rück schon raus, dann kann ich mich noch einmal hinlegen."

„Es war ein toller Erfolg, Ren. Sie haben außer dem Mädchenhändler noch mindestens acht Mädchen aus der Wohnung geholt. Und stell dir vor, der Typ ist ein Busfahrer hier aus Freiburg! Ein Deutscher, rumänischer Abstammung. Er wohnt in Haslach. Du kannst ihn heute Nachmittag wie abgemacht befragen. Ren, egal ob es uns zum Mörder führt oder nicht, durch unsere Mithilfe ist den Jungs von LKA und Interpol ein wichtiger Schlag gegen die Schweinereien im Darknet gelungen. Bist du noch dran, Ren?"

„Nein, ich bin schon wieder eingeschlafen! Gute Nacht, Horst."

„Gute Nacht, Ren. Wir können ja morgen noch darüber sprechen."

Renato legte auf und ging zum Bett zurück. Mit einem Blick auf die Uhr stellte er fest, dass es sich nicht mehr lohnte weiterzuschlafen. Außerdem würde er wahrscheinlich sowieso nicht mehr einschlafen können. Da ging er doch besser unter die Dusche, so verschwitzt wie er war, und gönnte sich danach ein ausgiebiges Frühstück! Genau! Fröhlich, einen Song aus dem Morgenstudio im Radio mitträllernd, verschwand er im Bad, ließ aber die Tür offen, damit er die Musik weiterhören konnte.

Kapitel 15

Nachdem der Jubel über die erfolgreiche Aktion des LKA bei den Kollegen in der Morgenbesprechung verebbt war, fasste Renato den neuesten Stand der Ermittlungen zusammen und legte die Marschroute für den Tag fest.

„Es sind zwei Richtungen, die wir einschlagen. Die eine Richtung betrifft alle Personen auf dieser Liste, die Ihnen Herr Rabenstein gleich aushändigen wird. Und wie schon gesagt: Drehen Sie wirklich jeden Stein um! Unser Täter ist mit ziemlicher Wahrscheinlichkeit darunter. Rufen Sie mich bitte sofort an, wenn Sie etwas gefunden haben. Egal wann! Und die andere Richtung führt über dieses Foto, das, wie Sie soeben selbst sehen konnten, deutlich aus der Reihe der anderen heraussticht. Dem gehen Herr Rabenstein und ich selbst nach. Viel Erfolg!“

Renato und Felix mussten sich beeilen. Sie waren schon zur Morgenbesprechung zu spät gewesen. Ein unerwarteter Stau auf der A5. Frau Uhland würde nicht erfreut sein, wenn ihr Zeitplan nicht eingehalten werden konnte. Es gab ja immer Verzögerungen, aber in einer Schule mit über vierhundert Schülern konnten zeitliche Verschiebungen schnell mal die Ursache für entstehendes Chaos werden. Mit leichtem Schauder dachte Renato an seine eigene Schulzeit. Er konnte sich noch ganz deutlich an die Unruhe in Klassenzimmern und Fluren erinnern, wenn Lehrer nicht zum Unterricht erschienen. Für Schüler herrlich! Für die Verantwortlichen sicher nicht! Also trieb er Felix, in dessen Wagen, einem Golf, sie heute unterwegs waren, zur Eile an.

„Das Gaspedal ist unten rechts, Kollege!“

„Hier ist 70, Chef.“

„Man hat Sie nicht mit Blaulicht ausgestattet?“

„Steht mir noch nicht zu, Chef.“

Renato versuchte, seine Ungeduld nicht zu zeigen. Lieber säße er jetzt in seinem alten BMW. Ein geschmeidiger Wagen, schnell und schnittig. Ein Wagen mit Charakter.

Schnelle Autos waren einfach seine Leidenschaft, und gleichgültig, ob eilig oder nicht, fühlte er sich in dieser Art Auto, in der er jetzt gerade saß, immer ein bisschen zurechtgestutzt. In die Durchschnittsform gepresst. Aber er sagte lieber nichts, wer weiß, was sein psychologisch geschulter Kollege womöglich für Schlussfolgerungen daraus zog. Es gab Wichtigeres. Und außerdem waren sie eh schon da.

Felix parkte umsichtig und akkurat in die letzte vorhandene Lücke auf dem Lehrerparkplatz vor der Schule. Renato musste sich durch den engen Türspalt zwängen. Als er sah, dass es Felix nicht anders ging, schluckte er die Bemerkung wieder herunter, die ihm bereits auf der Zunge lag.

Frau Uhland erwartete sie vor ihrem Büro. Erstaunlicherweise überging sie einfach ihr

Zuspätkommen und verzichtete tatsächlich auch auf Einwände dem Wunsch gegenüber, Heinz Röder an den Anfang zu setzen.

Sie sagten ihr nicht, dass Herr Röder der Einzige auf der Liste war, der bei seiner Aussage leichte Kritik an seinem Vorgesetzten durchblicken ließ. Allerdings hatte er ein gutes Alibi für die Tatzeit und war deshalb nicht weiter ins Blickfeld geraten. Aber da er nun auf dieser Liste stand, lohnte sich sicher ein Nachbohren.

Frau Uhland musste nur kurz an ihren Computer, um nachzusehen, ob es durch die Änderung zu besonderen Schwierigkeiten kommen würde. Nein, kam es wohl nicht. Sie setzte stattdessen einfach Anita Werdecke ans Ende. Dann ließ sie die beiden alleine.

Renato war angenehm überrascht. Frau Uhland schien die Situation gut im Griff zu haben. Sie war souverän, keine Frage.

Kurz darauf klopfte es. Heinz Röder kam herein und nahm Platz. Er schien aufgeregt. Möglich, dass er sich sogar Mut angetrunken hatte, denn die Alkoholfahne war deutlich zu riechen.

Wie ausgemacht, eröffnete Felix die Befragung: „Herr Röder, Sie haben am Freitag, als der tote Herr Fehrenbach aufgefunden wurde, ausgesagt, dass Sie keine Probleme mit Ihrem Chef hatten. Möchten Sie Ihre Aussage ändern oder bleiben Sie dabei?"

„Ich versteh das jetzt nicht. Bin ich jetzt plötzlich verdächtig, oder was? Ich habe mir noch nie etwas zuschulden kommen lassen, verdammt!" Aufgebracht schlug er mit der Faust auf den Tisch.

Renato übernahm: „Ich bitte Sie, mäßigen Sie sich, Herr Röder. Beantworten Sie einfach die Frage meines Kollegen."

„Ich ändere hier gar nichts!" Der aggressive Ton von Herrn Röder unterstrich Renatos Beobachtung hinsichtlich Alkohols nur noch. Daher startete er einen Bluff:

„Herr Röder, geben Sie doch einfach zu, dass Sie Ärger mit Ihrem Schulleiter hatten, weil er Ihr Alkoholproblem herausgefunden hatte!"

Da sprang Herr Röder vom Stuhl auf, stützte sich mit beiden Händen auf den Schreibtisch und schleuderte ihnen mit hochrotem Gesicht entgegen: „Ärger? Gedemütigt hat mich der feine Herr! Gedroht hat er mir mit der Dienstaufsicht. Zum Amtsarzt wollte er mich schicken, der feine Herr Saubermann! Dabei weiß doch jeder, dass er seine Finger nicht bei sich behalten konnte! Aber da hat keiner was gesagt, nicht wahr? Oh, ein Schulleiter ist ja untadelig. Aber mich, mich konnte man wegen so einem kleinen Schluck mal ab und zu völlig fertigmachen. Keine große Sache, bin ja nur ein einfacher Lehrer. Leicht zu ersetzen. Kein Problem für den Herrn Schulleiter. Ab zum Amtsarzt und dann abgestempelt! Untragbar für die Schule. Fertig!" Nachdem er sich zunächst immer mehr hineingesteigert hatte, verlor er bei den letzten Worten plötzlich sämtliche Energie und sank auf den Stuhl zurück.

„Sie waren also ganz schön wütend auf Herrn Fehrenbach, da Sie sich von ihm bedroht fühlten?“ Renato ließ nicht locker.

„Wütend? Ich habe ihn gehasst, den noblen Chef. Aber ich habe ihn nicht umgebracht.“

„Herr Röder, Sie haben im Lehrerzimmer gehört, dass Frau Uhland und ihre Mitbewohnerin sich gestern in Kenzingen mit Herrn Knobel getroffen haben?“, schob Felix ein.

„Was? Ja, die Lotte, äh Frau Uhland hat da was erzählt, aber so genau hab ich gar nicht zugehört, wissen Sie.“

„Haben Sie gestern Nacht bei Frau Uhland angerufen?“ Felix ließ nicht locker.

„In der Nacht angerufen? Was soll das jetzt? Wieso sollte ich bei Lotte denn anrufen? Gib es vielleicht noch was, was man mir anhängen könnte?“

„Beruhigen Sie sich, wir hängen niemandem etwas an. Wir stellen nur Fragen, Herr Röder“, beruhigte ihn Renato.

„Wo waren Sie denn gestern Nacht, zwischen 22 und 24 Uhr?“

„Daheim, wo sonst?“

„Gut, dann lassen Sie uns doch noch einmal Ihr Alibi durchgehen, Herr Röder.“

„Hab ich doch alles schon gesagt. Ich war Kegeln. Dafür gibt es Zeugen, und das wissen Sie auch. Lesen Sie Ihre eigenen Unterlagen nicht?" Die Aggression in seinem Auftreten war inzwischen einer verächtlichen Gleichgültigkeit gewichen.

Renato ging auf die Provokation nicht ein. Er kannte das Alibi von Herrn Röder. Und der war nachweislich Kegeln in Kappel. Dafür gab es vier Aussagen von Zeugen. Allerdings: Hatten die Kollegen auch nachgeprüft, ob Herr Röder nicht zwischendurch kurz verschwunden war? Darüber hatte er in den Unterlagen nichts Brauchbares gefunden. Schließlich brauchte man von Kappel bis Grafenhausen höchstens fünf Minuten. Und Herr Röder hatte ein starkes Tatmotiv.

Renato bat Felix nach draußen und Herrn Röder, kurz zu warten.

„Was sagen Sie, Felix?"

„Ich sehe, dass er ein sehr starkes Motiv hat, denn er fühlte sich von Herrn Fehrenbach in seiner Existenz bedroht. Aber er hat ein Alibi."

„Ich stimme Ihnen insoweit zu und könnte mir auch gut vorstellen, dass er mit dem Pokal zugeschlagen hat. Er ist unter Alkohol leicht in Rage zu bringen, das haben wir ja gerade erlebt. Sein Alibi sieht auf den ersten Blick zwar gut aus, aber wir sollten nachprüfen, ob es tatsächlich wasserdicht ist. Er hätte von Kappel nach Grafenhausen fahren, Fehrenbach erschlagen und wieder zu den Kegelbrüdern stoßen können. Zeitlich wäre das möglich."

„Was machen wir also, Chef?"

„Wir nehmen ihn in Untersuchungshaft. Allerdings möchte ich allzu großes Aufsehen vermeiden, schon wegen der Schüler. Wir nehmen ihn später nach Grafenhausen auf die Dienststelle mit und übergeben ihn in Untersuchungshaft. Gleichzeitig beantragen wir eine Hausdurchsuchung bei ihm. Gehen Sie wieder hinein, sagen Sie ihm aber nichts davon. Ich komme gleich nach, wenn ich mit Horst, äh, Herrn Baltes gesprochen habe."

Während Felix ins Büro zurückging, sprach Renato bereits mit seinem Chef. Der versprach, den Staatsanwalt zu informieren und den Haftbefehl für Heinz Röder sowie die Hausdurchsuchung bei ihm in die Wege zu leiten.

Es war eben alles ein bisschen umständlicher als sonst, wenn ein Fall räumlich so weit vom Präsidium aufgeklärt werden sollte.

Als Renato wieder hineinging, stellte er fest, dass Felix gerade dabei war, über dessen familiäre Situation zu sprechen. Sie entließen ihn in seinen Unterricht und warteten auf die nächste Gesprächskandidatin, Jessica Jäckle.

Sie erfuhren nichts Neues. Ebenso wenig bei Phillip Heimburger. Ja, er war als Einziger direkt dabei, als die beiden Damen von ihrem Ausflug erzählten. Es sei ein lustiges Abendessen mit den beiden gewesen. Richtig vergnügt seien sie gewesen, und er sei froh, sich bei seiner Mentorin endlich einmal revanchiert zu haben. Er sei nämlich tief in ihrer Schuld. Nicht nur kümmere sie sich in besonderer Weise immer um die Referendare, sondern sie hätte ihm auch ein günstiges Zimmer in Grafenhausen besorgt.

Ob er schon einmal in Kenzingen gewesen sei? Nein, er hätte ja nur diese Vespa und ihm reiche es schon, wenn er damit ab und zu einmal nach Freiburg in seine Studentenbude fahren müsse. Da hätte er weiß Gott kein weiteres Interesse, noch mehr in der Gegend herumzufahren. Außerdem seien Referendare zeitlich sehr eingespannt.

Renato hatte sich sein Alibi noch einmal angesehen und wollte noch eine Sache wissen: „Am Tatabend. Wie sind Sie da nach dem Vortrag nach Hause gekommen?"

„Ich wollte eigentlich mit meiner Vespa heimfahren. Aber sie sprang einfach nicht an. Da ließ ich sie stehen und Frau Jäckle fuhr mich nach Hause."

„Und da blieben Sie dann?"

„Etwas anderes ist mir ja ohne meine Vespa nicht möglich gewesen."

„Gut. Dann dürfen Sie wieder in Ihren Unterricht."

Als er draußen war, seufzte Renato: „Ein Alibi, das standhält. Bis jetzt deutet alles auf Heinz Röder, wenn nicht noch etwas kommt."

Viel kam nicht mehr. Jennifer Walter und Anita Werdecke hatten einen gemeinsamen Pflegschaftsabend, wie sich am Ende aller Befragungen herausstellte. Und da es in ihrer Klasse ziemlich brodelte, dauerte der bis nach zehn Uhr. Deshalb besuchten sie dann, um sich abzuregen, eine Bar in Rust. Das lag auf ihrem Heimweg und sie waren nur mit einem Auto da. Die Bar verließen sie etwa eine Stunde danach. Die beiden Aussagen stimmten in allen Punkten überein.

Also wieder nichts. Ihnen blieb jetzt nur noch Arno Wacker.

Nachdem sie ihr „Herein" auf das leise Klopfen an der Tür gerufen hatten, öffnete sich diese und Arno Wacker, ein Mittfünfziger, trat ein. Sein langsamer Gang, bei dem er das rechte Bein nachzog, unterstützt durch einen Gehstock, und seine magere Gestalt ließen gleich an eine auszehrende Krankheit denken.

„Ich erschrecke Sie? Tut mir leid. Dabei geht es mit mir bereits wieder aufwärts. Ich lebe und arbeite. Das ist gut. Was kann ich denn für Sie tun?"

Renato fing sich schnell wieder: „Sie haben gehört, dass Frau Uhland gestern Abend über den Ausflug mit Frau Braun nach Kenzingen im Lehrerzimmer gesprochen hat?"

„Nicht nur das! Ich habe mich für das Mädel richtig gefreut. Wissen Sie, als Lotte sie aufnahm, war sie ganz am Boden, kann man sagen. Und jetzt hat sie sich so berappelt und ist wieder aktiv. Das ist gut. Ja, das ist richtig gut. Man kann schon mal in ein Loch fallen, wer wüsste das besser als ich. Aber man muss sich auch wieder daraus befreien. Und da gibt es nichts Besseres, als aktiv zu werden. Was meinen Sie, warum ich wieder arbeite? Das müsste ich gar nicht. Aber ich muss mobil bleiben.“

Renato hatte nichts in den Unterlagen über Arno Wacker. Er war, wie sich jetzt herausstellte, drei Tage stationär im Krankenhaus gewesen und hatte seinen Dienst erst am Montag wieder aufgenommen. Man hätte ihn gar nicht zur Befragung einbestellen müssen.

Renato bedankte sich für sein Kommen und wünschte ihm alles Gute. Herr Wacker stand aus seinem Stuhl wieder auf, wehrte aber ab, als Felix flink um den Tisch herumkam, um ihm zu helfen.

„Nett gemeint, junger Mann, aber ich muss lernen, wieder auf festen Beinen zu stehen. Das kann ich nur alleine.“

Als er gegangen war, blieben sie einen Moment sitzen, ohne etwas zu sagen. Der Mann hatte sie nicht unberührt gelassen.

Frau Uhland kam herein. Sie teilten ihr mit, dass sie Heinz Röder ohne weiteres Aufsehen mit aufs Revier in Untersuchungshaft nehmen wollten.

Zwar sah sie etwas überrascht aus, äußerte sich aber nicht dazu, sondern bedankte sich bei Renato für die Rücksichtnahme.

Kapitel 16

Emily setzte den Blinker und lächelte verschmitzt, als sie die Abfahrt Bad Krotzingen nahm. „Hey, Telemann! Das wird ein richtig toller Vormittag, meinst du nicht?“

Telemann streckte sich auf der Rückbank des Mini Coopers aus und legte seinen Kopf auf die Vorderpfoten.

„Ach, du findest es nicht gut, dass ich Lotte nichts davon gesagt habe?“

Telemann hob den Kopf, als er den Namen seiner Herrin hörte.

„Okay, Telemann, das war nicht so nett. Aber du kennst doch Lotte!“

„Wuff!“, bestätigte Telemann und setzte sich wieder auf.

„Wenn die gehört hätte, dass ich nach Staufen fahren will, hätten wir nur gestritten.“ Telemann schien das einzusehen, er fuhr sich mit seiner Zunge einmal ums Maul herum und ließ sie dann hörbar zurückschnalzen.

„Siehst du, du weißt das auch!“ Emily konnte das malerische Städtchen Staufen bereits vor sich sehen. Sie fühlte eine gewisse Erregung bei dem Gedanken, sich womöglich auf gefährliches Terrain zu begeben. Aber wenn in Staufen etwas zu entdecken war, was sie dem Mörder näherbrachte, wollte sie es sich auf keinen Fall entgehen lassen.

Sie parkte unweit eines Cafés und stieg aus. Telemann schien überwältigt von der fremden Umgebung und wedelte freudig erregt mit dem Schwanz, als Emily die Leine an seinem Halsband befestigte. „Was meinst du, sollen wir uns erst noch einen Kaffee gönnen und das Städtchen auf uns wirken lassen, Telemann? Wie das alle Touristen hier machen?", sprach sie halblaut zu Telemann hinuntergebeugt, während sie sich gleichzeitig einen kleinen Rucksack umhängte. Telemann war sofort begeistert.

Wenige Minuten später saß sie draußen vor einem Café an einem runden Tisch mitten in der Altstadt und ließ ihren Blick bewundernd über die historischen Gebäude schweifen, während sie jeden Tropfen des italienischen Espressos genoss. Telemann, der von der netten Kellnerin einen Napf voller Wasser bekommen hatte, lag zu ihren Füßen und schaute fragend zu ihr hoch.

Automatisch fing sie an, seinen Nacken zu kraulen. Da legte er seine nasse Schnauze auf ihren Oberschenkel und hinterließ dort einen feuchten Fleck. „Na gut, Telemann, dann brechen wir eben auf, wenn du meinst!" Sie klemmte einen 5-Euro-Schein unter ihren Teller und marschierte los.

Bis zur Schule, wo sie zunächst hinwollte, war es ein Stück zu gehen. Aber nach etwa zwanzig Minuten war sie an der Thaddäus-Rinderle-Schule. Sie wäre schneller dort gewesen, aber Telemann, den die Vielfalt all der ungewohnten Düfte schier an die

Grenze des Wahnsinns trieb, blieb immer wieder zitternd vor Begeisterung stehen. Lotte würde missbilligend den Kopf schütteln, wenn sie zugucken könnte. Sie würde sich von Telemann nicht so viel gefallen lassen.

Aber nun stand sie hier. Es war erstaunlich ruhig. Wahrscheinlich waren alle im Unterricht.

Emily sah sich um. In einiger Entfernung war jemand damit beschäftigt, die Hecke zu schneiden. Entschlossen ging sie mit Telemann auf den Mann zu. Sie schätzte ihn auf Mitte vierzig. Wenn sie Glück hatte, war es der Hausmeister.

„Guten Morgen!", Emily setzte ihr strahlendstes Lächeln auf.

Der Mann richtete sich auf: „Guten Morgen, junge Dame. Kann ich Ihnen irgendwie helfen?"

„Ich mache mit meinem Hund eine kleine Wanderung, wissen Sie. Es ist einfach wunderschön hier. Und da ist mir plötzlich wieder eingefallen, dass unser Herr Fehrenbach einmal erzählt hat, dass er hier als Lehrer angefangen hatte."

„Aha! Sind Sie Lehrerin?" Er nahm sie jetzt neugierig in den Blick.

„Nein, ich bin Journalistin, aber ich kannte ihn gut." Gelogen war es nicht, aber die Wahrheit auch nicht so ganz.

Der Mann zog, jetzt deutlich auf der Hut, die Augenbrauen zusammen. „Sie sagen ‚kannte'?"

Emily legte so viel unschuldige Vertraulichkeit in ihren Blick, wie sie nur konnte. „Sie wissen es gar nicht? Herr Fehrenbach ist ermordet worden." Bei den letzten Worten ging sie einen Schritt auf ihn zu und dämpfte ihre Stimme.

Die Wirkung trat sofort ein: In seinen Augen blitzte Interesse auf. „Das ist ja furchtbar! Weiß man schon, wer es war?"

„Noch nicht, aber die Polizei wird schon noch dahinterkommen."

„Ach Gott, der Herr Fehrenbach. Dass es so ein Ende mit ihm nehmen muss!"

„Sie kannten ihn also?" Emily beglückwünschte sich innerlich.

„Ich war erst in meinem zweiten Jahr hier als Hausmeister angestellt, als der Herr Fehrenbach als Referendar kam. Aber wieso fragen Sie überhaupt?"

„Ich kenne die ganze Familie Fehrenbach ziemlich gut, weil wir Nachbarn sind. Darf ich mich übrigens vorstellen: Mein Name ist Emily Braun." Sie reichte ihm die Hand, während er verdutzt, aber höflich: „Gerd Santos, angenehm", murmelte.

Emily war jetzt nicht mehr aufzuhalten. „Ich möchte der Familie einen Gefallen tun und einen persönlichen Nachruf für die Zeitung schreiben. Mit dem Tenor: Eine unbescholtene Familie, an deren Spitze er schließlich war, wird von einem Moment auf den anderen zerschlagen. Oder so ähnlich."

„Ja, was kann ich Ihnen da sagen? Er hatte also eine Familie? Das ist schön. Ich hätte mich jetzt nicht gewundert, wenn es mit der Ehe nicht so geklappt hätte."

„Wieso denn?“

„Herr Fehrenbach war von Damen jeden Alters umschwärmt. Wieso sollte er sich dann mit einer einzigen begnügen?“ Herr Santos lacht.

„Und sonst? Gibt es vielleicht sonst noch etwas, Herr Santos?“

„Ich kann mich an ihn so gut erinnern, weil damals eine Schülerin, die auch bei ihm Unterricht hatte, ermordet wurde. Ein furchtbares Drama damals. Aber wenn Sie noch mehr über ihn wissen wollen, dann fragen Sie doch die Kollegin von ihm, die zur selben Zeit wie er bei uns Referendarin war. Die kannte ihn ganz gut, denke ich. Jedenfalls wollte sie ihn ganz gut kennen, das war nicht zu übersehen.“

„Und wie heißt diese andere Referendarin, können Sie sich noch erinnern?“

„Ach wie hieß sie denn noch? Herrschaft, es fällt mir gerade nicht ein. Sie können ja im Sekretariat nachfragen. Die können bestimmt nachsehen. Und ich muss jetzt auch langsam weitermachen. Nichts für ungut.“

„Eine letzte Frage noch, Herr Santos. Diese ermordete Schülerin. Wo war das genau?“

Herr Santos, der bereits das Schneiden der Hecke wieder aufgenommen hatte, richtete sich noch einmal auf und zeigte mit ausgestrecktem Arm Richtung Hügel: „Das können Sie gar nicht verfehlen. Sie werden wahrscheinlich sowieso zur Schlossruine wandern. Genau davor war es.“ Jetzt wandte er sich endgültig ab, zumal die Schulglocke zur großen Pause läutete.

Emily bedankte sich fröhlich, was er mit einem undefinierbaren Murren erwiderte, und machte sich dann mit Telemann auf den Weg.

Das lief schon mal nicht schlecht. Offenbar war Jürgen auffällig gewesen, sonst hätte der Hausmeister sich nicht an ihn erinnert. Vielleicht war da ja noch mehr. Diese andere Referendarin schien enger mit ihm gewesen zu sein, so wie der Hausmeister sich ausdrückte. Vielleicht hatte Jürgen sogar eine Affäre mit ihr? Oder war es eine unerwiderte Liebe? Auf jeden Fall würde sie versuchen, mit dieser Dame zu sprechen. Hoffentlich sah Lotte das ein!

„Na, was sagst du jetzt, Telemann? Hat es sich gelohnt, hierherzufahren?"

Telemann stupste sie beim Gehen mit der Schnauze an.

„Du sagst es also auch! Und jetzt wird es gleich noch aufregender, mein dicker wolliger Freund!" Sie blieb stehen und wuschelte mit einer Hand in seinem Fell, während sie nach einem Hinweis zur Schlossruine Ausschau hielt.

„Da schau, Telemann", sagte Emily, indem sie auf das kleine grüne Schild deutete, als sie es entdeckte. „Hier in Staufen hilft man den Touristen." Telemann bellte zweimal, um dies zu unterstreichen.

Beim Aufstieg ließ sie Telemann von der Leine, der sofort eine schnelle Erkundung der Rebenflächen seitlich des Weges vornahm. Überraschenderweise kam er aber sofort angelaufen, als sie ihn rief. Na also! Jetzt zottelte er gemächlich vor ihr her. Den Berg hinauf. Emily dachte an das tote Mädchen. War sie alleine hier hochgegangen? Oder gebracht worden?

Sie musste unbedingt mehr über den Tathergang erfahren. Im Pressearchiv waren doch sicher noch mehr alte Zeitungsberichte zu finden. Sie nahm ihr Diktafon heraus und sprach „Zeitungsberichte" hinein. Dann nahm sie es nochmals heraus und sprach „Referendarin mit Jürgen zusammen" hinein. Es gab auf einmal so viel zu tun für Emily. Und merkwürdigerweise fühlte sie sich lebendiger, je mehr es wurde.

Übertrieb sie etwa schon wieder? Emily blieb stehen und schaute auf das anmutige Städtchen hinunter, wobei sie gleichzeitig in sich hineinhörte. Nein. Damals in Berlin war sie eine Getriebene, die nur noch höchsten Zielen hinterherjagte, bis es alles zu viel wurde. Das war heute anders. Den Druck von außen gab es nicht mehr. Sie konnte jederzeit innehalten und ihr Tempo selbst bestimmen.

Als sie oben ankam, bewunderte Emily die Aussicht. Dann sah sie sich um. Wo mag der Leichnam gelegen haben? Vom Hausmeister wusste sie, dass das Mädchen wohl vor der Ruine aufgefunden wurde. Emily machte viele Bilder. Das Foto, das sie kopiert hatte, ließ auf den exakten Ort nicht schließen. Schade. Sicher gab es in der Zeitung Genaueres.

Dann hatte sie genug. Sie wollte jetzt nur noch nach Hause und weitermachen. Außerdem wollte sie daheim sein, ehe Lotte aus der Schule kam. Falls die Stimmung ungünstig war, könnte sie auch ein andermal erzählen, was sie heute unternommen hatte.

Alle waren sie gekommen. Lotte und Emily hatten Mühe, überhaupt noch einen Sitzplatz in der eng besetzten Kirche zu finden.

In der ersten Reihe saßen Kathi und Michael. Daneben ihre Schwester und deren Sohn. Dahinter drängten sich Verwandte, die meisten von Kathis Seite. Jürgen war ja Einzelkind gewesen, seine Eltern verstorben. Lotte entdeckte viele bekannte Gesichter. Kollegen aus der Schule, Ettenheimer aus dem Umfeld der Familie, Vertreter aus dem Tennisverein, sogar der Bürgermeister war da. Und soeben schlüpften die beiden Ermittler Rupp und Rabenstein gerade noch herein, ehe man die Tür schloss. Sie blieben am Ausgang stehen. Vorne links stand ein verschüchtertes Häuflein Jugendlicher aus der Schule. Vielleicht würden sie singen?

Im Zentrum des Schauspiels: Der schräg gestellte Sarg aus hellem Holz mit Messinggriffen. Der Blumenschmuck weiß. Außer einem gelegentlichen Hüsteln und dem Aufschluchzen Kathis war nichts zu hören. So oder so, man war betroffen.

Als der katholische Priester hinzukam und Kathi und ihren Sohn begrüßt hatte, stand der

Bürgermeister auf. Er stelle sich, leicht erhöht, neben den Sarg und sagte ein paar Worte.

„Wir sind fassungslos! Die Tat eines gemeinen Mörders hat ein untadeliges Leben ausgelöscht. Jürgen Fehrenbach war ein Mann in vorbildhafter Position, der nicht nur in Ettenheim gelebt, sondern sich hier auch leidenschaftlich und selbstlos engagiert hat. Wir schulden ihm Dank. Sein ehrenamtlicher Einsatz für Flüchtlingskinder war beispiellos." Dann drehte er sich theatralisch um, legte eine weiße Rose auf den Sarg und sagte: „Jürgen, wir werden dich nie vergessen." Hie und da wurden Taschentücher hervorgeholt. Geschnäuzt.

Lotte und Emily sahen sich an. Offenbar war es noch nicht bis zur Presse durchgesickert, dass ihr geliebter Jürgen Fehrenbach pädophil war. Gut für Kathi!

Im Anschluss an den Bürgermeister hielt der Vorsitzende des Tennisvereins ebenfalls eine Rede, und hier musste Lotte ihm Recht geben. Jürgen hatte viel für das Tennis in Ettenheim getan. Keine Frage. Nach weiteren zwei Lobeshymnen, eine sogar von einem Vertreter der Schulaufsichtsbehörde, traten die verschreckten Schüler, die bisher am Rande ausgeharrt hatten, nacheinander vor und lasen jeweils in einem Satz vor, was sie an ihrem Schulleiter gemocht hatte. Die Erleichterung, wenn sie in ihre Gruppe zurückgingen, war mehr als deutlich zu sehen.

Das ist alles? Du liegst in deinem Sarg und man spricht von dir dich als ‚untadelig'? Du bist alles andere als das! Und du weißt das!

Typisch für dich, dass du es schaffst, selbst nach dem Tod allen noch etwas vorzumachen!

So habe ich mir das nicht vorgestellt, mein Lieber! So nicht! Und das kann ich dir auch nicht durchgehen lassen! Weiß der Himmel, wer noch immer seine Hand über dich hält.

Die Familie? Aus gutem Grund, Herr Fehrenbach. Sie wollen sich nämlich selbst schützen. Sie wollen nicht von dir mit in den Abgrund gezogen werden. Aber sie wissen es! Sieh nur, wie sie am Sarg gespart haben! Helles, billiges Holz!

Wäre einem ehrwürdigen, untadeligen Gatten und Vater nicht etwas Prunkvolleres zugestanden? Dir, der du immer so eitel warst? Bestimmt siehst du es auch so. Wenigstens eine kleine Strafe wollten sie dir am Ende angedeihen lassen. Nur dass das wohl die Wenigsten hier bemerken. Aber du kannst sicher sein, das wird sich bald ändern! Ich fordere Genugtuung, hörst du? Der letzte Zug steht noch aus.

Bei den folgenden katholischen Beerdigungsritualen schaltete Lotte ab. Sie war nicht religiös. Stattdessen schaute sie sich verstohlen um. Ah, ja. Ihre Referendare waren auch hier. Sie hätte verstanden, wenn sich Jessica das nicht hätte antun wollen. Sehr pflichtbewusst, das Mädel.

Plötzlich brach die Sonne durch die bunten Glasfenster in der Kirche und ein paar Strahlen fielen direkt auf Emilys Haar. Es schien zu glühen. Lotte sah kurz nach hinten zu Renato Rupp, aber der hatte die Kirche schon verlassen. Felix stand ganz alleine da. Er lächelte Lotte zu.

Als alle nach draußen drängten, sah Emily, dass Renato Jessica Jäckle zur Seite nahm. Er sagte etwas zu ihr, was sie anscheinend ziemlich erzürnte, denn sie schlug ihm mit beiden Fäusten auf seine Brust und schien außer sich zu sein. Emily wollte dazueilen, aber Felix stellte sich ihr in den Weg: „Frau Braun, wissen Sie überhaupt, dass die Lichtstrahlen, die eben in der Kirche durch die Fenster fielen, Ihr Haar in eine feurige Glut verwandelte? Ein Naturereignis, möchte ich mal sagen."

„Herr Rabenstein, schön dass Ihnen meine Haare gefallen, aber ich muss ganz schnell da rüber, entschuldigen Sie." Sie zeigte auf Renato und Jessica und wollte an ihm vorbeigehen, aber er verstellte ihr den Weg.

„Ach so! Hat er Ihnen gesagt, dass Sie mich aufhalten sollen?" Mit einem Schlag verwandelte sich die eben noch so liebreizende Grazie in das genaue Gegenteil. Mit beiden Händen in die Seite gestemmt, das Haar zurückgeworfen und das Kinn gereckt, sah sie nun aus wie eine flammende Kriegsgöttin, bereit zur Schlacht. Felix hätte sich nicht gewundert, wenn sie auch noch mit dem Fuß aufgestampft hätte. Bestimmt wusste sie gar nicht, wie unwiderstehlich sie in diesem Moment aussah.

Ein kurzer Blick hinüber zu seinem Chef sagte ihm, dass diesem ihr Auftritt nicht entgangen war.

Felix setzte schnell sein bezauberndstes Lächeln auf, hob mit gespieltem Entsetzen seine Hände und sagte: „Wo denken Sie hin! Das würde ich mir doch nie erlauben! Emily Braun aufhalten? Ist das schon jemals irgendwem gelungen?"

Da musste Emily lachen und entspannte sich. Er war witzig, dieser Felix Rabenstein. Und sie würde auch später noch erfahren, worum es da bei Jessica Jäckle ging.

Sie schloss sich Lotte wieder an und ging mit ihr auf den Friedhof.

Renato und Felix hingegen ersparten sich diesen Teil der Zeremonie. Sie wollten unbedingt im Präsidium zurück sein, wenn erste Ergebnisse aus der KTU von der Hausdurchsuchung Jäckles, die in diesem Augenblick wahrscheinlich gerade noch durchgeführt wurde, vorlagen. Sven und Anni waren vor Ort. Sie würden auch den Verdächtigen Markus Jäckle festnehmen und ins Präsidium bringen.

„Sie haben Jessica Jäckle auch gesagt, dass ihr Vater verhaftet wurde, Chef?"

„Das habe ich. Ich wollte einfach nur vermeiden, dass sie sich von uns auch noch hintergangen fühlt. Es ist schließlich auch so schwer genug für sie. Ach und danke übrigens, dass Sie mir den Rücken freigehalten haben, Felix."

Felix schaute seinen Chef schelmisch an: „Dies war mir wahrhaft ein Vergnügen!"

Kapitel 17

Auf dem Polizeipräsidium Freiburg ging es hoch her zu dieser frühen Mittagsstunde. Kaum hatten Renato und Felix das Büro betreten, läutete schon das Telefon.

„Wir sollen nach oben kommen. Gehen wir." Renato hätte gerne vorher noch einen Kaffee gehabt, aber darauf musste er jetzt verzichten.

Sie fuhren mit dem Aufzug hoch, weil es so schneller ging. Horst hatte ein wenig ungeduldig geklungen.

Im Büro ihres Vorgesetzten war noch eine weitere Person. Horst stellte sie alle gegenseitig vor. Der Herr im edlen Tuch offenbarte sich als der Verbindungsmann zum LKA: Frank Mayer.

Er übernahm das Wort, als sich alle gesetzt hatten: „Heute haben wir zu einem mächtigen Schlag gegen den international agierenden pädophilen Ring ausgeholt. Es wurden nicht nur acht Mädchen zwischen sechs und zwölf Jahren aus einer Wohnung am Rande Colmars in Obhut genommen, sondern auch unsere Zielperson Niclas Sabadis und zwei weitere Personen – Frauen, die die Mädchen offenbar betreuten – in Haft genommen. Dank der hohen Kooperationsbereitschaft von Niclas Sabadis, der sich dadurch Vorteile bei seiner Verurteilung verspricht, verfügen wir jetzt zusätzlich über umfassendes Material, das uns zu weiteren Festnahmen führen wird. Sie können ihn jetzt zu Ihrem Fall befragen, danach wird er zu uns nach Stuttgart überstellt."

Sie redeten noch über ein paar Details und kamen überein, der Presse gegenüber so lange nichts verlauten zu lassen, bis die neuen Hinweise ausgeschöpft waren. Frank Mayer erklärte, dass, sollten sie weitere Erfolge verbuchen wollen, absolute Geheimhaltung nach außen gewährleistet sein musste. Die Beteiligten im Geschäft mit den Pädophilen seien nicht nur untereinander ungeheuer gut vernetzt, sondern verfügten auch über äußerst sensible Warnsysteme, die ihnen ermöglichten, in Sekundenschnelle ihre Verbindungen im Darknet aufzulösen. Mit Tatütata wäre da nichts zu machen.

Alle lachten. Gar nicht unsympathisch, dieser Frank Mayer, dachte Renato. Er hatte schon mit überheblicheren Typen aus dem LKA zu tun gehabt.

Nachdem Frank Mayer gegangen war, brachten sie ihren Chef auf den neuesten Stand ihrer Ermittlungen: Die Hausdurchsuchung bei dem wegen Körperverletzung vorbestraften Markus Jäckle hatte zwar leider nichts ergeben. Aber sie wollten ihn als deutlich gewaltbereiten Verdächtigen mit dem starken Motiv, Fehrenbach wegen der sexuellen Belästigungen seiner Tochter zu bestrafen, noch einen Tag hierbehalten.

„Gut, einverstanden. Habt ihr noch andere Spuren?"

Renato warf Felix einen auffordernden Blick zu, und der begann überraschend sicher: „Als unseren Hauptverdächtigen betrachten wir im Moment Manfred Knobel, ein Kollege Jürgen Fehrenbachs. Er scheint von seinem Vorgesetzten des Alkoholproblems bezichtigt worden zu sein und fürchtete daher dienstliche Konsequenzen. Er wurde in U-Haft überstellt."

Renato räusperte sich. Meine Güte, der Kommunikationstrainer hatte noch viel Arbeit vor sich! Horst schaute auch schon so. Deshalb sprang er wieder ein.

„Die Ehefrau ist weiterhin verdächtig, außer Jürgen Fehrenbachs DNA war nur noch ihre auf dem weißen Schal, mit dem der Pokal abgewischt worden war. Aber das bedeutet wenig, da man die DNA der Ehepartnerin auf der Kleidung des Gatten erwartet. Mein Bauchgefühl sagt mir aber, dass wir mit diesen Verdächtigen vielleicht doch nicht richtig liegen. Wir gehen deshalb noch einer weiteren Spur nach. Und die führt nach Kenzingen."

Horst Baltes horchte auf. Er ließ sich Renatos Beweggründe für diese neue Spur darlegen und verfiel einen Moment lang in nachdenkliches Schweigen.

„Dein Bauchgefühl, Ren. Kann schon sein, dass du damit wieder richtig liegst. Also geht dem nach." Und mit einem Seufzer: „Kann denn nicht auch einmal ein offensichtlich hochmotivierter Verdächtiger, wie dieser Alkoholiker, der wahre Täter sein? Du kannst dir sicher denken, dass mir die Presse Druck macht, oder? Was soll ich denen denn sagen?“

„Rede einfach drumherum. Das kriegst du schon hin, Horst. Und halte sie uns möglichst lange vom Hals, damit wir in Ruhe weiterarbeiten können.“ Renato und Felix erhoben sich. Sie wollten endlich mit Niclas Sabadis sprechen.

„Ich brauche Ergebnisse, Ren. So bald wie möglich, hörst du?“ Er war ebenfalls aufgestanden und folgte den beiden zur Tür.

„Wie immer, Horst. Du kennst mich doch!“ Renato drehte sich noch einmal in der Tür um und grinste seinen Chef verschmitzt an.

„Ja eben! Deshalb!“ Er schloss die Tür hinter ihnen und ließ sich wieder auf seinen Stuhl fallen. Nun musste er sich gut überlegen, was er beim Pressetermin sagen würde. Der Fall sah so einfach aus, und jetzt kam Ren mal wieder mit seinem Bauchgefühl. Bauchgefühl bei Ren bedeutete meistens mehr Zeitaufwand. Aber man konnte fast sicher sein, dass da was dran war. An Rens berühmtem Bauchgefühl. Und leider nutzte es gar nichts, ihn zur Eile drängen zu wollen.

Wenn er wenigstens über die erfolgreiche Aktion von heute Morgen sprechen könnte. Das würde die Journalisten begeistern und die Polizei gut dastehen lassen. Die Presse liebte es, sich über Pädophile, besonders über deren Aufdeckung, die Finger wund zu schreiben. Das brachte Auflagen. Klar. Aber nein, hier bestand ja absolute Informationssperre.

Wieder seufzte er und dachte wehmütig an die Zeit zurück, als er selbst noch leidenschaftlicher Ermittler war und sich einen Dreck darum scherte, was die Öffentlichkeit dachte.

Und dieser Felix von Rabenstein. Ob der wohl immer so gestelzt daherredete? Ren war ja des Lobes voll über den jungen Kollegen. Seine abgehobene Ausdrucksweise hatte er bisher gar nicht erwähnt. Davon sollte sich Herr von Rabenstein jedenfalls besser verabschieden, wenn er bei der Polizei bleiben wollte.

Auf dem Weg zum Verhörraum sagte Renato: „Er scheint von seinem Vorgesetzten des Alkoholproblems bezichtigt worden zu sein? Felix! Ein sprachlicher Rückfall? Was ist aus Ihrem Kommunikationstrainer geworden?“

„Ist schon gut, Chef. Ich habe den Blick von Herrn Baltes auch gesehen. Tut mir leid. Ich arbeite dran.“ Felix machte einen zerknirschten Eindruck.

„Vergessen wir's. Ich weise Sie nur darauf hin, weil ich vermeiden möchte, dass Ihnen die Abgehobenheit Ihrer Sätze irgendetwas verbaut. Bei Ihren ansonsten so überragenden Fähigkeiten. Und jetzt lassen Sie uns diesem Niclas Sabadis mal ordentlich auf den Zahn fühlen.“ Dabei registrierte er, dass Felix wieder einmal leicht errötet war. Mann, Mann, Mann, dieser Felix von Rabenstein war doch einfach ziemlich außergewöhnlich: Blitzgescheit, witzig, empathisch und so bescheiden, dass ihn jede

Anerkennung in Verlegenheit brachte. Eben der Beste, den er jemals hatte!

Im Verhörraum setzten sie sich Niclas Sabadis gegenüber. Felix machte ihn auf den Mitschnitt des Verhörs aufmerksam, schaltete das Band ein und setzte sich dann wieder. Währenddessen hatte Renato Zeit, Niclas Sabadis auf sich wirken zu lassen.

Ein Busfahrer aus dem Freiburger Ortsteil Haslach. 42 Jahre alt, wie er den Unterlagen entnahm, ein Durchschnittstyp in legerer Kleidung, Jeans und Kapuzenshirt, die braunen Haare ordentlich geschnitten, Brille. Ein bisschen Übergewicht vielleicht, an den Füßen Sneaker, nicht die teure Marke. Die Fingernägel abgekaut. Renato konnte ihn sich gut als Busfahrer vorstellen. Er schien kein bisschen nervös zu sein.

„Hat man Ihnen ein Mittagessen angeboten, Herr Sabadis?", eröffnete Renato die Vernehmung.

„Doch, ja. Sogar mit Nachtisch. Alles paletti!" Die Stimme war angenehm. Er sprach mit einem leichten Akzent.

Renato schob ihm ein Foto von Jürgen Fehrenbach über den Tisch: „Kennen Sie den Mann?"

„Den kenne ich gut. Ist ein sehr guter Kunde von mir. Casanova."

„Wie, Casanova?"

„Unsere Kunden haben natürlich Decknamen."

„Ach so. Und welcher Art Kunde war Casanova?"

„Er mochte junge Mädchen, und ich brachte sie ihm."

„Wie muss ich mir das vorstellen? Wie kamen Sie mit ihm in Kontakt?"

„Wenn er ein Mädchen haben wollte, rief er eine bestimmte Nummer an und hinterließ seinen Code auf einem Anrufbeantworter. Dann wurde ich angerufen, wer weiß von wo aus, und rief verschlüsselt bei Casanova an. Er nannte mir seinen Wunsch und ich ihm Preis, Zeit und Ort. In seinem Fall immer in einem Hotel in Freiburg herum."

„Wo haben Sie ihm das Mädchen übergeben?"

„Oh, das war klasse organisiert. Ein Mitarbeiter in Freiburg hat das Zimmer angemietet, bar bezahlt und die Zimmerkarte im Handschuhfach eines Autos, das in der Tiefgarage bereitstand, deponiert. Ich habe dann dort die Zimmerkarte herausgeholt und bin mit dem Mädchen und einer der beiden Damen aus der Wohnung in Colmar als Familie aufs Zimmer gegangen. Während meine Begleiterin zurückging, blieb ich im Zimmer, bis Casanova kam. Am nächsten Morgen erschien dann unser Kontaktmann, der das Zimmer gebucht hatte, beim Frühstück und checkte mit seinem kleinen Rollkoffer offiziell aus. Ein fabelhaftes System", schwärmte er.

Renato bemühte sich, Ruhe zu bewahren, was ihm nicht leichtfiel angesichts der Abgebrühtheit des Mannes.

„Hatte Sie auch persönlichen Kontakt mit Casanova?", fragte Felix, dem nicht entgangen war, dass sein Chef um seine Beherrschung rang.

„Nein, niemals! Wir trafen uns nur auf Geschäftsebene. Diskretion hat höchste Priorität, wenn man im Geschäft bleiben will."

„Wie wurde bezahlt?" Renato hatte sich wieder im Griff.

„Casanova brachte das Geld in bar mit und ich überwies es, nach Abzug meines Anteils und dem, was ich im Handschuhfach zusammen mit der Zimmerkarte deponieren musste, auf ein Konto bei dem französischen Geldinstitut: Crédit Agricole."

„Wie sind Sie eigentlich an den Autoschlüssel gekommen?", hakte Renato nach.

„Ich besaß einen Zweitschlüssel. Kein Problem."

Renato breitete die Fotos der Mädchen vor Niclas Sabadis in einer Reihe auf dem Tisch vor ihm aus.

„Kennen Sie diese Mädchen?"

„Oh, ja! Das ist meine Ware, alles Topqualität. Bis auf die hier", er zeigte auf das Foto von dem Mädchen mit dem roten Schal. „Das habe ich auch schon dem Herrn Mayer gesagt. Also die ist keine von meinen. Aber die hätte sich ausgezahlt! Meine Fresse, schauen Sie doch nur mal auf die Haare und ihre Augen …"

„Hören Sie sofort damit auf! Das sind Kinder! Keine Ware! Allesamt! Und ich frage mich, ob Sie tatsächlich zu abgestumpft sind, um zu erkennen, was Sie diesen Kindern angetan haben!" Das musste jetzt einfach aus ihm heraus, wenn er nicht innerlich zerspringen wollte.

Sabadis ging sofort in Verteidigungsstellung: „*Ich* den Mädchen etwas angetan? Ich doch nicht! Ich habe mich gut um sie gekümmert. Es waren doch sowieso Verlorene. Und ich habe dafür gesorgt, dass sie gut zu essen hatten. Wenn ich das Geschäft nicht gemacht hätte, wäre eben ein anderer an meiner Stelle gewesen! Oder sind Sie so naiv zu glauben, dass Sie die Begierden solcher Männer ernsthaft stoppen könnten? Sicher nicht! Ich und meine Geschäftspartner verhindern mit unserem Angebot, dass solche Männer sich die Mädchen auf der Straße suchen. Vielleicht in Ihrer Familie oder in Ihrer Gemeinde. Denken Sie mal darüber nach!"

„Ein Sozialprojekt also. Mir kommen gleich die Tränen. Und was sagen Ihre Mädchen dazu?"

„Sie brauchen nicht in diesem Ton mit mir zu sprechen. Ich bin nur ein einfacher Busfahrer, der Geld braucht, um sich in der Heimat ein eigenes Busunternehmen aufzubauen. Weiter nichts. Und ich habe alles getan, um den Mädchen die Arbeit zu erleichtern. Das können Sie ruhig glauben. Vor ihrem Einsatz bekamen sie immer Beruhigungsmittel! Und ich bediente nur einwandfreie Kunden. Sie wurden niemals brutal behandelt oder gar beschädigt, äh, verletzt, meine ich. Falls so etwas einmal passierte, flog der Kunde sofort aus der Kartei. Das Einzige, was Casanova an zusätzlichen Wünschen hatte, war, dass er immer ein Foto in bestimmter Position als Andenken verlangte und darauf bestand, dem ansonsten ungeschminkten Mädchen Lippenstift selbst aufzutragen. Gab ihm wohl einen Extrakick oder so."

„Hatten Sie keine Sorge, dass der Kunde diese Fotos auf eigene Rechnung weiterverkaufte?", fragte Felix.

„Ach nein. Casanova war ein anständiger Kunde. Er wusste, dass so etwas von uns nicht geduldet worden wäre."

„Herr Sabadis, wo waren Sie am vergangenen Donnerstag zwischen 20 Uhr und 21.30 Uhr?"

„Am Donnerstag? Lassen Sie mich kurz nachdenken. Also letzte Woche hatte ich zwei Lieferungen, eine am Dienstag und eine, ja richtig, am Donnerstag. Genau! Ich war in dieser Zeit in Karlsruhe. An den Namen des Kunden kann ich mich genau erinnern: Rasputin. Aber der Name des Hotels fällt mir gerade nicht ein. Sie können aber gerne Herrn Mayer um meinen persönlichen Katalog bitten, da steht alles drin: Kunden mit Datum, Foto der Ware, äh, des Mädchens, Uhrzeit, eben alles. Meine Rückversicherung, wissen Sie."

Renato und Felix wechselten einen Blick, ließen darauf Niclas Sabadis abführen und gingen zurück in ihr Büro.

„Eines ist mir klar geworden, Chef. Bei der Sitte könnte ich niemals arbeiten. Das Bild der missbrauchten Kinder lässt mich schon jetzt nicht mehr los." Felix raufte sich die Haare.

„Ja, es ist unerträglich, Felix. Mich macht es auch jedes Mal fertig, wenn es um Kinder geht, obwohl ich schon so lange dabei bin. Aber mit unserem Mord hat er nichts zu tun. Und das Mädchen mit dem roten Schal war ihm völlig unbekannt. Also auf geht's, Felix, wir haben einen Mord aufzuklären. Kommen Sie, wir fahren jetzt nach Kenzingen und unterwegs sprechen wir mal darüber, was wir, die wir oft genug mit Abschaum zu tun haben, machen können, um Abstand zu gewinnen. Das ist eines der wichtigsten Dinge überhaupt, Felix." Renato nahm seine Jacke und verließ mit Felix das Büro.

Röschen hielt sie auf: „Ach Ren, ich krieg dich ja gar nicht mehr zu Gesicht, seit du an dem Fall in Grafenhausen dran bisch. Liescht du überhaupt die Nachrichten, die ich dir auf den Schreibtisch leg?"

Renato legte einen Arm um ihre Schulter, küsste sie neckisch auf die Stirn und sagte: „Ach Röschen, ich vermisse dich doch auch!"

„Geh fort Ren, du alter Charmeur!" Dabei kicherte sie wie ein junges Mädchen, und zu Felix gewandt: „Halbitaliener isch er halt, unser Ren. Und haben Sie sich bei uns schon eingelebt, Herr von Rabenstein?"

Felix lächelte auf sie herunter: „Ich wüsste nicht, wo ich lieber wäre, werte Frau Hilberer! Und übrigens: Die neue Haarfarbe steht Ihnen ausnehmend gut." Damit wandt er sich um und folgte eilig Renato, der schon den Fahrstuhl heraufbeorderte. Ihr „Danke Herr Rabenstein!" nahm er schon gar nicht mehr richtig wahr.

Kapitel 18

„Ich kann nicht glauben, dass du das jetzt sagst! Aber na ja, du bist schließlich erwachsen!" Lotte, die sich bereits aus den schwarzen Kleidern geschält hatte und mit Emily in der Küche stand, weil sie einen Salat zubereiten wollte – beim Leichenschmaus hatte sie auf den Kuchen verzichtet –, hielt einen Moment beim Schnippeln einer Gurke inne und wartete auf Emilys Erwiderung.

„Echt, Lotte. Es war so ein schöner Ausflug mit Telemann. Wer sollte davon erfahren, außer dir? Und ich weiß jetzt schon, was ich als Nächstes tue. Dazu brauche ich allerdings deine Hilfe." Beim letzten Satz wurde sie eine Spur leiser.

Lotte war mit der Gurke fertig. Sie wechselte wortlos hinüber zur Spüle und wusch den Ackersalat. Eine Weile sagte keine etwas. Dann fragte Lotte in leicht knurrigem Ton: „Also ich soll dir dabei helfen, dich in Gefahr zu bringen? Was denkst du denn, was ich von deiner Mutter zu hören bekomme, wenn dir etwas geschieht? Und überhaupt, denkst du, ich kann einfach so in der Gegend herumreisen? Ich leite eine Schule! Das ist zeitaufwändig."

Emily traute sich einen Schritt näher heran. Sie kannte doch Lotte! Das war schon beinahe ein Ja. „Nein, Lotte. Du brauchst mich nirgendwohin begleiten. Ehrlich! Du sollst nur eine Adresse für mich herausfinden."

Jetzt unterbrach Lotte bereits zum zweiten Mal ihre Tätigkeit, denn Emily hatte auf einmal ihre ganze Aufmerksamkeit. „Was hast du vor?"

„Der Hausmeister von Jürgens alter Schule hat von einer anderen Referendarin gesprochen, die gleichzeitig mit ihm dort war. Er meinte, sie könnte an ihm Interesse gehabt haben. Ich muss unbedingt mit ihr sprechen, vielleicht steckt ja ein Eifersuchtsdrama hinter allem!"

Lotte brach in Lachen aus. „Emily, das sind wilde Fantasien! Aber wie soll ich dir denn dabei helfen?"

Jetzt sprühte Emily wieder Funken und Lotte wusste, dass sie ihr helfen würde. Das Mädchen war so aufgeblüht, seit sie mit diesen Recherchen beschäftigt war. Dem konnte sie nicht im Wege stehen. Und diese Kollegin von Jürgen hatte doch eher nichts mit dem Mord an ihm zu tun. Also völlig harmlos die Geschichte.

Lotte trocknete ihre Hände ab, mischte die Zutaten zu einem appetitlichen Salat zusammen und ließ sich dabei erklären, was sie für Emily tun sollte.

„Wenn ich es richtig verstanden habe, soll ich also in meiner Funktion als Schulleiterin in Lörrach in der Werkrealschule anrufen und versuchen, den Namen der bewussten Dame herauszufinden, weil sie dorthin gewechselt hat? Nach der Zeit in Staufen? Ich soll also Amtsmissbrauch begehen?"

Emily lief eifrig hin und her, um den Tisch zu decken, wobei ihr nicht einmal das kleinste Teil aus der Hand glitt, was Lotte fasziniert registrierte. Dabei sprach sie unentwegt auf sie ein. Wo war das schusselige Mädchen geblieben?

Als sie am Tisch saßen und Emily das frugale Mahl noch schnell durch Käse und Baguette bereichert hatte, sagte Lotte: „Also gut, Emily, ich mach's."

Da sprang Emily spontan auf und umarmte sie.

Lotte wehrte sie lachend ab, sie war einfach nicht so der überschäumende Typ. Dennoch sah man ihr an, dass es ihr guttat. „Aber nur unter einer Bedingung, Emily: Du redest mit niemandem darüber! Versprochen?"

„Klar, Lotte. So schlau bin ich selber. Sag, mal, warum isst du denn nur Salat?"

„Mein Rock spannt. Ich wünschte, ich hätte deine Veranlagung! Ich nehme schon zu, wenn ich nur zusehe, was du alles futterst und trotzdem eine Grazie bleibst. Leider muss ich beim Essen diszipliniert sein. Und wenn ich das eine Weile schleifen lasse, sind eben wieder Salattage fällig."

„Ach Lotte, sei doch nicht so streng mit dir. Du siehst klasse aus."

Ehe Lotte noch etwas erwidern konnte, läutete es an der Tür. Lotte stand auf, um nachzusehen, aber Telemann war schneller. Sein freudiges Schwanzwedeln ließ darauf schließen, dass ein Bekannter vor der Tür stand. Richtig. Es war Kathi, die hereinkam. Telemann wollte sie gerade hocherfreut anspringen, aber Lotte wies ihn streng zurück. Gehorsam, aber sichtbar beleidigt, zog er sich zurück. Währenddessen ließ sich Kathi von Lotte fest umarmen und folgte ihr dann an den Esstisch. Auch Emily, die schon aufgestanden war, um ein weiteres Gedeck zu holen, umarmte sie. Kathi sah, noch unterstrichen durch die schwarze Kleidung, die sie immer noch trug, blass aus. Das war verständlich.

Sie schüttelte den Kopf, als Lotte ihr Salat anbot, reagierte aber nicht, als diese ihr einfach trotzdem davon auf den Teller auftat.

„So ein Mistkerl! Am liebsten wäre ich in der Kirche aufgestanden und hätte herausgeschrien, was er mir angetan hat, als er von allen Seiten so hochgelobt wurde! Aber dann war ich wieder froh, dass die Schande nicht bis zu den Leuten durchgedrungen ist. Das hätte ich noch weniger ausgehalten." Sie aß automatisch vom Salat auf ihrem Teller. Wahrscheinlich merkte sie es gar nicht, denn ihr Blick war in die Ferne gerichtet.

„Was wirst du denn jetzt machen?", fragte Lotte.

Ihr Blick kam zurück. „Ich verkaufe das Haus. Viel bleibt wegen der Hypothek, die der Schuft aufgenommen hat, ja nicht mehr übrig. Aber es besteht noch eine Lebensversicherung. Das wird hoffentlich reichen für Michaels Studium. Wir haben schon alles besprochen. Ich bin immer im Haus, wenn Michael auch da ist. Das Abitur ist ja schon bald vorbei, und so lange will ich ihn unterstützen, so gut ich kann. Dann verkaufe ich und ziehe erst einmal zu meiner Schwester."

„Das ist eine gute Idee, Kathi", sagte Emily und Lotte nickte zustimmend.

„Hast du dir auch schon Gedanken darüber gemacht, wovon du leben willst?", fragte sie freundlich und bekam unterm Tisch einen leichten Tritt von Lotte, auf den sie mit einem fragenden Blick reagierte. Offenbar wollte Lotte dieses Thema nicht anschneiden. Aber Kathi hatte an dieser Frage nicht das Geringste auszusetzen. Sie legte ihre Gabel auf den Teller, stütze beide Ellenbogen auf dem Tisch auf und antwortete mit erstaunlich entschlossenem Ton: „Und das kommt noch dazu! Als wir geheiratet haben, war ich schon schwanger. Und ich empfand es damals als fürsorglich, dass Jürgen mir nahelegte, mein Studium zur Grundschullehrerin aufzugeben. Ich dumme Kuh! Ich hatte doch nur noch ein Semester, stellt euch das mal vor! Und stattdessen stürzte ich mich auf die Mutterrolle, was eigentlich toll war, und wurde allmählich Jürgens Haushaltshilfe, die ihn von vorne bis hinten bediente. Versteht mich nicht falsch, meine Rolle hat mir sehr lange gefallen, aber seit Michael mich nicht mehr so braucht und Jürgen seit ein paar Jahren nur noch nach außen hin mein Ehemann war, fiel mir meine Rolle immer schwerer."

Lotte kommentierte. „Im Nachhinein weiß man es immer besser. So ist es eben. Aber mir kommt es so vor, als hättest du bereits eine Lösung gefunden?"

„Lösung ist zu viel gesagt, aber zunächst kann ich in den Bioladen, den meine Schwester betreibt, miteinsteigen. Und dann sehe ich mal, wie es weitergehen könnte. Meine Schwester sagte, dass ich zum Beispiel ein Catering aufmachen könnte. Kochen kann ich schließlich. Mal sehen, vielleicht mach ich das sogar."

„Gar keine schlechte Idee, Kathi!" Emily war sofort begeistert.

„Kathi, wenn ich dir irgendwie helfen kann, sagst du es mir doch, oder?" Lotte wunderte sich nicht schlecht über Kathis Zukunftsideen. So viel Energie plötzlich? Sie hatte ihre liebenswerte Nachbarin immer für zu passiv empfunden. Das hier hörte sich ganz anders an. An Selbstmord schien sie jedenfalls nicht mehr zu denken. Ihre Schwester musste einen guten Einfluss auf Kathi haben, so viel stand fest.

Lotte war erleichtert darüber. Möglicherweise gelang Kathi trotz dieses furchtbaren Schicksalsschlages ein Neuanfang. Sie wünschte es ihr.

Danach verabschiedete sich Kathi. Sie würde die nächsten zwei Tage in ihrem Haus sein. Michael schrieb nämlich morgen die Abiturklausur in Mathe. Er war schon drüben und lernte. Zum Glück musste sie sich bei ihm wegen schulischer Leistungen keine Sorgen machen. Er war ein hervorragender Schüler.

Renato und Felix hatten es nach dem Besuch bei Herrn Knobel eilig. Er hatte das Gesicht auf dem Foto, auf dem man dank Felix den nackten Körper mit dem roten Schal nicht mehr sah, sofort erkannt.

„Natürlich kenne ich dieses Mädchen!", rief er aus. „Das ist Melanie Glatt. Beziehungsweise *war* Melanie Glatt. Sie ist ja leider umgebracht worden." Und dann gab er zu Protokoll, was er bereits Lotte und Emily erzählt hatte.

Nun wollten sie bei der hiesigen Polizei vorbeifahren. Vielleicht konnten sie die Akte zu diesem Fall gleich mitnehmen und mussten nicht warten, bis sie auf Anforderung nach einigen Tagen nach Freiburg überstellt wurde. Viel Hoffnung machte sich Renato nicht, aber ein Versuch war es Wert.

Wie sich gleich zeigen sollte, hatte Renato Recht behalten. Vor noch nicht allzu langer Zeit waren die alten Akten in die Zentrale nach Freiburg abgegeben worden. Und inzwischen auch die Beweisstücke zu diesem Fall.

„Warum nicht gleichzeitig?", fragte Renato nach.

„Das hatte organisatorische Gründe, glaube ich. Genau kann ich es Ihnen nicht sagen. Ich war mit der Sache nicht befasst. Ist das wichtig? Dann forsche ich natürlich nach", erklärte sich der diensthabende Beamte bereit.

„Nein, nein, lassen Sie nur. Es fiel mir nur gerade auf. Und ist vielleicht der ermittelnde Beamte in diesem Fall zu sprechen?"

„Das wäre dann der Herr Hecht. Ich weiß das deshalb so genau, weil ich gerade bei der Polizei anfing und Herrn Hecht zugeteilt war." Der Kollege war sympathisch.

„Das ist wirklich prima, dass Sie sich so gut erinnern. Und könnte ich Herrn Hecht vielleicht kurz sprechen?"

„Das nun wiederum nicht, denn Herr Hecht ist vor einem halben Jahr in Pension gegangen und befindet sich zurzeit auf seiner lange davor geplanten Weltreise. Er müsste so etwa in vier bis sechs Monaten wieder hier sein. Tut mir wirklich leid."

Felix und Renato schauten sich enttäuscht an. Das war nun Pech. Aber Renato hoffte, dass der Fall Fehrenbach bis dahin längst aufgeklärt sein würde. Sie bedankten und verabschiedeten sich und fuhren zügig, da Renato am Steuer saß, zurück.

„Das alles hätten wir schon viel früher haben können, wenn ich nur gleich den bedeutsamen Unterschied zwischen den Fotos erkannt hätte", ärgerte sich Renato.

„Aber Chef, wir ermitteln noch nicht mal eine Woche!"

„Das stimmt natürlich, aber, Felix, man sollte sich immer seinen Fehlern stellen. Und es war ein Fehler. Ich war nicht allen Spuren gegenüber gleichmäßig offen. Ohne es zu bemerken, tendierte ich stärker zu den Darknet-Hinweisen als zu unseren anderen Spuren. Merken Sie sich eines, Felix, unsere

Fehler können im schlimmsten Fall dazu führen, dass weitere Mensch zu Schaden kommen. Das ist in unserem Fall jetzt nicht so, aber machen Sie sich immer bewusst, dass wir Verantwortung tragen." Renato sah kurz hinüber zu Felix. Der schien seine Worte ernst zu nehmen. Renato hatte nichts anderes von ihm erwartet.

„Wir machen es jetzt so: Sie fordern, wenn wir wieder im Büro sind, die Akte im Fall Melanie Glatt an und beantragen die Überstellung der Beweismittel zu uns. Machen Sie es aber dringend. Und ich werde mal sehen, ob Horst Baltes einem Aufruf nach weiteren Zeugen in der Tatnacht zustimmt. Bei den Befragungen in der Nachbarschaft der Schule hat sich ja leider nichts ergeben."

Niemand bemerkte den dunkelblauen Golf, der vor dem Ettenheimer Rathaus gegen 23 Uhr vorfuhr. Auch nicht die dunkel gekleidete Gestalt, die daraus ausstieg, die Autotür so leise wie möglich öffnete und wieder schloss, hinüber zum Rathaus ging, ein Kuvert in den Briefkasten steckte und lautlos zurückhuschte. Ohne Motorengeräusch rollte danach der Wagen den mit Kopfsteinpflaster bestückten Abhang vor dem Rathaus hinunter Richtung Stadtmitte, ehe der Motor und das Fernlicht eingeschaltet wurden.

Kapitel 19

„Los, beeilen wir uns, möglicherweise hat der Täter Kontakt mit uns aufgenommen!“ Renato hinderte Felix daran, seine Jacke auszuziehen, als der am Mittwochmorgen kurz nach ihm ins Büro kam, und beide eilten auf dem kürzesten Weg hinunter zum Ausgang.

„Was ist passiert, Chef?“

„Kommen Sie, ich erzähle Ihnen alles unterwegs.“

Mit Blaulicht, damit sie durch das Gedränge im Berufsverkehr auf dem Weg zur Autobahn nicht noch Zeit verloren, überschritt Renato mit seinem BMW so gut wie jede Geschwindigkeitsbeschränkung. Felix saß etwas angespannt neben ihm und versuchte sich nicht anmerken zu lassen, dass er sich am Türgriff krampfhaft festhielt.

„Noch kein spezielles Fahrtraining gehabt?“, grinste ihm Renato zu, als er das Blaulicht ausschaltete und auf der A5 sofort auf die Überholspur wechselte.

„Nein, das steht noch aus, Chef. Aber was ist denn passiert?“ Felix atmete wieder gleichmäßig und ließ den Türgriff los.

„Der Bürgermeister von Ettenheim hat soeben angerufen und gemeldet, dass er einen anonymen Brief bekommen hat, in dem Jürgen Fehrenbach des Mordes beschuldigt wird.“

„Fehrenbach wird des Mordes beschuldigt? Ob da was dran ist? Und weshalb erhält der Bürgermeister diesen Brief und nicht wir?“

„Zwei gute Fragen, Felix. Es könnte natürlich eine völlig haltlose Anschuldigung sein, die nur das Ziel hat, unseren Toten zu diffamieren, nachdem ihn der Bürgermeister bei der Beerdigung nahezu heiliggesprochen hat. Eine sexuell belästigte Frau vielleicht. Davon wird es sicher noch mehr geben als nur die Frau Jäckle. Davon bin ich überzeugt.“

„Oder, Chef, jemand weiß etwas aus seiner Vergangenheit und möchte uns das wissen lassen. Stimmt’s?“ Felix schien begeistert. „Aber weshalb dann der Brief an den Bürgermeister und nicht an uns?“

„Ja, denken Sie mal nach, Felix. Welche Gründe könnte er haben, seinen Hinweis über so eine öffentliche Stelle zu geben?“

„Ah, er wollte, dass seine Nachricht an die Öffentlichkeit durchsickert.“

Renato sah, dass sein junger Kollege bereits Feuer gefangen hatte. „Genau das denke ich auch! Er will sich mit der Darstellung Fehrenbachs in der Öffentlichkeit nicht zufriedengeben!“

„Könnte es vielleicht auch unser Täter sein, Chef?“

„Das hoffe ich sogar. Denn wenn er anfängt sich einzumischen, wird er früher oder später entlarvt werden. Aber bis dahin ist es noch ein langer Weg, auf dem wir uns nicht verlaufen dürfen, Felix.“

„Was machen wir, wenn wir den Brief haben, Chef?"

„Wir geben ihn sofort den Spezialisten der KTU. Leo ist bereits informiert. Er wird dort sein und sich nach Fingerabdrücken und anderen Spuren umsehen. Ich befürchte allerdings, dass der anonyme Briefeschreiber nicht so dumm gewesen ist, uns welche zu hinterlassen. Aber man kann nie wissen."

Die Fahrt hatte keine zwanzig Minuten gedauert, und als sie am Rathaus ankamen, sah Renato, dass sein Freund Leo Wanninger bereits da war.

Im Rathaus herrschte aufgeregte Betriebsamkeit. Überall standen kleine Grüppchen von Angestellten, die aufeinander einredeten. Wenn also der Briefschreiber mit der Öffentlichkeit geliebäugelt hatte, dann hatte er sein Ziel zu 100 Prozent erreicht. Jetzt würde die Presse bald vor der Tür stehen, da war sich Renato sicher. Nun, denn!

Renato hatte im Allgemeinen nichts gegen die Presse. Sie hatte seine Ermittlungen schon oft unterstützt. Gerade heute war ein Aufruf der Polizei nach eventuellen Zeugen in der Tatnacht in der Zeitung erschienen. Renato hatte seinen persönlichen Kontakt zur Presse genutzt und erreicht, dass die Meldung noch heute erschien. Möglicherweise gab es sogar schon Reaktionen darauf. Das würde er nachher erfahren.

Leo Wanninger begrüßte ihn mit launigen Worten wie meistens: „Du warst aber auch schon schneller, Ren."

„Ich dich auch, Leo! Guten Morgen miteinander. Wie ich höre, ist da jemand mit Ihrer Laudatio von gestern nicht einverstanden?", fragte er, indem er dem sichtlich nervösen Mann die Hand reichte und sich mit den Worten: „Kommissar Rupp. Und das ist mein Kollege Rabenstein", vorstellte, um dann neben Leo zu treten, der schon dabei war, seinen Koffer zuzumachen.

„Also, wie zu erwarten, keine Fingerabdrücke. Weder auf dem Brief aus schlichtem Kopierpapier noch auf dem Umschlag. Die ausgeschnittenen Buchstaben können von überallher sein. Ich vermute, dass sie aus den verschiedenen Werbeeinlagen der Samstagsausgabe der Zeitung stammen. Schau hier, die Buchstaben sind nicht in der gleichen Qualität gedruckt, daran sieht man schon, dass sie aus verschiedenen Beilagen ausgeschnitten worden sind. Auffallend im Text ist die Rechtschreibung: *Jürgen Ferenbach ist ein mörder!* Das kann natürlich Absicht des Verfassers sein oder auf einen schlichten Bildungsgrad hinweisen. Aber das ist deine Baustelle, Ren."

Felix war hinzugetreten und hatte konzentriert zugehört. „Konnten Sie Fingerabdrücke am Briefkasten sichern, Herr Wanninger?", erkundigte er sich.

„Leider nicht. Die Person, die den Brief eingeworfen hat, muss dort sorgfältig abgewischt haben. Man erkennt nicht mal einen einzigen Fingerabdruck mehr. Tut mir wirklich leid." Und noch einmal an Renato gewandt: „Das Original nehme ich mit. Dir habe ich eine Kopie vom Brief schon aufs Handy geschickt, Ren. Dann also, frohes Schaffen!" Leo Wanninger winkte in die Runde und ging.

Auch Renato und Felix verabschiedeten sich nach ein paar Worten mit dem Bürgermeister. Sie wurden von den Ettenheimer Kollegen bestimmt schon erwartet.

„Was ist mit dir los, Phillip?" Lotte saß ihrem Referendar in der Besucherecke ihres Büros gegenüber.

„Was soll schon los sein? Nichts!" Phillip lehnte sich im Besuchersessel zurück, hob beide Arme über den Kopf und verschränkte seine Hände dahinter. Lässige Überheblichkeit demonstrierend.

„Nichts also. Phillip, du kannst mir doch vertrauen. Wenn es dir nicht gut geht, sag es doch einfach!"

Mit einem Ruck setzte Phillip sich wieder aufrecht hin: „Du musst mich nicht bemuttern. Ich bin o.k."

„Gut, dann sprechen wir doch über deine Unterrichtsstunde, wenn dir das lieber ist. Was scheint dir gelungen und was nicht?"

„Mit der Planung bin ich zufrieden. Du hast mir ja dabei geholfen. Die Motivationsphase war auch in Ordnung, aber die Arbeitsphase lief nicht so."

„Phillip, sei bitte konkreter."

„Es gab Schwierigkeiten beim Arbeitsauftrag. Und dann ging die Disziplin verloren und ich wusste nicht, wie ich zu allen durchdringen sollte. Danach musste ich praktisch jedem Schüler einzeln erklären, was zu tun war. Ja und dann war die Stunde zu Ende und ich war nicht mal bis zur Lernzielkontrolle gekommen. Einfach scheiße."

Lotte sah Phillip, der jetzt ziemlich unglücklich dasaß, lange an und sagte: „Ja, Phillip. Deshalb habe ich doch gefragt, was mit dir los ist. Ich halte viel von dir. Das weißt du doch. Und jede Stunde, die du mir bisher gezeigt hast, war besser als diese. Und dafür wird es doch einen Grund geben! Aber wenn du nicht darüber sprechen willst, dann akzeptiere ich das natürlich."

Lotte erklärte ihm nun genau, woran es gelegen hatte, dass ihm die Klasse entglitten war, und bot ihm an, mehr zu unterrichten, um genau an diesen Punkten zu arbeiten. Wenn sie ein solches Angebot machte, gingen die Referendare normalerweise freudig darauf ein. Phillip sagte, er wolle es sich noch überlegen. Auch gut. Sie war ja wirklich nicht seine Mutter!

Im Hinausgehen sagte er dann doch: „Ich spreche nicht gerne darüber, Lotte, aber ich habe da ein paar Probleme mit meiner Familie. Die muss ich alleine in den Griff bekommen." Er lächelte sie entschuldigend an.

„Das verstehe ich, Phillip. Aber sieh zu, dass du dich deswegen nicht herunterziehen lässt. Die Ausprobierzeit im Unterricht ist schneller vorbei als man denkt. Versuche, alles andere möglichst von dir wegzuschieben. Und wenn du Hilfe brauchst: Du weißt, wo ich bin. Ach was, komm noch mal kurz herein."

Phillip setzte sich noch einmal und wartete, was Lotte noch sagen wollte.

„Würde es dir helfen, wenn du mal einen Tag hättest, dich mit deinen familiären Problemen auseinanderzusetzen? Um dich danach wieder hundertprozentig auf die Schule zu konzentrieren, sag?"

„Das würde mir mit Sicherheit helfen, Lotte. Ich kann mich nämlich echt nicht genug konzentrieren."

„Gut, dann machen wir es so: Du bist für morgen und übermorgen krankgemeldet. Also zwei Tage bis Freitag. Keine Widerrede! Dann hast du auch noch das Wochenende. Reicht das? Ich erwarte, dass du ab Montag also wieder der Alte bist. Kriegst du das hin?"

„Lotte, du bist die Beste! Ich werde ab Montag wieder voll da sein! Versprochen!"

„Hör zu, Phillip, wenn deine familiären Probleme tiefergehend sind, lässt du dich vom Arzt krankschreiben. Du wärst nicht der Erste, dem das passiert, glaube mir. In dem Fall müsstest du dann allerdings mit einer Vertrauensperson im Seminar darüber sprechen, damit deine Ausbildung nicht gefährdet ist. Aber jetzt warten wir erst einmal den Montag ab. Einverstanden?“

Phillip schien erleichtert. Er bedankte sich nochmals und schloss mit einem Lächeln die Bürotür hinter sich.

Unter den Ettenheimer Kollegen breitete sich eine leichte Erregung aus, nachdem sie, diesmal von Felix, darüber informiert wurden, welche neuen Tatsachen sich nach dem Besuch bei Herrn Knobel ergeben hatten, und Felix auch noch den anonymen Brief an den Bürgermeister an die Wand projiziert hatte.

Renato, der nun seine Theorien darlegen wollte, bedankte sich zunächst für die mühevolle Kleinarbeit, die sie geleistet hatten und dank derer Markus Jäckle festgenommen werden konnte. Allerdings würde man ihn wieder laufen lassen müssen, da er zwar ein starkes Motiv hatte, ihm sonst aber bisher noch nichts nachgewiesen werden konnte. Auch Heinz Röder sei zwar immer noch ihr aktueller Hauptverdächtiger, aber wenn sie bis zum Termin der Haftprüfung keine weiteren Indizien mehr aufspüren konnten, würden sie ihn wohl ebenfalls gehen lassen müssen. An seinem Alibi war bisher nicht zu rütteln.

Ob sich denn schon Reaktionen auf den Zeugenaufruf ergeben hätten?

Martin Huber, der Dienststellenleiter, meldete sich zu Wort: „Es ist zwar noch früh am Tag, aber wir haben bis jetzt zwei Anrufe. Den ersten können wir außer Acht lassen, er kam schon um sieben Uhr heute herein. Es handelt sich bei der Anruferin um Frau Junke. Sie ist über siebzig, alleinstehend und ruft mindesten einmal im Monat an, weil sie entweder ein Verbrechen, zum Beispiel einen Einbruch, beobachtet hat, oder sie bezichtigt sich selbst eines Diebstahls. Meistens im Edeka. Sie hat kein Fahrzeug, keine Familie und versucht nur, von jemandem wahrgenommen zu werden. Trotzdem gehen wir dem selbstverständlich nach. Der zweite Anrufer kam aus Grafenhausen. Ein älterer Herr namens Balduin Steinle, der am besagten Abend mit seinem Dackel unterwegs war, gibt an, auf seiner Runde um die Schule herum eine Dame gegen neun Uhr dort gesehen zu haben. Er ist bereits auf dem Weg hierher. Die Kollegen Stark und Meier müssten bald hier sein. Hoffen wir, dass sich im Laufe des Tages noch mehr Zeugen melden."

Renato räumte seine Unterlagen zusammen und ließ sich von Martin Huber zu einem unbesetzten Büro führen.

Felix folgte ihm. „Ich hoffe, dass sich der Zeuge als glaubwürdig erweist, Chef."

„Ja, Felix ein bisschen Glück braucht man eben auch bei solchen Ermittlungen. Fragen Sie doch in der Zwischenzeit bitte eben mal bei Röschen an, ob die Akte Melanie Glatt und die Beweisstücke schon eingegangen sind."

Während Felix telefonierte, schweiften seine Gedanken ab zur gestrigen Beerdigung. Noch immer hatte er das Bild von Emily vor Augen, als sie einen kurzen Moment wie eine im Zorn entflammte Göttin vor Felix stand. Da hatte er eine solche Sehnsucht verspürt, die ihm fast den Atem nahm. Besonders, weil er sich nichts anmerken lassen durfte. Ob er sie einfach anrufen sollte, um sie zum Essen einzuladen? Nein, das wäre sicher nicht gut. Er musste ihr dabei in die Augen sehen können. Er würde in ihren Augen lesen, was er für sie war. Renato seufzte.

„Chef", platzte Felix da in seine Träume hinein, und sofort war Renato wieder hundertprozentig da. „Röschen, äh, Frau Hilberer hat die Akte angenommen. Die Beweismittel wurden allerdings noch nicht gefunden. Werden aber nachgereicht."

Aufgebracht schimpfte Renato: „Was ist denn das für eine neue Art? Beweismaterial verschlampen? Felix rufen Sie bei der Asservatenkammer direkt an und machen Sie denen gehörigen Dampf unterm Hintern! Das ist doch die Höhe!"

Als Felix der Aufforderung sofort nachkommen wollte, klopfte es an der Tür und Renato machte Felix ein Zeichen aufzulegen.

Der ältere Herr, der eintrat, sah aus wie eine ältere Ausgabe von Fred Astaire. Die Haare sorgfältig nach hinten gekämmt und unter einem tadellos sitzenden dunkelblauen Anzug ein blütenweißes Hemd mit gestärktem Kragen und schwarzer Fliege. In der Jackentasche ein Einstecktuch und an den Füßen schwarze Schuhe, auf Hochglanz gebürstet. Renato versuchte sich sein Erstaunen über diesen herausgeputzten Herrn nicht anmerken zu lassen. Felix schien sich bei diesem ungewöhnlichen Outfit nichts zu denken. Er klärte bereits über den Mitschnitt auf und notierte die Personalien.

Balduin Steinle, 68 Jahre alt, gelernter Beruf Herrenschneider, lange Jahre Verkäufer im Herrenkaiser in Freiburg.

„Nun dann erzählen Sie doch einfach, was Sie vergangenen Donnerstag gegen neun Uhr an der Schule beobachtet haben, Herr Steinle." Renato hatte sich aus seiner Verwunderung gelöst und eröffnete die Befragung.

„Nun, ich mache jeden Abend einen ausgiebigen Spaziergang mit Mausi, das ist meine Dackelhündin, wissen Sie? Und ich war schon auf dem Rückweg, als ich an der Schule vorbeikam. In der Schule war noch Licht, obwohl nur noch zwei Autos auf dem Parkplatz standen. Wahrscheinlich war da eine Veranstaltung in der Schule, das kommt öfter mal vor, wissen Sie. Ich dachte noch so bei mir, dass wahrscheinlich noch ein paar Leute im Haus waren, die kein Ende finden können. Wissen Sie, es ist ganz wichtig, dass man weiß, wann Schluss ist und nicht die Dinge in die Länge zieht. Verstehen Sie, was ich meine?" Als die beiden zustimmend nickten, fuhr er fort: „Dann sah ich sie aus dem Schulhaus kommen, die Frau."

„Eine Frau, da sind Sie sich sicher?"

„Hundertprozentig eine Frau. Es war eine Achtunddreißigerin, bekleidet mit einem schwarzen wollenen Business-Rock, knielang, einer weißen Bluse aus Seide und einer langen, silberfarbenen Jacke aus feinem Strick. Sehr chic."

„Was meinen Sie denn mit ‚Achtunddreißigerin'? Sie schätzen die Dame auf 38 Jahre?", wollte Felix wissen.

„Konfektionsgröße 38, meine ich."

„Das können Sie definitiv sagen?", hakte Renato nach.

„Ich kann Ihnen die Konfektionsgröße aller Personen nennen, die mir begegnen. Das bringt mein Beruf so mit sich, wissen Sie. Stehen Sie doch bitte eben mal auf, dann beweise ich es Ihnen."

Renato und Felix taten, was er vorschlug, und er sagte ihnen nach einem kurzen prüfenden Blick ihre exakte Konfektionsgröße auf den Kopf zu.

„Beeindruckend, Herr Steinle. Was können Sie uns sonst noch sagen. Haarfarbe, Alter, Schuhe. Lassen Sie sich ruhig Zeit, ehe Sie antworten. Jede Kleinigkeit ist für uns wichtig." Renato lehnte sich im Stuhl zurück, um dem Zeugen Gelassenheit zu demonstrieren. Er hatte schon des Öfteren erlebt, dass Zeugen, die sich einer zu hohen Erwartungshaltung ausgesetzt fühlen, nervös werden und sich ihnen der Zugang zu ihren eigenen

Erinnerungen durch den ausgesetzten Druck völlig verschließt. Deshalb legte er stets Wert darauf, Ruhe und Gelassenheit in einer solchen Situation auszustrahlen.

Balduin Steinle musste nicht lange überlegen: „Es tut mir wirklich leid, Herr Kommissar, so genau meine Wahrnehmung bei Konfektionsgrößen und Kleidungsstücken ist, so vage ist sie bei allem anderen. Ich kann Ihnen weder zur Haarfarbe noch zu den Schuhen noch zu einem anderen Detail etwas Sicheres sagen."

„Schade. Erinnern Sie sich vielleicht noch daran, ob die Dame langsam oder eilig daherkam, Herr Steinle?", fragte Felix.

„Das kann ich sagen: Sie ging schnell. Vielleicht könnte man sogar hastig sagen. Ist ja auch verständlich, dass man es als Frau in der Dunkelheit vorzieht, schnell zum Auto zu gelangen, nicht wahr?"

Renato und Felix sahen sich an.

„Erinnern Sie sich denn noch, was das für ein Wagen war, in den sie einstieg, Herr Steinle?"

„Ja nun, ich habe überhaupt nicht gesehen, wie sie einstieg. Ich habe nur gesehen, dass sie in Richtung der Wagen auf dem fast leeren Parkplatz ging. In welchen sie dann letztendlich einstieg, kann ich beim besten Willen nicht sagen. Wissen Sie, Mausi hat vor uns eine Katze gesehen und mich weggezogen. Meine Mausi ist so ein Schätzchen, aber wenn sie eine Katze sieht, wird sie zu einem

Raubtier!“ Balduin Steinle verfiel in anhaltendes Kichern.

Renato und Felix sahen sich erneut an.

Da wurde Herr Steinle wieder ernst.

Renato räusperte sich und stellte eine weitere Frage: „Können Sie denn etwas über die Fahrzeuge sagen: Typ, Farbe, Kennzeichen?“

Herr Steinle hob bedauernd die Hände und schüttelte danach den Kopf. „Ich wäre Ihnen gerne eine größere Hilfe, Herr Kommissar. Aber Autotypen? Nein! Eher hell als dunkel, aber ich habe nicht direkt darauf geachtet. Und auf Kennzeichen schon gar nicht. Ich war doch eh abgelenkt durch meine Mausi. Aber ich habe aus dem Augenwinkel noch gesehen, dass da noch so eine Art Moped oder so stand. Nein, es war kein Moped. So ein Dings, na, wie heißt es doch gleich, warten Sie, ein Roller! Ja, ein Roller wird es gewesen sein.“

Renato sah, dass zu diesem Zeitpunkt wohl nichts mehr von ihm herauszubekommen war. Deshalb beendete er das Gespräch mit einer letzten Frage: „Herr Steinle, wären Sie zu einer Gegenüberstellung mit einigen Damen bereit? Es würde uns sehr helfen, wenn wir verdächtige Personen ausschließen könnten. Sagen wir um 14 Uhr morgen?“

Der makellos gekleidete Herr, der im Stehen wieder so an Fred Astaire erinnerte, stimmte bereitwillig zu. Renato ließ ihn von einem Kollegen nach Hause fahren.

Renato blieb stehen, als Felix die Tür hinter Balduin Steinle geschlossen hatte.

„Felix, ich muss jetzt etwas essen. Und Sie?"

„Doch ja, jetzt wo Sie es erwähnen. Machen wir also Mittagspause?"

„Das habe ich vor." Während er zum Telefon griff, sah er aus dem Augenwinkel, dass Felix aus seiner Umhängetasche nacheinander herausholte, was er von zuhause für die Mittagspause mitgebracht hatte: Einen halben Liter Milch im Karton, einen Apfel, eine Banane und in einer Vorratsdose mindestens drei Schwarzbrotstullen, ein Fläschchen mit Biosaft. Natürlich Servietten und einen Becher. Renato hielt ihn mit einem Handzeichen davon ab, den Milchkarton zu öffnen.

„Packen Sie das alles schnell wieder ein, Felix. Wir fahren nach Lahr zu meinen Eltern. Da gibt es richtiges Essen! Und wir sind zügig wieder zurück."

„Aber Chef, ich kann doch nicht einfach so bei Ihrer Mutter hereinschneien!"

„Felix, einer italienischen Mama können Sie gar keinen größeren Gefallen tun, als sich von ihr bekochen zu lassen, glauben Sie mir. Und außerdem haben wir ihr versprochen, wiederzukommen. Erinnern Sie sich?"

„Wenn Sie das so sehen, Chef. Meine Geschmacksknospen beginnen sich schon in Vorfreude zu entfalten! Aber natürlich freue ich mich auch darauf, Ihre Eltern wiederzusehen."

Sie lachten sich zu und verließen eilig das Revier.

Kapitel 20

„Telemann, mein Dicker, jetzt muss aber gut sein!" Lotte kauerte am Boden und knuddelte und herzte ihren wolligen, sich vor Freude überschlagenden Hund, wie immer, wenn sie aus der Schule kam. Dann war es genug. Sie stand auf und begrüßte Emily, die in ihrem schwingenden Folklore-Rock wieder mal hinreißend aussah. Die Haare hatte sie zu einem Pferdeschwanz zusammengebunden.

„Machen wir was zu essen?", fragte Emily und ging schon voraus in den Küchenbereich.

„Was haben wir denn da?" Lotte trug erst noch ihre Schultasche zum Schreibtisch, erlöste ihre Füße von den Schuhen mit Absätzen. Sie trug nun flache Ballerinas. Danach folgte sie Emily an die Küchentheke.

„Wir hätten alles da für Rucola-Risotto mit Schinken", ergaben ihre Recherchen.

Darauf hatten sie beide Lust, und die Zubereitung kostete wenig Zeit.

Beim Kochen erzählte Emily, dass sie den Zeugenaufruf in der Zeitung gelesen habe und so gerne wissen wolle, ob sich tatsächlich jemand gemeldet hatte.

Lotte ihrerseits gab das Gerücht, das über ihre Sekretärin zu ihr gedrungen war, zum Besten, dass der Bürgermeister einen anonymen Brief, vielleicht sogar vom Mörder selbst, bekommen hatte mit dem Text: *Jürgen Ferenbach ist ein mörder!*

„Stell dir vor, Emily: Zwei Fehler! In nur fünf Wörtern!"

„Ach Lotte, du Lehrerin! Ich sage dir, das war Absicht. So würde ich es machen, wenn ich meine hohe Intelligenz nicht verraten wollte." Sie lachten schallend.

„Gar nicht schlecht das Gericht, oder?", fragte Lotte.

„Stimmt dein Gewicht wieder? Da bin ich aber erleichtert", neckte Emily.

„Erinnere mich bloß nicht daran. Das ist reines Frustessen!"

„Wieso das denn? Hat man wieder nicht gemacht, was du wolltest, Frau kommissarische Schulleiterin?"

„Es geht um Phillip. Der hat heute seinen Unterricht völlig in den Sand gesetzt, dabei hat er so gute Anlagen. Aber heute …", Lotte schüttelte den Kopf und seufzte. „Es geht ihm anscheinend privat nicht so gut. Ich habe ihm freigegeben."

„Du kannst einfach so freigeben? Das wusste ich gar nicht."

„Nein. So nicht. Ich habe ihm gesagt, dass er für morgen und für Freitag krankgemeldet ist. Weißt du, ich fand es besser, dass er seine privaten Probleme in Ordnung bringt und dann wieder durchstartet."

„Also nicht nur die ‚toughe Lotte', sondern auch ‚Mama Lotte'?"

Lotte stach spielerisch mit ihrer Gabel nach Emily.

„Aber echt, Lotte, deine Referendare können mehr als zufrieden sein."

„Wenn du das sagst. Beinahe hätte ich es vergessen, ich habe ja noch was für dich."

In Emilys Augen blitzte Neugierde auf und sie folgten Lotte, bis die einen Zettel aus ihrer Schultasche gekramt hatte und ihn Emily überreichte.

„Hier, bitteschön!"

Emily stieß einen kleinen Jubelschrei aus, als sie erkannte, dass sie die von ihr gewünschte Adresse einer Dame aus Lörrach mit Telefonnummer in Händen hielt.

„Danke Lotte! Du hast was gut bei mir! Ich ruf da gleich mal an. Bin gleich wieder da." Emily sauste nach unten und Lotte räumte inzwischen den Tisch ab, wie gewöhnlich. Danach bereitete sie alles für zwei Tassen Kaffee vor und trug sie heiß und dampfend in die Sofaecke.

Es dauerte nicht lange, da kam Emily mit strahlendem Gesicht, zwei Stufen auf einmal nehmend hochgestürmt und ließ sich auf einen Sessel plumpsen.

„Danke für den Kaffee, Lotte. Ich habe morgen um zehn Uhr einen Termin bei einer – Moment –", schnell las sie noch einmal nach, was auf dem Zettel stand, „Heike Schöttle." Sie legte den Notizzettel auf den Wohnzimmertisch vor ihr.

„Die ist doch bestimmt Lehrerin. Wieso hat die denn Zeit am Vormittag?“

„Anscheinend hat sie freitags ihren freien Tag. Ist doch prima, oder?“ Emily war, wie ihr deutlich anzusehen war, voller Vorfreude. Als sie ihren Kaffee ausgetrunken und sogar die Tasse in die Spülmaschine geräumt hatte, nahm sie die Leine vom Haken und rief nach Telemann, der im Küchenboden alle viere von sich streckte und schlief. Als er seinen Namen hörte, sprang er sofort auf und ließ sich anleinen.

„Ich geh dann eine Runde mit Telemann. Bei dem Sonnenschein!“, rief sie Lotte zu.

„Mach das. Ich muss nachher noch zur Schulleiterkonferenz nach Ettenheim. Das kann länger dauern.“

Unvermittelt tat Telemann einen Satz Richtung Tür und bellte. Emily hätte beinahe ihre Balance verloren. Dann klingelte es auch noch. „Ich mach auf“, rief sie nach hinten und griff mit einer Hand sicherheitshalber nach Telemanns Halsband, während sie mit der anderen in dieser gebückten Haltung die Tür öffnete.

Da stand Renato. Und etwas dahinter Herr Rabenstein.

Sofort schlug ihr Herz eine Sequenz schneller. Er lächelte breit: „Wollen Sie gerade weggehen, Emily?“

Wie er schon ihren Namen aussprach! Sie stand immer noch gebückt da und tätschelte weiter auf

Telemann ein. Wenn möglich, wurde sein Grinsen noch breiter.

Aus dem Hintergrund rief Lotte: „Wer ist es denn, Emily?"

Da richtete sie sich wieder auf, trat einen Schritt zur Seite, um die beiden durchzulassen, und antwortete: „Es sind die beiden Kommissare. Bis später also!"

Renato stellte sich ihr in den Weg und berührte dabei leicht ihren Arm. Wie ein Feuerstoß durchfuhr es sie. Aber sie blieb nach außen hin ungerührt vor ihm stehen.

„Verzeihen Sie, wenn ich Sie nicht gehen lassen kann. Ich muss Ihnen beiden etwas mitteilen." Renato folgte ihr nach drinnen, ebenso Felix. Ihr Folklorerock schwang beim Gehen rhythmisch von links nach rechts, und Telemann, immer noch angeleint, lehnte sich beim Gehen an ihre Beine.

Lotte bot den Herren von der Polizei sowohl einen Platz als auch Kaffee an. Aber Renato und Felix lehnten beides dankend ab. Sie seien nur vorbeigekommen, um sie um etwas zu bitten.

„Ach ja?" Lotte neigte den Kopf ein wenig und schaute die Herren fragend an.

„Wir müssen Sie bitten, morgen um 14 Uhr aufs Revier zu kommen, da wir eine Gegenüberstellung vornehmen wollen."

„Eine Gegenüberstellung? Mit uns? Sind wir denn jetzt auf einmal wieder verdächtig?" Emilys Stimmung hatte bereits wieder auf Angriff gewechselt. Sie verschränkte die Arme und schaute Renato aus blitzenden Augen angriffslustig an.

„Es geht darum“, beschwichtigte Felix, „dass sich ein Zeuge gemeldet hat, der behauptet, zur Tatzeit eine Dame gesehen zu haben, die aus der Schule kam. Konfektionsgröße 38.“

„Was?“, riefen Lotte und Emily wie aus einem Mund.

Sie sahen sich an und Lotte sprach für beide: „Es kann sich doch hier wohl nur um einen Witz handeln. Nicht wahr?“

Renato räusperte sich: „Ich verstehe, dass Sie dabei an einen Witz denken. Wir sind auch noch nicht so ganz vom Sinn dieser Gegenüberstellung überzeugt, aber nachdem bereits eine Woche ohne durchschlagendes Ergebnis vergangen ist, dürfen wir den Versuch einfach nicht ablehnen. Der Zeuge ist auf jeden Fall glaubwürdig.“

Wieder sahen sich Lotte und Emily an.

Emily hatte sich inzwischen wieder beruhigt und stand mittlerweile eher amüsiert neben Lotte. Sie fragte: „Möchten Sie, dass wir in Badekleidung kommen, Herr Kommissar? Damit es keinen Zweifel an der Konfektionsgröße gibt?“ Lotte und Emily prusteten los, und selbst die beiden Herren konnten sich ein verhaltenes Grinsen nur schwer verkneifen.

Renato hatte sich schnell wieder im Griff und sprach mit sachlichem Ton: „Falls Sie einen schwarzen Business-Rock, eine weiße Bluse und eine lange dünne silberfarbene Jacke aus feinem Strick besitzen, wäre das für unsere Gegenüberstellung mit dem Zeugen ebenfalls sehr hilfreich. So, jetzt wollen wir nicht länger stören. Wissen Sie, ob Frau Fehrenbach zuhause ist oder bei ihrer Schwester?“

Lotte sagte ihm, dass ihrer Meinung nach Kathi daheim sei.

Dann gingen sie.

Lotte zuckte mit den Achseln: „Wenn’s der Wahrheitsfindung dient? Vergiss es aber nicht Emily, ich komme in der Mittagspause nämlich nicht nach Hause. Und jetzt muss ich auch los. Gehst du noch mit Telemann?“

„Na klar, Lotte. Vielleicht jogge ich doch lieber. Telemann komm mit, ich muss mich umziehen.“ Telemann trottete gelangweilt hinter ihr her. Offenbar hatte er nicht richtig zugehört, was Emily gesagt hatte, sonst hätte er sicher mehr Begeisterung gezeigt.

Kathi hatten sie nicht zuhause angetroffen. Sie war wohl doch bei ihrer Schwester. Renato und Felix konnten also nach Freiburg zurückfahren. Heute gab es für sie in Ettenheim nichts mehr zu tun und Renato war begierig darauf, die Akte über Melanie Glatt zu lesen.

Er bat Felix im Ettenheimer Revier anzurufen und Bescheid zu geben, dass die Kollegen auch noch Frau Fehrenbach in Kappel über die Gegenüberstellung morgen benachrichtigen sollen.

Als der das Telefonat beendet hatte, stellte er eine Suggestivfrage: „Sie sind sicher der Meinung, dass wir uns den Besuch bei Frau Uhland und Frau Braun hätten sparen können, stimmt's, Felix?“ Renato grinste hinüber zu Felix.

„Ach, Sie glauben, dass ich Ihnen persönliche Gründe für diesen Besuch unterstelle, Chef?“

„Tun Sie das?“

„Das würde ich mir nie erlauben, Chef! Obwohl das Knistern zwischen Ihnen beiden keinem entgangen sein dürfte.“

„Nun ja, es lag ja auch irgendwie auf dem Weg und man kann die Kollegen ja nicht die ganze Kleinarbeit alleine machen lassen. Auch nicht als Ermittlungsleiter, habe ich Recht?“

„Chef, haben Sie den Zettel auf dem Wohnzimmertisch auch gesehen?“

„Welchen Zettel, Felix?“

„Den Zettel, auf dem stand: Heike Schöttle, Hasenweg 5, Lörrach-Stetten.“

„Felix, wie haben Sie denn das herausgefunden? Haben Sie Adleraugen?“, lachte Renato.

„Das nicht, Chef, aber ich habe die Situation ausgenutzt, als Sie damit beschäftigt waren, die Empörung der beiden Damen in den Griff zu kriegen, und bin ganz nahe an den Tisch getreten.“

„Gute Arbeit, Felix. Wirklich! Denn was sagt uns das?“

So schnell wie bei Felix das leichte Erröten eintrat, ebenso schnell verschwand es auch wieder.

„Ich vermute, dass Frau Braun es für ihre Recherche braucht."

„Das denke ich auch, Felix. Finden Sie heraus, welche Verbindung Heike Schöttle zu unserem Opfer hat."

Ein Anruf von der Polizeidienststelle Ettenheim.

„Gehen Sie ran, Felix und stellen Sie auf laut."

Felix meldete sich und stellte den Lautsprecher an.

„Hallo Herr Rupp. Es hat sich gerade ein weiterer Zeuge aus Grafenhausen gemeldet. Er könnte ganz interessant für uns sein."

„Na, dann schießen Sie mal los!", forderte Renato den Kollegen auf.

„Ein Anwohner in der Blumenstraße hat sich über einen geparkten blauen Golf gewundert, der dort in der Straße zur Tatzeit stand. Er sagte, dass er alle Fahrzeuge in seiner Straße kenne und ihm dieses Auto als fremd auffiel. Den Fahrer hat er leider nicht gesehen, aber als gegen zehn Uhr noch den Mülleimer bis an die Straße rausschob, sei er weg gewesen."

„Autokennzeichen?"

„Sicher ist nur das ‚OG'."

„Immerhin! Bestellen Sie ihn gleich ein und machen Sie ein Protokoll. Rufen Sie mich sofort an, wenn Sie Weiteres erfahren. Danke, Kollege Huber."

„Nichts zu danken. Bis dann, Herr Rupp."

„Felix, rufen Sie Sven, also Sven Friedmann bei uns im Präsidium an und sagen Sie ihm, er soll die Halter aller dunkelblauen Golfs in der Umgebung rausfinden. Er weiß dann schon. Später können Sie ihm dann helfen. Dunkelblaue Golfs gibt es wie Sand am Meer. Es ist entscheidend, für welche Filter man sich beim Eingrenzen entscheidet. Und dabei sind originelle Ideen willkommen. Sven ist sicher über zusätzliche Ideen dankbar. Sie kennen ihn ja bereits."

Felix schrieb seine Stichpunkte neuerdings auch in ein Notizbuch. Jetzt erst fiel es Renato auf: „Wo ist denn Ihr kleines Diktafon geblieben, Felix?"

„Ich will einfach mal ausprobieren, ob die Akustik oder die Optik nachhaltiger auf meine Wahrnehmung wirken. Und da Sie sowieso für die Optik plädieren, Chef, teste ich in Ihrer Gegenwart verstärkt die Mittel der Optik, also dieses Notizbuch." Felix suchte an der Rückenlehne eine bequemere Position.

„Und ist ein Ergebnis schon abzusehen?"

„Nein, noch nicht. Aber ich arbeite daran."

„Das glaube ich Ihnen aufs Wort!"

In ihrem Büro angekommen beschäftigte sich Renato zunächst mit der Akte Glatt und rief dann in der Asservatenkammer an. Fritz Leutner war am Apparat. Renato kannte ihn schon lange: „Fritz, gut, dass du selbst dran bist. Was ist denn bei euch los? Verlegt ihr jetzt neuerdings Beweismittel? Oder was ist gemeint mit ‚noch nicht gefunden'?"

„Ah, Renato, dir auch einen wunderschönen Tag. Du, ich kann mir das selbst nur schlecht erklären. Du weißt doch noch, wie ich wegen meinem geplatzten Blinddarm eine Weile ausgefallen bin?"

„Wie könnte ich das vergessen, Fritz! Ohne dich läuft doch hier gar nichts! Das weiß jeder!"

Fritz Leutner lachte. „Aber im Ernst: Ausgerechnet in der Zeit wurden alle alten Akten und Beweisstücke zu den Fällen aus Staufen zu uns überstellt."

„Ja und?"

„Ja und? Teile der Asservate konnten nicht sofort zu uns gebracht werden, weil in Staufen bei einem, zum Glück schnell entdeckten, Zimmerbrand einiges verbrannt ist. Möglich, dass die Sachen für deinen Fall dabei waren, Ren. Aber auch möglich, dass dein Beweismaterial dort, obwohl ich niemanden beschuldigen will, falsch zugeordnet worden ist und in einem falschen Behälter mit dabei liegt, wo es gar nicht hingehört. Aber auch möglich, dass es hier irgendwo falsch abgelegt worden ist. Ich war nicht dabei. Wenn du also noch ein bisschen Geduld aufbrächtest, Ren, das wäre hilfreich."

„Danke Fritz. Gib mir Bescheid, wenn du Genaueres weißt." Dann legte er auf.

Renato glaubte nicht an Zufälle! Er wählte die Nummer des Polizeireviers in Staufen und verlangte den diensthabenden Beamten, mit dem er gestern gesprochen hatte.

„Lukas Volk, guten Tag. Wie kann ich helfen?"

Renato erkannte ihn an der Stimme gleich wieder. „Ich grüße Sie. Rupp hier, wir haben gestern miteinander gesprochen. Es geht um die Asservate im Fall Melanie Glatt. Erinnern Sie sich?“

„Ja, natürlich, Kollege Rupp. Ist etwas damit?“

„Das kann ich noch nicht sagen, denn sie wurden bisher noch nicht gefunden.“

„So? Das kann gut sein. Wir haben damals zwar alles nach Freiburg überstellt. Aber das ging in zwei Schritten. Zuerst die kompletten Akten, danach die Beweismittel. Ich weiß das auch erst, seit Sie gestern da waren, da habe ich mich nämlich erst einmal selbst schlaugemacht. Mir kam das auch irgendwie komisch vor, dass Akten und Beweismittel getrennt überstellt wurden. Ich habe mir sagen lassen, dass dies mit dem Zimmerbrand in unserer kleinen Asservatenkammer, die leider nicht mehr den Sicherheitsvorschriften entsprochen hatte, zusammenhing. Die Kollegen mussten erst die Listen mit den einzelnen Beweisstücken abgleichen. Eine mühselige Arbeit, kann ich Ihnen sagen. Zum Glück ist das meiste erhalten geblieben.“

„War der Fall Glatt betroffen?“

„Ganz genau, so war es wohl. Es hat fünf Fälle, um genau zu sein, betroffen. Und einer davon war Melanie Glatt. Einige Stücke aus den Kartons waren noch zu retten, denn der Kollege, der das Feuer entdeckte hatte, hat vorbildlich reagiert. Außerdem ist die Sprinkleranlage akkurat angesprungen. So konnte größeres Unheil noch vermieden werden.“

„Wurde die Brandursache ermittelt?“

„Negativ. Aber ich kann Ihnen die bisherigen Ermittlungsergebnisse darüber zufaxen, wenn Sie wollen. Wir haben den Fall nur vorläufig abgelegt. Anscheinend gab es Ungereimtheiten, und wir hoffen, dass er noch nicht kalt ist."

„Zufaxen ist prima."

Renato legte nachdenklich auf. Da war doch etwas oberfaul im Fall Melanie Glatt, und sein Bauchgefühl sagte ihm deutlich, dass es notwendig war, genauer hinzuschauen.

Zunächst hängte er die Tatortfotos im Fall Melanie Glatt mit Abstand, aber auf Augenhöhe, mit den anderen auf.

Er bemerkte es sofort! Überhaupt gar kein Zweifel!

Die ermordete Melanie war das Mädchen auf dem Pornofoto. Und: Auf beiden Bildern war der rote Seidenschal!

„Sven, Felix! Herkommen!" Renato schrie so laut auf den Flur hinaus, dass die beiden sofort hereingestürzt kamen.

Renato zeigte, mühsam mit Erregung kämpfend, wortlos zur Tafel.

„Heiliger Bimbam, Ren! Du hast es gefunden!"

„Die tote Melanie und das Mädchen mit dem roten Schal sind ja identisch!", rief Felix, ungewöhnlich emotional.

Sie wandten sich einander zu und klatschen sich ab, wobei Felix beim ersten Mal nicht traf, aber das störte keinen.

„Mann, Mann, Mann! Das ist doch der Wahnsinn! Und da ist noch mehr! Seht ihr's?" Renato wartete gespannt, ob es den Kollegen auch ins Auge sprang.

Es war Felix, der es zuerst sah: „Chef, es gibt die direkte Verbindung zu Fehrenbach! Er besaß das Pornofoto!"

„So ist es, Felix. Und daraus ergibt sich eine Reihenfolge der Ereignisse." Renato nahm die drei Fotos von der Wand und pinnte sie dann in einer Reihe an. Sven und Felix schauten gespannt zu.

„Ich denke jetzt einfach mal laut: Jürgen Fehrenbach war der Liebhaber von Melanie Glatt. Deshalb hat sie sich aus Liebe nackt und mit rotem Schal für dieses Foto hergegeben. Voller Vertrauen und absolut freiwillig. Dann musste er sie töten, weil seine berufliche Zukunft auf dem Spiel stand, oder weil sie ihm gesagt hat, dass sie schwanger ist."

„Was?", riefen die beiden wie aus einem Mund.

„Habe ich gerade im Bericht der Pathologie gelesen. Jetzt weiter: Ihr Mörder wird nicht gefunden, aber viel später findet jemand heraus, wer Melanie getötet hat. Jemand der Rache will. Dieser Jemand verschafft sich Zugang in die Asservatenkammer, entwendet den roten Schal und erwürgt damit Jürgen Fehrenbach. Was sagt ihr?"

Renato ließ sich in seinen Stuhl fallen. Sven und Felix taten es ihm nach. Wobei Sven mit der Schreibtischkante vorliebnehmen musste.

Alle drei sahen jetzt nachdenklich aus. Nach einem kurzen Moment des Schweigens stand Sven auf und sagte: „So könnte es gewesen sein, Ren. Ich wäre gar nicht überrascht, wenn du Recht hättest. Auch wenn ich nicht verstehe, weshalb der Mörder den roten Schal für seinen Mord dazu gebraucht hätte! Und: Gehen wir denn inzwischen von einem Mann als Täter aus?"

Renato setzte sich aufrecht hin und ergänzte: „Seit heute! Da ist nämlich noch etwas in der Akte Glatt: Melanie hatte einen Bruder. Phillip Glatt. Damals gerade erst zwei Jahre alt."

„Ah!", folgerte Felix und stand auf, um die neuen Fakten an der Tafel einzufügen. „Das könnte die stark emotionale Fixierung auf diesen roten Schal erklären. Wer sonst sollte sich der Gefahr der Entdeckung aussetzen, nur um ein Originalmordwerkzeug, also den roten Schal, an sich zu bringen, wenn nicht jemand mit besonderer Bindung an das Opfer? Ein Familienmitglied? Denkbar. Aber woher wusste er über den Täter Bescheid? Die Polizeiermittlungen verliefen im Sand."

Renato ging den Gedanken mit. „Mal angenommen, Melanie hatte ein Versteck im Haus und der kleine Bruder hat dieses Versteck irgendwann gefunden."

„Du meinst, mit Fotos von ihrem heimlichen Lover oder ein Tagebuch?", mischte Sven sich ein. „So was haben doch Mädchen in diesem Alter, oder?"

„Wir werden einfach diesen Bruder danach fragen! Felix, bestellen Sie ihn ein. So schnell wie möglich."

Sven rutschte vom Tisch: „Haltet mich auf dem Laufenden. Ich muss jetzt wieder an meine Listen, damit wir den Rest auch noch zusammenkriegen." Und als er noch halb in Gedanken nickte, fügte er hinzu: „Wenn du damit einverstanden bist, Ren, teile ich mir die Arbeit mit noch ein paar weiteren Kollegen auf, die sich bereits angeboten haben. Du wirst ja leider unseren Felix jetzt wieder selber brauchen, oder?"

„Klar, Sven, mach es so."

Als Sven gegangen war und Renato noch immer in sich versunken war, fragte Felix: „Chef, ist das immer so?"

„Jedes Mal, Felix. Zuerst das blinde, oft orientierungslose Tappen im Dunkeln, dann das Sammeln einiger kleiner Puzzleteilchen. Hoffen. Sammeln. Ideen verwerfen, neue entwickeln. Wieder sammeln, hoffen. Und irgendwann macht es dann plötzlich Klick und man jagt einer Spur nach, für die es manchmal gar keinen erklärbaren Grund gibt, aber die dir dein Instinkt vorgibt, die dich in Hochspannung versetzt, die dich antreibt. Und wenn sich dann die Puzzleteilchen, oft unerwartet, zusammenfügen, wie eben, ist das Adrenalin pur.

Danach kommt die Erschöpfung. Das ist es, weshalb ich diesen Beruf liebe."

Felix hatte Renato gebannt zugehört. Dann griff er zum Telefon.

Kapitel 21

Gegen acht Uhr stieg Emily mit Telemann in ihren leuchtend roten Mini Cooper und machte sich auf den Weg. Sie war bester Laune. Möglicherweise enthüllte das Gespräch mit Heike Schöttle noch andere Wesensmerkmale von Jürgen Fehrenbach, und das würde ihr entworfenes Charakterbild über ihn nur noch verfestigen. Außerdem: Wer weiß, was sonst noch bei diesem Gespräch herauskommen konnte? Emily war für alles offen.

Sie bemerkte nicht, dass sich nach dem ersten Autobahnparkplatz ein dunkelblauer Golf in den fließenden Verkehr einfädelte. Wie auch? Es war viel Verkehr und er wurde immer dichter. Emily musste sich konzentrieren. Telemann lag indessen gleichgültig auf der Rückbank und hielt ein Schläfchen. Verkehr interessierte ihn nicht die Bohne.

Hab ich's doch gewusst, dass du heute genau hier langfährst, mein Mädchen! Du bist so was von berechenbar!

Gut übrigens, dass dein Mini Cooper so leuchtend rot lackiert ist. Von Weitem sichtbar!

Wo willst du denn diesmal hin? Wieder nach Staufen? Langsam wirst du zum Problem. Weißt du das? Wenn mir nichts anderes einfällt, muss ich dich noch aufhalten!

Je näher man Freiburg kam, umso zäher wurde es. Mittlerweile fuhr Emily nur noch auf der

Überholspur. Auf dem rechten Streifen sah man nur Lkw. Eine schier unendliche Schlange. Und vor jeder Ausfahrt fuhr man mittlerweile im Schritttempo, sicher, weil noch mehr Fahrzeuge hereindrängten. Nichts für Ungeduldige!

Nach Freiburg lichteten sich dann die Reihen vor ihr und Emilys gute Laune kam zurück. Wie gut, dass sie so viel Zeit für die Fahrt eingeplant hatte. Sie hatte noch eine gute Stunde Zeit, das sollte wohl reichen. Nur noch drei Abfahrten und dann natürlich noch zum Ortsteil Stetten. Emily erhöhte jetzt doch lieber das Tempo.

Telemann wachte auf. „Da staunst du, was? Wie schnell wir heute über die Autobahn flitzen, mein wolliger Freund? Aber es dauert noch, bis wir da sind. Am besten schläfst du noch eine Runde."

Telemann trippelte kurz mit den Vorderpfoten auf dem Rücksitz. Emily befürchtete schon, er wolle nach vorne springen. Aber dann überlegte er es sich doch noch einmal und gab lediglich ein zustimmendes „Wuff" von sich. Dabei legte er seine Schnauze auf die Vorderpfoten, ohne Emily aus den Augen zu lassen.

An der Ausfahrt nach Lörrach schaltete Emily ihr Navi ein, als sie an der roten Ampel warten musste. Den dunkelblauen Golf, ein paar Wagen hinter ihr, bemerkte sie nicht. Auch nicht, dass er ihr weiterhin folgte.

Jetzt doch ein bisschen verspätet, hielt sie vor dem Hasenweg 5 an und stieg mit Telemann aus, der sie sofort zum nächsten Baum zog. Wen wundert's? Nach so einer langen Fahrt. Wenigstens hatte sie von Frau Schöttle die Erlaubnis, ihn mit hineinzunehmen. Ungern hätte sie ihn jetzt nämlich auch noch alleine im Wagen zurückgelassen.

Nach dem Klingeln öffnete eine korpulente, aber überaus herzliche, sehr gepflegte Dame über vierzig, bekleidet mit einem beigen Twinset und einer karierten, flauschigen Hose die Tür. Während der Begrüßung legte sich Telemann in Sachen Schwanzwedeln mächtig ins Zeug. Emily hielt ihn allerdings so kurz an der Leine, dass er es gar nicht schaffte, an Frau Schöttle hochzuspringen. Dann, nachdem sie ihm noch eine Schüssel Wasser in der Küche hingestellt hatte, setzten sich die beiden Damen an einen runden, bereits gedeckten Kaffeetisch. Offenbar freute sich Frau Schöttle über Emilys Besuch, aus welchem Grund, war Emily nicht klar.

Sie tranken Kaffee, und nachdem Frau Schöttle Emily über die Umstände des Todes ihres früheren Kollegen Fehrenbach ausgefragt hatte, plauderte sie hemmungslos alles aus, was sie noch von ihm wusste. Anscheinend war sie über seinen Tod nicht gerade tief betroffen.

Und Emily verstand nach und nach auch, warum. Sie litt offenbar noch immer darunter, dass er ihrer Meinung nach von allen vorgezogen wurde. Schon dass sein Mentor, der auch der ihre war, mit ihm privat regelmäßig Schach spielte und besonders freundschaftlich mit ihm verkehrte, hatte sie damals gekränkt und schmerzte offenbar noch immer. Dass er mit seinem Charme alle blendete und dabei den Anschein erweckte, dass er ihr, Heike Schöttle, auch fachlich überlegen war und sie aufgrund dessen kaum im Kollegium wahrgenommen wurde, fand sie auch heute noch ungerecht. Ihrer Meinung nach war Jürgen Fehrenbach ein egoistischer Angeber, der selbst vor kleinen Mädchen nicht zurückschreckte.

„Wie meinen Sie das, ‚nicht zurückschreckte'?", hakte Emily nach.

„Ich möchte ihn nicht verleumden, aber damals, als der Mord an unserer Schülerin passierte, war es für alle undenkbar, dass der feine Herr Fehrenbach etwas damit zu tun gehabt haben könnte. Und es war ihm ja auch nichts nachzuweisen. Aber ich habe die Erfahrung gemacht, dass er an richtigen Frauen gar nicht interessiert war! Wenn Sie verstehen, was ich meine."

„Ich verstehe genau, was Sie meinen! Aber entschuldigen Sie, dass ich frage, waren Sie selbst ein bisschen verliebt in ihn?" Emily setzte ihren unschuldigsten Blick auf. Die heftige Reaktion folgte sofort:

„Ich verliebt in Jürgen? Wo denken Sie hin! Ich hätte mich doch niemals auf so einen Blender eingelassen!", wehrte sie so vehement ab, dass Emily nun Bescheid wusste. Möglicherweise eine Zurückweisung! Kein Wunder, dass sein Tod sie kalt ließ. Emily verabschiedete sich und machte sich mit Telemann auf den Rückweg.

Als sie auf die Uhr schaute, war es kurz vor elf. Die Fahrt auf der A5 war nun um einiges einfacher, da der Berufsverkehr vorbei war. Emily hatte wieder nicht bemerkt, dass der dunkelblaue Golf ihr in gewissem Abstand folgte. An der Abfahrt Bad Krotzingen setzte sie spontan ihren Blinker und fuhr ab.

Es blieb noch genügend Zeit bis zur Gegenüberstellung, und es wäre doch gelacht, wenn sie nicht herausfinden könnte, wo die Familie Glatt wohnte. Wenigstens einen Blick wollte sie draufwerfen, damit sie sich ein besseres Bild machen könnte. Mehr nicht! Ein bisschen schuldbewusst dachte sie an Lotte, die sicher dagegen wäre.

In Staufen angekommen, parkte sie genau da, wo sie letztes Mal auch geparkt hatte. In Lottes altem Telefonbuch aus Freiburg hatte sie nämlich einen Jakob Glatt aufgespürt, mit Straßenangabe und Telefon. Allerdings hatte sie am Telefon nichts erreicht: *Keine Verbindung unter dieser Nummer* hatte es immer geheißen. Und als sie im Internet Namen und Telefonnummer überprüfte, war da gar kein Treffer.

Das kam ihr komisch vor, und deshalb wollte sie sich das einmal aus der Nähe ansehen. Emily ging zügig voran, sie folgte den Angaben ihres Handys. Es konnte nicht weit sein.

Telemann drehte sich plötzlich um und bellte freudig nach hinten.

„Was ist denn Telemann? Komm! Wie haben nicht alle Zeit der Welt, mein Guter." Widerwillig ließ er sich weiterziehen und bald schon hatte Emily die Straße am Stadtrand, die sie suchte, gefunden. Und auch das Haus.

Während sie noch unentschlossen vor der hölzernen Gartentür stand und überlegte, ob sie doch vielleicht an der Tür klingeln sollte, wurde sie vom Nachbarvorgarten aus angesprochen: „Sie interessieren sich für das Haus, junge Frau? Da sind Sie zu spät."

Emily folgte der Stimme und stand einem imposanten Mann mit Hosenträgern, die seinen Bauch links und rechts säumten, gegenüber.

Sofort ging sie darauf ein, ohne die leiseste Ahnung zu haben, wovon er sprach: „Wieso denn?"

„Weil das Haus bereits verkauft wurde, meine Dame. Es steht inzwischen leer. Wahrscheinlich werden sie bald mit den Sanierungsarbeiten beginnen."

„Sind die Vorgänger denn umgezogen?"

Der Mann lachte: „Sie sind gar nicht da, weil sie das Haus kaufen wollten." Und schon im Weggehen: „Hätte mich auch gewundert, also dann. Noch einen schönen Tag!"

„Nein, warten Sie, bitte." Und dann erzählte sie ihm, weshalb sie wirklich da war. Und seltsamerweise war er nun bereit, die Geschichte der Familie zu erzählen. Vieles wusste Emily ja schon, aber als er erwähnte, dass der Bruder Melanies kurze Zeit nach dem Mord bei einer Schwester seines Vaters aufwuchs und er erst vor einem Jahr das Haus verkauft hatte, spitzte sie die Ohren. Ein Bruder! Um die zwanzig! Die Eltern beide tot.

Sie erkundigte sich noch schnell, wo denn die Schwester von Herrn Glatt wohnte und wie ihr Name sei. Dann hatte sie es mehr als eilig, sich zu verabschieden.

Eigentlich hätte sie dem erzählfreudigen Herrn gerne noch weiter zugehört, aber sie wollte unbedingt vermeiden, dass sie zu spät zur Gegenüberstellung kam. Lotte würde sonst sauer sein!

Mit zügigen Schritten lief sie den Weg zurück, den sie hergekommen war. Wieder blieb Telemann stehen, zog an der Leine, bellte und wedelte freudig mit dem Schwanz.

„Telemann! Was willst du eigentlich? Ist da irgendwo eine Katze, oder was?“ Energisch, wie sie sonst eigentlich nicht mit Telemann umging, zog sie ihn weiter.

Während der Fahrt ließ sie sich alles noch einmal durch den Kopf gehen: Melanie Glatt hatte also einen Bruder. Wenn das nicht interessant war! Gut, dass sie in den alten Zeitungsberichten, in denen sie die Artikel über den Mord gefunden hatte, auf den Namen Melanie Glatt gestoßen war. Und noch besser, dass sie zunächst, eigentlich nur, weil sie zu faul war, hinunter zu ihrem Laptop zu gehen, in

Lottes altem Telefonbuch nachgeschaut hatte. Sie hätte doch sonst nie die Adresse herausgefunden! Es gab ja den alten Telefonanschluss nicht mehr. „Emily, du bist ein Glückskind!“, sagte sie in ihren Rückspiegel, was Telemann mit einem zweimaligen „Wuff“ bestätigte, ehe er sich zum Schlafen auf der Rückbank ausstreckte.

Die Person im dunkelblauen Golf schlug mit beiden Händen wütend auf das Lenkrad ein. *Verdammt! Verdammt! Was bist du doch für eine unbelehrbare kleine Zecke! Du versaust mir noch alles! Du zähes kleines Biest! Was musst du denn hier herumschnüffeln? Und wenn du etwas findest, weiß es ja auch gleich die Polizei, denkst du, ich weiß das nicht? Verdammter Mist! Jetzt muss ich einschreiten. Und daran bist ganz allein du schuld! Bleib mir ja aus den Augen, sonst weiß ich nicht, was ich tue!*

Die Person im dunkelblauen Auto fuhr ebenfalls Richtung A5. Sie achtete darauf, Emily nicht zu überholen, sondern fuhr in Freiburg ab. Die Person hatte vor, sich eine Pizza zu gönnen und intensiv über die notwendigen Schritte nachzudenken. Danach wären dringende Vorbereitungen nötig.

Kapitel 22

Balduin Steinle, diesmal in einem grauen Anzug, aber wieder mit Fliege und passendem Einstecktuch, ging noch einen Schritt näher auf die Scheibe mit dem Einwegspiegel zu, die ihn von den sieben Damen mit vorgehaltener Nummer trennte. Ihre Konfektionsgröße hatte Felix zuvor notiert. Nun wartete er gespannt, ob der Zeuge sich damit auch bei Damen auskannte.

Bisher hatte er noch nichts geäußert, sondern sich zögernd verhalten.

„Also ich weiß nicht …"

„Herr Steinle, fangen wir doch einfach mit der Konfektionsgröße der Damen an. Größe 38?" Renato blieb zuvorkommend.

„Nun, das ist einfach, Herr Kommissar: Nr. 2, Nr. 3 und Nr. 5."

Felix verglich mit seinen Notizen. Es stimmte perfekt.

Nun drückte den Knopf und bat: „Nr. 2, Nr. 3, Nr. 5 bitte einen Schritt vortreten."

Die drei kamen einen Schritt näher zur Glasscheibe.

Balduin Steinle schaute weiter konzentriert nach drinnen.

„Können Sie zu der Kleidung etwas sagen?" Renato war die Geduld in Person.

„Nun, Herr Kommissar, ich kann lediglich mit Sicherheit sagen, dass keine der Damen ein Kleidungsstück trägt, welches am Donnerstag letzter Woche von der Dame getragen wurde, die ich gesehen habe. Alle drei hätten gut darin ausgesehen, wissen Sie, aber so? Nein. Es könnte jede der drei gewesen sein. Es tut mir leid."

Felix und Renato warfen sich einen Blick zu.

„Da kann man nichts machen, Herr Steinle. Wir danken Ihnen fürs Kommen. Gehen Sie ruhig hinaus, ein Kollege bringt Sie wieder nach Hause." Und zu Felix: „Schicken Sie die anderen nach Hause, aber Frau Uhland und Frau Fehrenbach sollen einen Moment Platz nehmen."

Renato setzte sich an seinen Schreibtisch, und Felix kam nach.

„Die Ehefrau und die kommissarische Schulleiterin. Beide hatten wir bereits im Visier. Und das Alibi von Frau Fehrenbach hatte Schwachpunkte, ebenso das von Frau Uhland."

„Aber reicht die Übereinstimmung der Konfektionsgröße, Chef?"

„Nein, natürlich nicht. Kommen Sie, wir können sie nicht so lange warten lassen. Wir reden später weiter."

Als die beiden Ermittler in den Tagungsraum eintraten, erhoben sich die beiden Frauen ruckartig. Lotte giftete Renato sofort an: „Das kann doch nur ein Witz sein! Sind wir jetzt die Hauptverdächtigen, Herr Kommissar? Wer immer da draußen war,

Sie sollten einen Sehtest verlangen. Ich gehe jetzt jedenfalls."

„Aber Frau Uhland, regen Sie sich doch bitte nicht so auf. Wir haben lediglich ein Detail abgeklärt. Und wenn Sie mir noch in einem Punkt helfen könnten, würde uns das besonders freuen." Renato sah die beiden mit einem zuvorkommenden Lächeln an.

Kathi, die bisher nichts gesagt hatte, räusperte sich und fragte leise: „In welchem Punkt denn?"

Mit seiner sanftesten Stimme und, wenn es überhaupt möglich war, einem noch charmanteren Lächeln als eben antwortete Renato: „Wenn wir vielleicht noch zusätzlich einen Blick in Ihren Kleiderschrank werfen dürften?"

Der schneidende Ton, mit dem Lotte ihn anzischte, ließ Felix instinktiv einen Schritt zurückweichen und Renato innerlich zusammenzucken: „Wie können Sie es wagen! Das ist eine Unverschämtheit! Bringen Sie uns einen Durchsuchungsbefehl, wenn Sie darauf bestehen wollen. Ansonsten: Guten Tag, die Herren!" Die letzten Worte klangen wie eine Drohung. Damit zog sie Kathi am Ärmel mit sich fort und verließ mit erhobenem Haupt und mit ihren klackenden Absätzen hart und selbstbewusst auftretend das Büro. „Komm mit!", befahl sie Emily scharf, als sie diese am Schalter im Erdgeschoss stehen sah.

Wortlos, Emily mit fragenden Augen, gingen sie bis zum geparkten Wagen weiter, stiegen ein, wobei Lotte ihre Tür wenig damenhaft hinter sich zuknallte. Dann startete sie so, dass der Kies hinter ihr aufspritzte.

„Chef“, hob Felix an, als er vom Fenster, hinter dem er den furiosen Abmarsch der empörten Damen beobachtet hatte, zurücktrat und Felix ins Büro folgte. „Diese Aktion ist wohl nicht ganz so gut gelaufen, oder?“

Renato seufzte und erwiderte: „Meinen Sie jetzt das Ergebnis der Gegenüberstellung, Felix, oder die Verbalattacke von Frau Uhland?“

„Der Zeuge hat uns, wie ich das sehe, wenig Anhaltspunkte geliefert. Und Frau Uhland – da können wir in nächster Zeit sicher nicht mit Entgegenkommen rechnen, oder Chef?“

„Stimmt alles, was Sie sagen, Felix. Aber man kann das auch anders sehen: Unser Zeuge hat eine Frau am Tatabend gesehen und das war entweder Frau Uhland oder Frau Fehrenbach. Da bin ich mir ganz sicher! Und dass Frau Uhland sich so echauffierte, kann entweder heißen, dass sie tief gekränkt über unseren Verdacht ist oder dass sie mit allen Mitteln verhindern will, dass wir sie überführen.“

„Sie denken also, dass Frau Uhland am Tatabend noch einmal in der Schule war, Chef?“

„Das denke ich absolut nicht! Viel interessanter erschien mir nämlich ihre Freundin Kathi Fehrenbach. Lassen Sie doch mal hören, Felix, wie Sie diese Dame einschätzen.“

Felix dachte kurz nach.

„Kathi Fehrenbach hat in den langen Jahren ihrer vorausgegangen Ehe gelernt, sich im Hintergrund zu bewegen. Ihr Selbstbewusstsein musste sie, falls es überhaupt einmal vorhanden gewesen ist, unter der Oberfläche zurückhalten. Sie präsentiert sich anderen gegenüber gerne als schutzbedürftig und passiv. Sie ist es gewohnt, übersehen zu werden!"

„Na also, Herr Psychologe! Und was folgert der Kriminalist daraus?" Renato hatte vergnügt zugehört.

„Es könnte bedeuten, Chef, dass sie, falls sie die Täterin ist, diese Charaktereigenschaften dazu nutzt, sich durchzuschleichen. Chef, das ist ja großartig!"

„Sie sehen, Felix, man muss jede noch so emotionale Situation sachlich durchleuchten, um nicht wieder in die falsche Richtung zu laufen. Ich spreche mal jetzt nur so ins Blaue, Felix. Am Tatabend wurde Jürgen Fehrenbach zunächst aus sehr persönlichen Motiven, nämlich, weil er seinen Sohn hinausgeworfen hatte, von seiner Ehefrau mit dem Pokal geschlagen. Der Mörder muss schon in der Nähe gewartet haben, denn seine Tat war nicht spontan, sondern geplant. Das könnte man sich so bildlich vorstellen: Der Mörder wollte gerade seine Tat beginnen, da drängelte sich noch schnell jemand vor. Möglicherweise die Ehefrau. Das wird ihn geärgert haben. Dass Fehrenbach noch lebte, als sie hastig verschwand, wusste sie nicht. Allerdings war sie klug genug, zuvor noch ihre Fingerabdrücke mit dem weißen Schal ihres Gatten am Pokal abzuwischen, als hätte sie geahnt, dass ihre DNA auf dem Schal sowieso wenig aussagt. Nun kam der Mörder, der die Ehefrau erkannt hatte, aus seinem Versteck hervor, schlüpfte ins Büro und sah, was die Ehefrau angerichtet hatte. Da bemerkte er, dass Jürgen Fehrenbach noch am Leben war. Vielleicht hatte er sogar noch die Gelegenheit, sich dem Opfer zu erkennen zu geben. Jedenfalls erwürgte er ihn kaltblütig mit dem roten Schal, den er, ich weiß nicht, wie er an ihn gekommen ist, all die Jahre bei sich aufbewahrte, um seine Schwester dann schlussendlich damit zu rächen. Und so kam der Faden unter Fehrenbachs Fingernagel. Was sagen Sie?"

Felix hatte gebannt zugehört. Er kannte die Gedanken alle einzeln, aber so, schlüssig aneinandergereiht, ergaben sie ein Bild. Voller Bewunderung für Renato sagte er: „Chef, mein Bauchgefühl sagt mir, dass dieser Gedankengang nicht ausgeschlossen ist!"

Renato lachte. Wieder einmal hatte er sich in Felix nicht getäuscht: Er würde sich niemals bei ihm einschleimen, denn dies wäre gerade eine gute Gelegenheit dafür gewesen.

„Wir müssen dringend mit Melanies Bruder sprechen? Haben Sie immer noch nichts?"

„Chef, was immer ich versuche, es führt diesbezüglich in eine Sackgasse."

Renato griff zum Telefon und sagte zu Felix: „Da setze ich jetzt doch mal eine Spezialistin dran. – Grüß dich, Anni, womit bist du denn gerade beschäftigt? – Aha. – Du, ich hätte da einen Spezialauftrag für dich …"

Emily schaute von einer zur anderen: „Was ist denn passiert, sagt mal?"

Kathi klärte Emily in eher weinerlichem Ton auf: „Stell dir vor, nur wir zwei sind übrig geblieben! Lotte hat getobt!"

„Was, nur ihr zwei?"

„Eigentlich waren wir schon drei, aber die Dritte war nicht ernst gemeint. Die haben sie nur dazugestellt, damit es mehr Auswahl für den Zeugen gab: Es handelte sich um eine Polizistin. Und das war auch überhaupt nicht der Grund dafür, dass ich so ärgerlich wurde. Denn auch wenn nur wir beide übrig bleiben, dann heißt das gar nichts! Aber als dein Renato …"

„Das ist nicht mein Renato!"

„Ist ja schon gut! Als der Kommissar Rupp nach der Gegenüberstellung noch unsere beiden Kleiderschränke inspizieren wollte, ist mir schlicht der Kragen geplatzt. Und du weißt, was ich meine, Emily!"

Grinsend stimmte Emily zu: „Ja! Ich habe schon erfahren, was das heißt!"

Jetzt kicherten die drei Frauen im Auto. Sie wussten alle, wie das war, wenn Lotte der Kragen platzte!

„Wer hat denn schneller den Kopf eingezogen? Rabenstein oder Renato?"

„Kommissar Rupp, und das hat mich noch wütender gemacht, sah mich eher wach interessiert an, oder was meinst du, Kathi? Wohingegen sein junger Kollege wohl schon kurz schlucken musste. Der Herr von Rabenstein!"

„Was?", schrien Emily und Kathi wie aus einem Munde. Und Emily: „Woher hast du das denn?"

„Na ja, als wir ankamen und sofort nach oben gingen, spurtete noch nachträglich einer vom Empfang, der nicht mit unserer Ortskenntnis gerechnet hatte, hinter uns her, und da blieb ich freundlicherweise stehen und ließ ihn seine Frage stellen: ‚Wollen Sie zu den Kollegen Rupp und von Rabenstein?' Das hast du natürlich schon nicht mehr gehört, Kathi."

„Von Rabenstein! Komisch, dass er uns einfach als Rabenstein vorgestellt wurde", sinnierte Emily.

„Das bedeutet vielleicht nur, dass ein Adelstitel heute ziemlich unmodern geworden ist", versuchte sich Kathi.

„Oder, dass es ihm peinlich ist", ergänzte Lotte.

Kurz bevor sie im Saal angekommen waren, wandte sich Lotte noch an Kathi: „Du Kathi, hattest du nicht eine lange, dünne silberfarbene Jacke?

Warum hast du die denn nicht angezogen heute?“ Lotte fragte eher beiläufig.

„Ach die! Die habe ich doch schon im Herbst zum Kleider-Container gebracht. Habe ich dir doch sogar erzählt, dass ich mir an der Brombeerhecke ein auffälliges Loch reingerissen hatte, weißt du nicht mehr, Lotte?“

„Kann schon sein, Kathi, habe ich wohl wieder vergessen. Es fiel mir nur heute gerade auf, weißt du?“

„Ja, ich habe mich auch gewundert, als der Kommissar praktisch meine weggeworfene Jacke beschrieben hat. Zufälle gibt’s. Unglaublich!“

Ehe alle ausstiegen, informierte Kathi die anderen beiden noch darüber, dass sie bereits am Freitagvormittag zu ihrer Schwester fahre, da Michael nach der Schule morgen gleich übers Wochenende zu seinem Freund nach Freiburg wollte.

„Ich habe nicht viel Zeit, Emily, aber machst du schnell einen Kaffee?“, rief Lotte schon auf dem Weg ins Schlafzimmer, um sich dort umzuziehen.

Das hatte Emily eigentlich auch vor, aber das könnte sie auch noch nachher tun. Sie wollte Lotte doch sowieso noch die Ergebnisse des Vormittags erzählen.

Lotte hörte Emily konzentriert zu. Sie verkniff sich jede besorgte Bemerkung und trank einfach nur ihren Kaffee und staunte, als Emily mit ihrem neuesten Krimientwurf ankam: „Weißt du

Lotte, was ich mir jetzt überlegt habe? In meinem Krimi fange ich alles ganz anders an. Ich mache ein Eifersuchtsdrama draus! Nicht diesen ganzen pädophilen Scheiß, wie bei Jürgen. Nein! Bei mir wird eine Person wie Heike Schöttle aus Eifersucht um Jürgen zur Mörderin! Sie ermordet das Mädchen, um an Jürgen ranzukommen. Weißt du, sie muss sehr eifersüchtig oder gekränkt gewesen sein. Wahrscheinlich hat Jürgen sie sogar zurückgewiesen. Das muss sie doch wütend gemacht haben! Und bei mir kriegt dann Jürgen, also die Namen weiß ich jetzt natürlich noch nicht, irgendwie heraus, dass Heike seine Geliebte umgebracht hat, damals, und dann rächt er sich." Emily atmete einmal tief aus und sah Lotte dann erwartungsvoll an.

„Das hört sich bei dir so auf die Schnelle wie nach einem guten Plan an, Emily. Gratuliere! Bleib dran, wenn es sich gut anfühlt, kann ich nur sagen. Ich muss jetzt leider trotzdem los."

Normalerweise wäre Emily an einem solchen Tag natürlich noch mit Telemann rausgegangen, aber danach hätte sie auf dem Sofa gelegen, vielleicht gelesen oder Reiseberichte im Fernsehen geschaut. Dafür blieb jetzt keine Zeit! Nachdem sie mit Telemann eine kurze Runde gegangen war, fieberte sie ihrem Vorhaben zu.

Es war schon nach vier, als sie es vor Kohldampf nicht mehr aushielt, weil sie das Essen heute völlig vergessen hatte. Im Küchenschrank fand sie noch eine Dose Ravioli. Daraus löffelte sie die kalten

Teigtaschen im Stehen heraus, bis sie genug hatte. Aber dann ließ sie alles einfach so liegen, um schnell wieder an ihren Arbeitsplatz zurückzukehren, weil ihr beim Kauen soeben eine weitere spannende Wendung für ihren Plot eingefallen war.

Plötzlich drang ein schriller Schrei, der alarmierender nicht hätte sein können, zu ihr durch. „Lotte!“, schrie sie panisch auf und rannte, Stufen überspringend, hinauf, als ob es um ihr Leben ginge! „Lotte!“, schrie sie noch einmal.

Dann blieb sie mit aufgerissenen Augen stehen. Es ging nicht um Lotte. Diese kauerte am Boden und schluchzte leise, während sie sich um Telemann kümmerte. Der wollige Hund lag auf dem Boden und winselte, neben ihm die Raviolidose, auf seiner Nase eine klaffende Wunde, überall verschmiert mit Tomatensoße oder Blut. So genau konnte man es im Moment nicht auseinanderhalten.

„Oh Lotte, er muss sie sich von der Arbeitsplatte genommen haben! Das wollte ich doch nicht! Bitte, Lotte, lass mich dir helfen!“ Emily war den Tränen nahe. Telemann musste jetzt zum Tierarzt gebracht werden. Aber als Emily dabei helfen wollte, ihn ins Auto zu bringen, schnauzte Lotte sie kalt an und sagte: „Weg! Du bist schuld!“

Dann waren Lotte und Telemann verschwunden.

Das wusste Emily! Und wie sie das wusste!

Jetzt war es also passiert, dass nun sogar ein Lebewesen durch ihre Unachtsamkeit verletzt worden war. Bisher waren es wenigstens nur

Gegenstände, die durch ihre Schusseligkeiten zu Bruch gegangen waren. Aber nun Telemann? Das war einfach zu viel!

Mechanisch putzte sie alles weg, nahm ihren Autoschlüssel, ihr Handy, schloss die Tür ab und fuhr weg. Erst einmal nur weg. Ziellos. Wo sollte sie schon hin? Sie war einfach anderen nicht zumutbar!

Emily blieb auf dem Gewerbeparkgelände am Rande Ettenheims stehen, weil sie von neuen Schluchzern übermannt wurde. Dann riss sie sich zusammen und fuhr auf die Autobahn.

Renato war spätabends müde, aber zuversichtlich gegenüber den Einzelheiten, die sie heute zusammengetragen hatten, auf dem Weg nach Hause. Bald würden sie den Mörder überführen können. Er spürte das. Aber sie durften nicht nachlassen. Sie mussten sicher sein und durften nichts außer Acht lassen! Selbst wenn das Ziel scheinbar so nahe lag. Renato wusste das. Man musste die Spannung aushalten und nicht unbeherrscht lospreschen. Aber er hatte ein gutes Team. Und Felix passe sich gut an.

Renato fand in rekordverdächtiger Zeit einen Parkplatz und ging zum Haus. Auf der obersten Stufe saß sie! Emily! Ihre Augen waren vom Weinen dick geschwollen, und als sie ihn erkannte, schluchzte sie schon wieder.

„Emily, was ist passiert?“, sofort war er bei ihr, um sich neben sie zu setzen, aber sie stand einfach auf und fiel ihm in die Arme. Mehr verwirrt als sicher in dem, was er tun sollte, trug er sie einfach hinein. Sie rollte sich an seiner Brust zusammen, wie ein frierendes Kätzchen, von einigen Schluchzern geschüttelt.

Er legte sie aufs Sofa. Viel Erfahrung, wie er mit der aufgelösten Weiblichkeit umgehen sollte, besaß er nicht.

Kurzerhand setzte er sich auf den Boden, sodass er in ihre Kopfhöhe kam, und strich ihr die Haare aus dem Gesicht, um etwas von dem zu verstehen, was sie zwischen den Schluchzern herausbrachte.

„Ich habe Telemann verletzt, Renato!"

„Aber doch bestimmt nicht mit Absicht, hm?" Dabei streichelte er ihren Kopf unentwegt weiter und sprach mit zärtlicher Stimme, wie man das bei weinenden Kindern so machte.

„Natürlich nicht, aber ich bin schuld! Hat Lotte auch gesagt." Sie setzte sich auf und fing an, alles, was sie bedrückte, in selbstanklagender Weise vorzubringen.

Renato ließ ihr Zeit. Er setzte sich neben sie aufs Sofa und legte tröstend einen Arm um sie. Nach einer Weile hielt sie erschöpft inne, legte den Kopf auf seinen Schoß und fiel praktisch sofort in den Schlaf.

Das war Renato bis jetzt auch noch nicht passiert! Was sollte er denn jetzt machen? So sitzen bleiben, bis sie von alleine wieder aufwachte? Wahrscheinlich wusste Frau Uhland gar nicht, wo sie war? Irgendwie bizarr das Ganze.

Wie hatte er sich nach ihr verzehrt die letzten Tage, und nun war sie einfach in sein Leben spaziert und schlief auf seinem Sofa ein? Auf seinem Schoß? Alles lief anders mit Emily. Immer.

Verletzlich sah sie aus, wie sie so dalag. Renato betrachte sie liebevoll. Sie hatte sich entschieden, zu ihm zu kommen, als sie jemanden brauchte. Das musste doch bedeuten, dass sie auch etwas für ihn empfand!

Renato stand vorsichtig auf und legte eine Decke über sie. Zunächst einmal würde er Frau Uhland Bescheid geben, dass Emily bei ihm war, und sich nach Telemann erkundigen. Danach könnte er etwas kochen. Vielleicht würde sie dabei aufwachen.

Ein letztes Mal, ehe er hinausging, betrachtete er sie von oben. Emily sah zauberhaft aus, da auf seinem Sofa. Er lächelte noch immer, als er hinausging, um zu telefonieren.

Emily fuhr hoch! Im ersten Moment wusste sie nicht, wo sie war, aber dann fiel es ihr wieder ein: Sie war bei Renato! Ein Blick auf die Uhr beruhigte sie: Kaum mehr als eine halbe Stunde geschlafen. Das ging ja noch! Und sie fühlte sich frischer. Während sie flüchtig mit den Händen durch die Haare strich und sie mit dem Haargummi erneut in einen Pferdeschwanz zwängte, fiel ihr auch das andere wieder ein: ‚Mein Gott, Telemann!' Und: ‚Ich muss Lotte Bescheid sagen!'

Automatisch griff sie nach ihrem Handy, aber es war nicht da. Vielleicht hinuntergefallen? Sie wollte gerade danach suchen, als Renato hereinkam.

„Geht es dir besser, Emily?“, er stellte eine Schüssel auf den Tisch, aus der es verführerisch gut roch, und schaltete das Deckenlicht wieder ein.

„Ich wollte nicht, dass du in deinem Erholungsschlaf gestört wirst. Frau Uhland habe ich informiert. Telemann geht es gut.“

Da fiel sie ihm spontan um den Hals und drückte sich an ihn: „Ich bin so froh!“

Schnell ging sie wieder auf Abstand, denn die Berührung mit ihm hatte sie erschauern lassen. Jetzt stand sie da und musste sich beherrschen, um sich nicht einfach wieder zurück in seine Arme zu werfen.

Auch er war einen Schritt zurückgegangen und räusperte sich nun: „Ich habe für uns gekocht. Du sahst verhungert aus, komm also zum Tisch.“

Da nahm Emily überhaupt erst wahr, welchen Kohldampf sie hatte und wie gut es hier roch! „Stimmt, ich verhungere!“, gab sie ungeniert zu und setzte sich an den Tisch. „Aber sag, wie geht es Telemann wirklich?“ Sie ließ sich eine Portion Spaghetti al Gorgonzola auf den Teller schöpfen und begann zu essen – wie eine Verhungernde. Renato schenkte ihr etwas Wein ein und betrachtete sie mit Staunen. Wann hatte er je eine Frau in seiner Gegenwart so essen sehen?

„Ach ja, Telemann. Er wurde an der Schnauze genäht. Aber es sah anscheinend schlimmer aus als es war, denn das viele Rot auf seiner Schnauze war überwiegend Tomatensoße!"

Emily brach in befreites Lachen aus, wobei kurz ihre Zunge herausblitzte und schnell einen Rest Gorgonzola aufnahm.

Renato schaute fasziniert zu.

„Und Lotte? Denkst du, sie wird mir verzeihen?" Emily ließ die Gabel einen Moment in der Luft schweben und wartete ängstlich auf seine Antwort.

„Ich soll dir ausrichten, du sollst dich nicht wie ein Kind aufführen und auf der Stelle zurückkommen." Da entspannte sich Emilys Gesicht und sie aß mit ungebrochenem Appetit weiter.

„So ist Lotte! Immer forsch und unerbittlich, aber gleichzeitig die liebevollste und verständnisvollste Freundin, die man haben kann." Und mit einem erschrockenen Blick auf die Uhr: „So spät schon? Ich muss los."

Hastig wollte sie vom Stuhl aufstehen, aber Renato griff nach ihrer Hand: „Gar nichts musst du! Erst essen wir fertig. Oder willst du mich auf meinem Tiramisu sitzen lassen?" Seine Augen voller Schalk.

„Tiramisu? Das machst du absichtlich!" Sie sank mit einem übertriebenen Seufzer wieder auf den Stuhl zurück und lächelte ihm gleichzeitig schelmisch zu.

„Damit krieg ich sie alle, mia cara!“, dabei beugte er sich mit verschwörerischer Miene ganz nah zu ihr über den Tisch und senkte seine Stimme auf Grabesebene. Emily prustete und schlug spielerisch mit der Serviette nach ihm, der er aber geschickt auswich und ihr stattdessen einen flüchtigen Kuss raubte und danach in aller Seelenruhe mit einem Geschirrstapel in die Küche verschwand.

Das alles ging so schnell, dass Emily nicht richtig wusste, ob sie es sich eingebildet hatte, dass sich ihre Lippen berührt hatten. Zumal Renato in der Küche ganz harmlos anfing zu pfeifen. Wahrscheinlich nur Wunschdenken! Schnell griff sie sich den Rest des Geschirrs und folgte ihm in die Küche.

Ohne sein Pfeifen zu unterbrechen, reichte er ihr Teller und Löffel und folgte ihr mit dem Nachtisch ins Wohnzimmer. Das Tiramisu zerging auf der Zunge. Emily war hingerissen.

„Was kochst du morgen?“, fragte sie mit einem Augenaufschlag. Da brachen sie in schallendes Lachen aus.

Emily hätte nie gedacht, dass dieser Abend, der so voller Schmerz begonnen hatte, noch so ein schönes Ende haben könnte. Aber jetzt musste sie fort. Renato brachte sie zum Auto. Als sie die Wagentür aufgeschlossen und bereits die Tür geöffnet hatte, drehte sie sich zu ihm um.

Er stand genau hinter ihr und zog sie in seine Arme mit den Worten: „Das hatte ich den ganzen Abend schon tun wollen!“, und senkte dann seine

Lippen auf ihre. Der Kuss war zärtlich und sanft, aber Emily verlor beinahe sofort den Halt unter den Füßen. Renato hielt sie fest und sein Kuss wurde drängender. Aber da ließ er sie abrupt wieder los. Schwer atmend standen sie sich gegenüber.

Renato fing sich zuerst wieder: „Fahr los, Emily, und pass auf dich auf!"

Mit weichen Knien stieg Emily ein, winkte ihm noch einmal zu und fuhr los. Du meine Güte! So war sie ja noch nie geküsst worden. Emily horchte in sich hinein. Jedenfalls nicht in den letzten Jahren. Aber da war noch etwas: Es hatte sich so gut angefühlt, bei ihm zu sein. Irgendwie richtig. Und jetzt dieser Kuss! Emily konnte das Lächeln auf ihrem Gesicht gar nicht wieder abstellen.

Als sie zuhause ankam, wollte sie als Allererstes sofort Telemann sehen. Er lag nicht in seinem Körbchen. Da hörte sie Lotte aus ihrem Schlafzimmer rufen und ging hinein.

„Habe ich dich geweckt? Tut mir leid." Telemann, der neben Lottes Bett gelegen hatte, stand auf und begrüße sie freudig. Er sah so mitleiderregend mit seinem Verband auf der Schnauze aus, und Emily ging sofort auf die Knie und herzte und knuddelte ihn ausgiebig, wobei sie ihn mit zärtlichen Worten überschüttete.

Bis Lotte sagte: „So schlimm ist es nun auch wieder nicht. Er ist eben ein unverbesserlicher Fresssack, der Dicke! Wieso sonst hätte er es gewagt trotz scharfer Kante seiner Schnauze in eine zu enge Dose zu stecken?"

Emily streifte schnell ihre Schuhe ab und sprang auf die freie Seite des Bettes. Sie spürte, dass Lotte ihr verziehen hatte. Die Erleichterung darüber und die Fülle dessen, was sie heute erlebt hatte, schien sie zu überwältigen und löste einen ungeheuren Wortschwall bei ihr aus. Es sprudelte nur so aus ihr heraus, und Lotte hörte zu und unterbrach sie kaum. Telemann schlief längst schon wieder und knurrte nur ab und zu im Schlaf.

Irgendwann hatte Emily sich auf die Seite kippen lassen, ohne allerdings ihre Rede zu unterbrechen. Aber als es endlich so aussah, als hätte sie sich leergeredet, fiel sie einfach in den Schlaf.

Lotte stand auf, deckte sie zu und löschte das Licht.

Kapitel 23

Freitagmorgen, 7.30 Uhr. Renato betrat den langen Gang des Kommissariats, an dessen Ende sein Büro in aufgeräumter Stimmung lag. Er pfiff vor sich hin, nicht ahnend, dass hinter ihm der ein oder andere Kollege verwundert seinen Kopf durch die Tür steckte, um sich davon zu überzeugen, dass sie richtig vermutet hatten und es ihr Freund Ren war, der da eben pfeifend durch den Flur tänzelte. Röschen, die ihn von Weitem schon gehört hatte, drehte sich ihm entgegen, nahm die Lesebrille ab und wartete, bis er in Höhe ihres Schreibtisches angelangte.

„Ren, ist alles gut bei dir?“

„Röschen! Ich sage dir, man sollte jeden Tag mit einem Lied beginnen, findest du nicht auch? Habe einen wunderschönen Tag, mein Röschen!“, sprachs, drehte sich einmal im Kreis und verschwand dann mit einem bezaubernden Lächeln für sie in seinem Büro.

„Ach Gott, habt ihr das auch gehört?“, jammerte sie den herbeieilenden Kollegen zu, als sie bei ihrem Platz ankamen und nun um sie herumstanden, als wüsste sie etwas. Aber nein, sie war genauso ahnungslos wie seine Freunde. Und Röschen konnte gar nicht anders, sie hielt sich besorgt die Hand vor den Mund, als hätte das Unheil schon seinen Lauf genommen.

Die Kollegen, darunter auch Sven, sahen nicht entspannter aus als sie. „Er ist wieder verliebt!“, fasste Sven es in Worte, obwohl es ihnen allen schon längst klar war. Wann sonst wäre er pfeifend durchs Präsidium geschlendert?

Röschen gab zu bedenken: „Das letzte Mal hat es vier Monate gedauert, bis es vorbei war, und zwei Jahre, bis er aufgehört hat, darunter zu leiden. Das wünsch ich dem Ren nicht noch einmal! Nein! Und ihr wisst doch genau, wie er isch! Beruflich kann dem Ren keiner was vormachen, aber wenn so eine blonde Tuss daherkommt, merkt er gar nichts mehr.“

„Vielleicht sollten wir die Holde mal ein bisschen unter die Lupe nehmen, ehe er wieder im Netz zappelt?“

„’s wird kein Fehler sein! Also kümmert euch!“ Röschen wandte sich wieder ihren Aufgaben zu. Die Kollegen verschwanden in ihren Büros.

Felix sah auf, als Renato hereinkam. Er hatte das Pfeifen im Flur ebenfalls gehört. Nach der Begrüßung sagte er: „Chef, heute ist eine besondere Aura um Sie!“

„Das glaube ich gern, Felix! Mir geht es nämlich heute großartig.“

„Soll das etwa heißen, Sie hatten Ihr Date? Dann gratuliere ich, Chef.“

„Besser als ein Date, Felix!“

„Oh, entschuldigen Sie, Chef, ich wollte wirklich nicht indiskret sein.“ Felix wurde prompt wieder rot.

„Nicht, was Sie denken, Felix! Es gibt für einen Mann viele Stufen zwischen einem Date und, na – eben, zwischen einem Date. Besonders, wenn es einem zufällt. Aber jetzt zu unserem Fall. Was haben wir, Felix?“

„Phillip Glatt konnte noch nicht aufgefunden werden, Chef, sagt Anni. Er ist bei der Schwester seines Vaters, Marita Rebel, und ihrem Gatten, Joseph Rebel, in Bad Krotzingen aufgewachsen. Da ist er aber auch nicht. Es konnte bisher niemand mit dem Namen Phillip Rebel oder Phillip Glatt aufgefunden werden, Chef. Es scheint ihn einfach nicht zu geben!“

„Warum lebte der Junge denn bei seiner Tante?“

„Tragisch, Chef. Seine leibliche Mutter hatte Depressionen, schon vor dem Mord an ihrer Tochter, aber danach wurde es schlimmer. Sie nahm sich das Leben, als er zweieinhalb war. Der Vater, ein Schreiner, konnte sich nicht alleine um so ein kleines Kind kümmern, deshalb die Schwester, Chef.“

„Ist da jemand gewesen?“

„Ja, Chef. Das Ehepaar Rebel hat vor ein paar Monaten die Autowerkstatt verkauft und befindet sich derzeit auf einem Trip, dem Lebenstraum der Ehefrau, durch Australien, ist also momentan unerreichbar.“

„Es kommt mir so vor, als seien zurzeit auffällig viele Leute unterwegs und nicht erreichbar! Hm. Als hätten sie sich gegen uns verschworen.“

„Und wie sieht es mit dem dunkelblauen VW aus? Schon Übereinstimmungen mit unserer Liste, Felix?"

„Wir haben die in Frage kommenden Wagen schon auf 217 eingrenzen können. Aber wir sind noch nicht am Ende."

„Nehmen Sie auch noch die Halter mit dem Vornamen Phillip als Gruppe heraus und die – wie alt ist der Bruder von Melanie heute?"

„Der wird in diesem Jahr 22 Jahre alt. Ach so, ich verstehe. Wird erledigt, Chef."

Felix stand auf. Um sich weiter mit dem dunkelblauen VW zu beschäftigen, musste er zu den anderen Kollegen. Aber Renato, der schon den Telefonhörer in der Hand hielt, bedeutete ihm zu warten. „Wir fahren nachher zusammen in die Werkstatt der Rebels, Felix. Ich nehme Sie mit, wenn ich von oben runterkomme."

Danach erledigte er seine Telefonate und suchte Horst auf.

Wie immer trat er ohne anzuklopfen ein und rutschte gleich auf einen Stuhl: „Grüß dich, Horst."

„Ren! Jetzt habe ich mich vertippt, so erschreckt hast du mich! Klopf doch an, Mensch!", knurrte sein Freund Horst Baltes.

„Aber du wirkst so lebendig, wenn du dich aufregst, Horst, gar nicht wie einer, der den ganzen Tag am Schreibtisch sitzt und sich langweilt! Nur deshalb klopfe ich nicht. Weißt du doch!" Renato grinste so breit er konnte und verschränkte seine Arme lässig hinter dem Kopf, bis Horst wie immer aufgab und seufzte.

„Hast du die Zeitung schon gelesen, Ren?"

„Wozu denn, ich erfahre doch sowieso gleich von dir, was drinsteht."

„Jetzt mal im Ernst, Ren. Bei dem Artikel über den diffamierenden Brief beim Bürgermeister und die damit verbundenen Mutmaßungen über seinen Wahrheitsgehalt konnte ich mich beim LKA noch gut rausreden, obwohl ich mir da schon so Bemerkungen wie ‚Leck gegenüber der Presse' und ‚Weitergabe von Dienstgeheimnissen' anhören musste. Aber das da", und er schob Renato die Zeitung von heute hinüber, „das sieht nicht so unschuldig aus. Kannst du mir mal erklären, wie sowas an die Öffentlichkeit dringen kann, wenn wir dichthalten? Ich hatte schon mehrere Anrufe heute: Vom LKA, vom Bürgermeister, vom Polizeirat, und alle sind über mich hergefallen. Aus unterschiedlichen Gründen!"

Renato überflog den Aufmacher der Zeitung.

Polizei verschleiert Beziehungen zur pädophilen Szene

Wie wir aus unterrichteten Kreisen erfahren haben, versucht die Polizei im Falle des ermordeten Schulleiters in Grafenhausen am vergangenen Donnerstag die jahrelangen pädophilen Aktivitäten des in der Öffentlichkeit bislang untadelig dargestellten Mannes vor der Öffentlichkeit geheim zu halten.

„Du weißt doch, wie sowas läuft, Horst. Da hat sich jemand schnell etwas dazuverdient. Schwer zu sagen, wo das herkommt. Also für meine Leute lege ich die Hand ins Feuer. Aber die Witwe weiß auch Bescheid, wenn ich auch nicht glauben kann, dass sie an einem solchen Artikel Interesse hätte. Aber eine einzige unbedachte Bemerkung kann da schon reichen. Trotzdem: Ich geh dem nach. Vielleicht hat ja auch der Täter seine Hand im Spiel! Weiß man's? Haben die vom LKA denn eigentlich noch weitere Zugriffe machen können?“

„O ja, unser Verbindungsmann spricht von einem wahren Füllhorn an Ergebnissen, wenn man den Begriff überhaupt in dem Zusammenhang benutzen will.“

„Dann sollen die sich doch raushalten. Ohne uns hätten die nämlich gar nichts, oder zumindest nicht schon jetzt."

Horst Baltes hatte sich schon längst abreagiert. Er betrachtete Renato aus neugierigen Augen: „Wieso bist du überhaupt hier hochgekommen, Ren?"

„Horst, der Fall droht zu versanden. Ich habe ihn so deutlich vor Augen, und meine Intuition sagt mir, dass ich genau richtig liege, aber wo immer ich nachgreife, stehe ich vor einer Wand. Zeugen sind unerreichbar, Beweise verloren oder verbrannt, Namen nicht registriert. Es ist zum Haareausreißen! Ich habe momentan das Gefühl, als müssten wir die Akte bald schließen, ohne zu einem Ergebnis gekommen zu sein."

„So verfahren? Du weißt Ren, nicht mal du kannst alle Fälle lösen. Und wenn es also dazu kommt, wirst du von mir keine Kritik hören. Wir können sowieso nicht mehr allzu viel Zeit darauf verwenden. Eine Kostenfrage! Das weißt du doch. Sagen wir: Noch zwei Werktage und dann schließen wir den Fall. O.k.? Ach und übrigens, Ren. Der Haftrichter hat den Jäckle gehen lassen. Damit hast du bestimmt schon gerechnet, oder?"

Renato nickte und sprang vom Stuhl auf: „Dann will ich die Zeit mal nutzen! Danke, Horst."

Schon auf dem Sprung nach draußen hielt ihn Horst Baltes noch einmal auf, indem er um seinen Schreibtisch herumkam und Renato schnell eine Hand auf die Schulter legte: „Ren, geht es dir ansonsten gut? Ich höre, du pfeifst wieder?“ Horst Baltes kam ganz nahe an seinen Freund heran und schaute ihm forschend ins Gesicht.

„Wer bringt denn so einen Mist in Umlauf!“ Renato wollte sich an ihm vorbeidrücken, aber Horst Baltes verstärkte seinen Druck auf Renatos Schulter.

„Keiner bringt was in Umlauf, Ren. Deine Freunde machen sich Sorgen, das ist alles. Jeder in dieser Abteilung weiß doch, welch Stündlein geschlagen hat, wenn Renato Rupp pfeifend durch die Gänge schlendert! Hoffentlich ist es diesmal die Richtige, Ren! Wie auch immer, geh's vorsichtig an, hörst du? Du weißt, du hast nicht eben das glücklichste Händchen mit Frauen.“

„Sagt ausgerechnet der, der schon dreimal geschieden ist und die Namen seiner Kinder verwechselt!“, konterte Renato.

„Stimmt, aber ich habe zu all meinen drei Frauen eine geradezu herzliche Beziehung, das ist besser, als wenn wir noch verheiratet wären. Ich lebe in einer großen, glücklichen Familie. Und jetzt ab mit dir, ich habe zu tun.“

Renato blieb noch kurz stehen und schaute auf die verschlossene Tür, durch die Horst gerade gegangen war. Er konnte sich schon vorstellen, dass seine Kollegen in Sorge um ihn waren, nach seiner letzten heftigen Beziehungspleite und seiner Unfähigkeit, sich daraus rasch wieder zu erholen. Aber bei Emily bestand diese Gefahr nicht. Da war er sich sicher. Schon beim Gedanken an sie wurde sein Gesicht weich.

Nicht jetzt, Renato, du hast zu tun, ermahnte er sich selbst und ging zurück.

Mit zügigen Schritten und bewusst, ohne auch nur einen Ton zu pfeifen, spazierte er geradewegs auf einen der Teamräume zu, von denen es in jedem Stockwerk mehrere gab, und ließ dabei seine Stimme durch den Flur erschallen: „In fünf Minuten Team 5. Alle. Du auch, Röschen!"

So lange brauchten sie gar nicht. Es war die Neugierde, die sie trieb, denn alle hofften auf einen entscheidenden Hinweis, der sie dem Ziel näherbringen würde.

Als alle saßen, begann Renato: „Der Fall droht uns zu entgleiten, das wissen wir alle. Und das nur, weil die üblichen Raster nicht zu greifen scheinen oder weil uns zufällige Umstände hindern, klare Beweise in unsere Hände zu kriegen. Ich bin genauso genervt wie ihr, glaubt mir das. Aber ich bitte euch, noch zwei Tage, also bis Montag, nicht locker zu lassen, sonst wird die Akte geschlossen. Das habe ich gerade bei Horst erfahren. Du, Sven, machst denen in unserer Asservatenkammer noch einmal persönlich Dampf. Wer ist an dem verschollenen Bruder dran?"

Anni meldete sich.

„Dann machst du mit wem da weiter?"

„Mit Volker."

„Okay. Und du Samuel, kannst du mit Sven an den Autos bleiben?"

„Klar."

„Röschen, kannst du dann ein paar Telefonate für Sven und Samuel übernehmen? Und als kleinen Motivationsschub: eine Runde."

Als alle erfreut johlten, unterbrach Renato wieder: „Natürlich nicht umsonst, Leute, ihr kennt mich doch! Ab sofort ist das komplette freie Wochenende gestrichen. Jeder hält sich bereit! Haben das alle gehört?"

Gelangweiltes Nicken, sie hatten mit nichts anderem gerechnet.

„Außerdem", Renato hüstelte, jetzt doch ein bisschen verlegen, „eure Sorge um mich berührt mich. Ähm. Aber ich denke, sie wird nicht nötig sein. Ähm. Manchmal findet auch ein blindes Huhn ein Korn, wie man so schön sagt. Und ich glaube, ich habe soeben eine ganze Ähre gefunden. Das war's. Felix, kommen Sie? Und alle anderen: Auf geht's, Freunde! Wir haben einen Mörder einzufangen!"

Die erste Station war Bad Krotzingen. Nach den Angaben, die Felix hatte, handelte es sich um eine Werkstatt mit einer Esso-Tankstelle, wo sie hinwollten.

Sie parkten unmittelbar vor der Werkstatt und fragten sich nach dem Besitzer durch. Bald schon kam ihnen ein Mann Mitte dreißig in einer grauen ölverschmierten Latzhose mit fragendem Gesicht entgegen.

„Ralf Rendler“, stellte er sich zögernd vor und schüttelte den Besuchern die Hand, ohne sich auf deren Namen zu konzentrieren, sondern vielmehr darauf, was die Polizei denn von ihm wollen könnte. Die Sache war schnell geklärt. Nein, er kenne den Sohn des vorherigen Besitzers nicht. Der habe bereits beim Verkauf schon nicht mehr daheim gewohnt. Student eben. Und nochmals nein, er habe sich auch nicht dafür interessiert, was der Junior denn studiere. Aber wenn es ihnen um den Phillip Glatt ginge, sollten sie besser mit dem Kollegen reden, der schon früher hier gearbeitet habe und den er übernommen habe.

„Rudi!“, rief er nach hinten, „komm doch einmal her. Dein Typ ist gefragt.“ Und zu den beiden Ermittlern: „Mich entschuldigen Sie bitte. Ich muss weiterarbeiten.“

Der herbeigerufene Rudi wusste dann schon mehr. Sie erfuhren, dass Phillip sich immer gerne in der Werkstatt aufgehalten habe, sehr zur Freude seines Onkels. Obendrein, dass er handwerklich sehr geschickt gewesen sein musste. Und dass der Onkel davon ausgegangen sei, dass sein Neffe einmal in seine Fußstapfen treten würde. Wozu es aber dann nicht kam, weil der Neffe studieren wollte und wegzog. Das Verhältnis zwischen den beiden hatte sich danach merklich abgekühlt, Besuche des Neffen gab es selten. Bis sie ganz ausfielen. Die

Frage nach der Studienadresse konnte von Rudi nicht beantwortet werden.

In Staufen erwartete sie eine Überraschung: Es hatte im historischen Rathaus über Nacht gebrannt. Die Polizei war noch vor Ort. Renato erkannte Lukas Volk, mit dem sie auf dem Revier gesprochen hatten. Er war gerade im Begriff, das Gebäude zu verlassen, als er die Freiburger Kollegen bemerkte. Mit ausgestreckter Hand kam er auf sie zu.

„Ich hätte nicht geglaubt, dass wir uns so schnell wiedersehen. Kollege Rupp, Kollege Rabenstein."

„Oder wenigstens nicht unter solchen Umständen. Was ist denn passiert?"

„Der Super-GAU ist passiert! Der Brandstifter hat sich von hinten her Eingang verschafft und gezielt in einem Raum Feuer gelegt. In dem Raum ist nichts mehr zu retten. Komplett ausgebrannt. Eine Katastrophe! Dabei haben wir noch Glück im Unglück: Die Feuerwehr war fünf Minuten nach dem Alarm an Ort und Stelle und hat den Brandherd isoliert. Ich will mir gar nicht ausmalen, wie es sonst hier ausgesehen hätte!"

„Um welche Zeit schlug der Alarm an?", fragte Felix.

„Genau um 0.07 Uhr war das."

„Herr Volk, sagen Sie, der Brandherd lag nicht zufällig im Einwohnermeldeamt, oder?"

„Wie können Sie das wissen? Ganz genau da lag der Brandherd!" Lukas Volk riss die Augen auf und sah Renato danach eher misstrauisch an.

„Wissen Sie etwas darüber?"

„Wissen tu ich nichts! Aber immer, wenn ich in Staufen eine Spur in meinem Fall verfolge, werde ich durch Feuer daran gehindert. Ist doch merkwürdig, oder glauben Sie noch an Zufälle?"

„Sie meinen, die Brandstiftung könnte mit Ihrem Fall zusammenhängen?"

„Da bin ich mir ziemlich sicher! Und deshalb brauche ich alle Berichte der Untersuchungen im Zusammenhang mit dieser Brandstiftung so schnell wie möglich auf meinem Tisch. Sie sind doch der Ermittlungsleiter in dieser Sache hier, oder täusche ich mich, Herr Volk?"

„Nein, Sie täuschen sich nicht. Die Staatsanwaltschaft hat die Ermittlungen aufgenommen und mich mit den Ermittlungsaufgaben betraut. Die Kriminaltechnik hat aber noch kein endgültiges Ergebnis. Die Befragung der Anwohner läuft bereits. Weiter sind wir noch nicht. Aber ich schicke Ihnen gerne Kopien der laufenden Ermittlungen zu, und wenn Sie uns durch eine Verbindung in Ihrem Fall zu unserem Brandstifter führen: Umso besser!"

Renato und Felix hatten genug gesehen und fuhren nach Freiburg zurück. Der Mörder hatte sich seiner Identifikation gründlich entzogen!

Kapitel 24

Er fröstelte. Gut dass er sich noch eine Weile in den dicken dunkelbraunen Mantel seines Vaters einhüllen konnte, den er gebraucht hatte, damit er auf seinem Weg hierher durch Ettenheim in unförmiger Kleidung und Schlapphut allenfalls für einen Obdachlosen in Erinnerung bleiben würde, der viele Plastiktüten mit sich herumschleifte. Er war aber niemandem begegnet. Vor vier Uhr früh war es in Ettenheims Gassen dunkel und ruhig. Damit hatte er gerechnet.

In Fehrenbachs Gartenhäuschen, das wie erwartet voller Gartenmöbel stand und unverschlossen war, hatte er sich zunächst um den Sitz seiner Perücke gekümmert, aber der Schlapphut hatte nichts verschoben, wie er in seinem Handspiegel erleichtert feststellen konnte. Der Mörder war mit seinem Aussehen zufrieden. Besonders mit den Augenbrauen. Er setzte sich die Brille mit dem markanten Rahmen auf. Sie war nur leicht getönt. Genug, dass man die Augenfarbe verbergen konnte.

Aus einer der Tüten fischte er den noch zusammengefalteten Postkarton Größe XL heraus. Im Nu hatte er eine geräumige Schachtel hergestellt, in der nun sämtliche Tüten und auch der Schlapphut Platz fanden. Den Mantel würde er später zusammenrollen und auch dazulegen.

Mit dem Basecap auf dem Kopf, dem gelben Anorak mit hochgeschlossenem Reißverschluss, seiner Jeans und den braunen Sneakern an den Füßen konnte er gut als Paketbote durchgehen. Falls er überhaupt von jemandem gesehen wurde, was eher nicht der Fall sein würde.

Im Saal war eine Sackgasse mit wenigen Personen in prächtigen Häusern. Die Anwohner würden sie zügig verlassen, da sie zur Arbeit mussten. Das wäre dann der Augenblick, auf den er gehofft hatte.

Nun saß er auf einem Gartenstuhl und wartete. An Geduld mangelte es ihm nicht.

Er war bereit und fest entschlossen.

Zwischen fünf und sechs Uhr erwachte die Stadt. Vereinzelt gingen Lichter an. Auch in der Straße Im Saal kam Bewegung auf. Ein Hund wurde Gassi geführt. Man konnte Schritte hören. Dann Autotüren. Das erste Auto fuhr weg. Noch mehr Lichter. Auch im Haus der Fehrenbachs, das er im Blick hatte.

Noch mehr Autos. Das Gebell eines Hundes. Weitere Autotüren.

Jetzt war er hochkonzentriert. Seinen Mantel hatte er in das Paket getan. Den Karton verschlossen.

Er konnte in den Wohnbereich hineinsehen, wenn er die Gartentür einen Spalt öffnete. Außerdem hatte er vorsorglich ein Fernglas dabei. Das Bild war scharf, und allmählich wurde es heller. Noch war es aber zu früh.

Jetzt durfte er keinen Fehler machen! Frau Fehrenbach ging mehrmals durch den Wohnraum. Michael Fehrenbach war nicht so leicht auszumachen. Vielleicht noch in seinem Zimmer. Hoffentlich würde er ihn nicht verpassen!

Schon kurz vor sieben Uhr. Inzwischen waren die meisten Anwohner unterwegs.

Da! Der Sohn des Hauses war jetzt deutlich zu erkennen. Er stellte eine Reisetasche ab und verschwand wieder aus dem Sichtfeld. Vielleicht Frühstück in der Küche? Das war von hier aus natürlich nicht zu erkennen. Ohne Tasche würde Michael Fehrenbach sicher nicht das Haus verlassen. Dann wäre er wieder im Fokus.

Kurz vor halb acht tauchte er wieder auf. Seine Mutter kam nach. Sie umarmte ihn und ging mit ihm außer Sichtweite.

Das war der Moment, auf den er gewartet hatte. In gebückter Haltung, obwohl der Garten gar nicht von außen einsehbar war, rannte er über den Rasen und kauerte sich seitlich neben der Gartenpforte hinter die Hecke. Michael kam zur Vordertür heraus. Das Auto hatte keinen Platz mehr in der komfortablen Garage. Es stand vor dem Haus. Michael stieg ein und fuhr weg.

Im nächsten Moment, als er sich davon überzeugt hatte, dass niemand zu sehen war, huschte der Mörder durch die Gartenpforte und ging ohne Hast zur Tür, das Postpaket auf der Schulter.

Während er läutete, nahm er in der behandschuhten Hand den Elektroschocker aus der Tasche. Und danach war alles so einfach. Im Nu lag Kathi bewusstlos hinter der wieder verschlossenen Tür. Mit Plastikbändern an Füßen und Händen gefesselt, den Mund verklebt.

Der Mörder atmete schwer, bis er sie hinauf ins Schlafzimmer geschleift hatte. Zusätzlich band er sie jetzt noch am Fußende des Bettgestells fest.

Ehe sie wieder zu sich kam, hatte er alles zusammengetragen und bereitgestellt, was er benötigen würde, wenn sie wieder zu sich kam. Es konnte nicht mehr lange dauern.

Als Kathi die Augen aufschlug, hielt er ihr sein Messer an die Kehle und drohte: „Ein Ton und du bist tot! Nicke, wenn du das verstanden hast!"

Sie nickte und atmete schnell.

„Willst du am Leben bleiben?"

Heftiges Atmen von Kathi.

„Dann nehme ich dir jetzt das Klebeband ab. Gib aber einen Ton von dir und ich schneide dir die Kehle durch! Hast du das verstanden?"

Panisches Nicken.

Nun riss der Mörder ihr mit einem Ruck den Klebestreifen ab, und Kathi kniff reflexartig die Lippen fest zusammen. Teils, weil sie schmerzten, teils weil sie Angst hatte, dass ihnen ein Ton entwischte.

„Gut!", sagte der Mörder, ohne sie einen Augenblick aus den Augen zu lassen, „Jetzt können wir uns unterhalten, Kathi Fehrenbach. Die Regel lautet: Du sprichst nur, wenn ich dich dazu auffordere. Hast du verstanden? Antworte!“

„Ja“, brachte Kathi kläglich heraus.

„Ich habe dich gesehen, als du deinen Mann erschlagen hast, Kathi. Ich möchte, dass du es zugibst. Sag es!“

„Es stimmt. Ich habe ihm mit dem Pokal auf den Kopf geschlagen.“ Kathi weinte jetzt. „Aber er war nicht tot.“

Der Mörder war jetzt ungehalten. „Hör sofort mit dem Gejammere auf, sonst …!“ Wütend drückte er ihr das Messer erneut an die Kehle und fauchte: „Du wolltest ihn umbringen! Leugne nicht!“

In Kathis Körperhaltung vollzog sich eine jähe Veränderung. Sie richtete sich auf, soweit es ihre Fesseln zuließen, reckte das Kinn, wirkte entschlossen, trotzig.

„Ja, ich wollte, dass er tot ist, das Schwein! Er hat es nicht einmal für nötig empfunden, von seinem Stuhl aufzustehen, als ich in sein Büro kam. Ich war ihm nichts wert! Und als ich ihm das Nacktfoto von dem Mädchen mit dem roten Schal vorhielt und ihn zur Rede stellen wollte, hat er meine Hand verächtlich weggewischt und mich angeherrscht, ich solle ihm nicht mit solchen Nuttenbildern die Zeit stehlen, wo ich doch zu nichts anderem fähig sei, als eine Schwuchtel großzuziehen! Und da habe ich ihm mit Wonne eines übern Schädel gezogen! Jawohl, mit Wonne! Das hätte ich schon viel früher machen sollen, wenn Sie's genau wissen wollen. Und jetzt machen Sie mich los!" Die letzten Worte schleuderte sie ihm entgegen.

„Nicht so schnell, Kathi. Und beruhige dich. Du bist noch immer in meiner Gewalt und glaube mir, dich zu töten macht mir nichts aus! Ich habe schon einmal getötet."

Kathi sank wieder mehr in sich zusammen, aber sie behielt die Fassung.

„Du hast Recht, dein Mann hat den Tod verdient. Er hat dieses Mädchen, das da auf deinem Bild ist, missbraucht und dann wie Dreck weggeworfen. Hör zu!" Der Mörder nahm eine Art Schulheft, das er schon bereithielt, und begann zu lesen:

„‚Jürgen, mein Geliebter! Jede Sekunde, in der ich nicht bei dir bin, sehne ich mich nach dir. Ich habe nicht gewusst, dass Liebe so schön sein kann. Du hast mich ausgewählt! Und du hättest alle haben können. Ich muss mich beherrschen, nicht mit meinem Glück vor den anderen herauszuplatzen, so stolz bin ich! Aber ich weiß ja, wir dürfen uns eigentlich nicht lieben: Du mein schöner junger Referendar und ich deine viel zu junge Schülerin! Als ob uns das hindern könnte. Trotzdem hast du mich gewarnt: Wenn auch nur einer etwas erfährt, bist du weg. Mein Süßer, keine Sorge, ich bin verschwiegen, ich liebe dich so sehr. Die paar Tage bis zu den Sommerferien halte ich noch durch, und dann werden wir zusammen wegfahren und sowieso für immer zusammen sein. Du hast es mir ins Ohr geflüstert, als ich dir gestand, dass wir ein Baby bekommen werden! Oh Gott, Jürgen, ich hatte mich davor gefürchtet, wie du reagieren würdest! Aber du liebst mich so, wie ich dich liebe, und hast dich gefreut. Wir werden ein glückliches Leben haben, du, ich und das Baby. Ich werde dir meine Liebe beweisen, wenn wir uns heute Nacht wieder an der Schlossruine treffen, mein Süßer. Du wirst nicht enttäuscht sein!'"

Kathi hatte trotz ihrer misslichen Lage fassungslos zugehört.

Der Mörder sprach mit emotionsloser Stimme weiter: „Am selben Abend, nachdem das Mädchen diesen Tagebucheintrag gemacht und das Buch sehr sorgfältig versteckt hatte, wurde es beim heimlichen Treffen mit Jürgen Fehrenbach mit dem roten Schal erwürgt. Er wurde nie zur Rechenschaft dafür gezogen. Die Familie des Mädchens brach unter dem Leid über Melanies Tod zusammen: Nach sechs Monaten starb die schwermütige Mutter, der erst zweijährige Bruder wurde zu einer Tante gegeben, weil der Vater sich nicht kümmern konnte. Ist das richtig, frage ich dich?" Jetzt war die Stimme des Mörders kalt und schneidend.

„Es tut mir so leid!", jammerte Kathi, nun wieder ängstlich.

„Es tut dir leid? Das reicht aber nicht. Ich erwarte mehr von dir, hörst du, Kathi Fehrenbach! Diese Familie hat schon genug gelitten und jetzt ist deine

Familie dran!“ Der Mörder war bei den letzten Worten ihrem Gesicht ganz nahe gekommen.

„Was kann ich denn machen? Ich mache alles, wirklich!“, versuchte sie ihn zu beschwichtigen und fing an zu zittern.

„Dann beweise es und ich lasse dich leben!“

Kathi hätte alles versprochen.

Der Mörder verlangte von ihr, dass sie die Schuld am Tode ihres Mannes vollständig auf sich nehmen sollte. In einer Videobotschaft sollte sie gestehen, dass sie zunächst zugeschlagen und als sie bemerkte, dass er noch atmete, ihn mit dem mitgebrachten roten Schal erdrosselt habe. Aus Zorn. Er versicherte ihr, dass man ihren Zorn verstehen würde. Und sie könnte damit etwas wiedergutmachen, was ihr Mann der Familie mit dem Mädchen angetan hätte! Eine Wahl ließ er ihr nicht: Entweder Geständnis oder Tod! Das überzeugte sie.

Sie brauchten nur zwei Versuche. Kathi war so überzeugend auf ihrem Video, dass sie beinahe schon selbst daran glaubte, ganz alleine am Tod ihres Mannes die Schuld zu tragen.

Der Mörder lobte sie über alle Maßen, und Kathi fühlte sich geschmeichelt. Nun wollte er mit ihr anstoßen. Er hatte den Kognak schon in den Gläsern vorbereitet.

Glücklich, dass sich doch noch alles zum Guten wendete, und weil sie jetzt tatsächlich etwas Starkes gebrauchen konnte, trank Kathi ihr Glas in einem Zug leer. Der Kognak war nicht nur scharf, sondern irgendwie auch bitter. Kathi verzog angewidert ihr Gesicht und beklagte sich.

Der Mörder bot ihr Saft zum Nachspülen an. Sie griff gierig danach, aber Erleichterung brachte er nicht.

Der letzte Gedanke, den sie hatte, ehe ihre Sinne schwanden, war, dass er ihr doch versprochen hatte, sie am Leben zu lassen! Dann nichts mehr.

Der Mörder beugte sich über sie, um ihren Puls zu prüfen, und raunte ihr zu: „Es tut mir wirklich leid, ich hatte dir versprochen, dich leben zu lassen, aber Mördern darf man nie glauben! Sie lügen! Hast du das denn nicht gewusst?"

Kapitel 25

In der Wohnung von Renato war es dunkel. Emily lag in seinem Arm und lächelte im Schlaf. Renato war hellwach. Er wollte keinen Augenblick von dieser Nacht versäumen. Sie hatten sich ursprünglich zu einem gemeinsamen Kinobesuch bei ihm treffen wollen, aber der war schnell vergessen, als Emily ihn einfach küsste!

Die Begierde hatte sie hinweggeschwemmt, und nachdem sie sich die Kleider vom Leib gerissen, sich aufs Bett geworfen und sich heftig geliebt hatten, waren sie ermattet nebeneinander gelegen und hatten geredet. Lange.

Später hatten sie sich beim Lieben viel Zeit gelassen und sich den Zärtlichkeiten des anderen so hingegeben, bis sie sich in heftiger Leidenschaft ineinander verloren.

Emily war danach sofort in den Schlaf gefallen. Unglaublich, diese Frau! Sie konnte in jeder Situation einfach einschlafen!

Renato strich ihr sanft die Haare aus dem Gesicht und kuschelte sich an sie. Es war eben alles ganz natürlich mit Emily: Essen, schlafen, miteinander umgehen, lieben. Sie kannte kein Verstellen. Sie war durch und durch authentisch.

Renato gestand sich ein, dass er sich verliebt hatte. Aber es war anders als all die Male zuvor. Irgendwie selbstverständlicher.

Renato schloss die Augen, Emily ging ja nicht weg. Das war überhaupt der beste Gedanke! Er kuschelte sich an ihren Nacken und sog ihren Duft ein. Nur einen Moment schlafen.

Sein Handy! Blitzschnell war er aus dem Bett und aus der Tür, damit Emily nicht geweckt wurde.

„Rupp."

„Chef, ich hoffe, ich habe Sie nicht geweckt, aber wir haben einen brennenden VW in Freiamt. Dachte, das wollen Sie sofort erfahren."

„Felix, was machen Sie denn um die Uhrzeit im Präsidium?" Renato stand schon mit einem Bein in seiner Hose.

„Ich helfe Sven, er hat doch Bereitschaft."

„Danke, Felix, ich bin in 20 Minuten da."

„Chef, da ist noch was."

„Was denn noch?", aus den Augenwinkeln sah er Emily völlig nackt am Türrahmen stehen.

„Frau Fehrenbach wird vermisst. Ihr Sohn hat schon jeden angerufen."

„Gut, Felix, schicken Sie eine Streife an ihr Wohnhaus, aber niemand soll reingehen. Klar?"

„Klar, Chef. Ich stehe unten am Eingang, Chef."

Renato, der nun auch schon im zweiten Hosenbein steckte, zog seinen Reißverschluss hoch, ging zu Emily, küsste sie auf die Wange und sagte: „Geh wieder ins Bett Emily. Ich muss nach Ettenheim. Kathi wird vermisst."

„Da komme ich mit! Eine Minute und ich bin so weit“, rief sie und suchte blitzschnell ihre Kleidungsstücke zusammen.

„Das ist jetzt nicht so gut, ich bin dienstlich unterwegs, Emily.“

„Wenn Kathi vermisst wird, braucht Lotte mich jetzt und dein Wagen ist doch schneller. Also los!“ Emily stand schon an der Tür. Dass sie das Shirt linksherum anhatte, war ihr wohl entgangen.

Renato seufzte und gab nach. „Also los. Du musst aber hinten einsteigen, wir holen Felix noch ab.“

Als Felix zustieg und Emily sah, machte er keine weitere Bemerkung darüber. Er grinste nicht einmal.

Im Saal wartete schon ein Streifenwagen. Vor Kathis Haus. Emily verschwand ohne Aufsehen aus Renatos Wagen und begab sich zu Lotte, die vor ihrer Tür stand und wortlos einen Arm um Emilys Schulter legte. Nun schauten sie zu zweit hinüber. Renato und Felix verschwanden im stockdunklen Innern, nachdem sie sich mit Lottes Ersatzschlüssel Zugang verschafft hatten. Licht wurde eingeschaltet. Dann auch in der oberen Etage. Lotte und Emily drückten sich aneinander.

Renato erschien wieder am Eingang und erteilte einige Befehle, wonach die Kollegen sofort mit der Absperrung begannen. Dann kam er zu ihnen herüber. Er sah mitgenommen aus.

„Ich habe nach einem Krankenwagen geschickt, aber es ist aussichtslos. Frau Fehrenbach ist tot. Es sieht nach Tabletten und Alkohol aus. Mehr darf ich jetzt nicht sagen."

Lotte unterdrückte ihren Aufschrei und hielt sich die Hand vor den Mund. Emily bedeutete ihm zu gehen. Sie stützte Lotte, bis sie im Innern eine Sitzgelegenheit erreicht hatten.

Lotte weinte hemmungslos und Emily ließ es zu, ohne etwas dazu zu sagen, ließ sie aber dabei nicht los. Danach kamen die Selbstvorwürfe. Auch dabei unterbrach Emily sie erst einmal nicht, sondern hatte sie einfach nur weiter im Arm.

Endlich beruhigte sie sich und stand auf. Ganz die toughe Lotte. Sie erklärte: „Ich muss Michael anrufen."

„Nein, Lotte, das ist jetzt Sache der Polizei. Du kannst nichts tun, und der Krankenwagen kommt jetzt gerade erst angefahren."

Beide standen am Fenster und sahen hinüber. Wie schon einmal. Warteten, obwohl sie genau wussten, was sie zu sehen bekommen würden. Dennoch, als die Sanitäter ohne Bahre aus dem Haus kamen und der Krankenwagen wieder wegfuhr, wussten sie, dass jede Hilfe zu spät war und die Polizei nun auf das Eintreffen des Pathologen wartete. Das traf sie erneut wie ein Schlag. Kathi war tot!

Gegen Morgen waren Renato und Felix wieder zurück in ihrem Büro. Keiner von beiden hätte jetzt schlafen mögen. Zu heftig waren die Ereignisse der letzten Stunden gewesen.

Renato machte Kaffee, und selbst Felix ließ sich nicht zweimal bitten. Er sah gerädert und um Jahre gealtert aus. Renato würde ihn gleich nachher nach Hause schicken, aber erst wollte er ihm noch ein wenig Zeit gönnen, um wieder runterzukommen.

Der Tod von Frau Fehrenbach wies in eine ganz andere Richtung. Sie hatte auf ihrem Handy ein Video mit ihrem Geständnis hinterlassen. Dabei nahm sie die Tat als Ganzes auf sich. Den roten Schal, dem sie bisher vergeblich nachgejagt waren, hatte sie neben sich liegen.

Kathi Fehrenbach hatte wohl dem Druck nicht länger standgehalten und einen erneuten Selbstmordversuch mit einem tödlichen Cocktail aus Kognak und Tabletten versucht. Und diesmal war sie erfolgreich.

Bernd Meisner hatte nach dem ersten kurzen Augenschein einen Selbstmord für möglich gehalten, obwohl er natürlich wie immer erst nach der Obduktion Endgültiges sagen konnte.

Die Obduktion wollte er morgen Vormittag vornehmen, obwohl es dann Samstag war. Als Renato widersprechen wollte, hatte er mit einem Augenzwinkern „Verwandtenbesuch!" gemurmelt und dabei gegrinst.

Horst würde zufrieden sein mit so einem Geständnis, und Renato fehlten weitere Argumente gegen die Schließung dieses Falles. Außer natürlich, wenn bei der Obduktion doch noch etwas gegen einen Selbstmord sprach. Aber im Moment sah es einfach nicht so aus. Auch wenn es ihm widerstrebte, daran zu glauben. Das Auffinden des ausgebrannten VW wies zwar in die andere Richtung, aber da waren sämtliche Spuren, die hätten weiterhelfen können, nun auch getilgt.

Also abgeschlossen der Fall? Wahrscheinlich.

Sein Bauchgefühl sagte etwas anderes.

Aber jetzt war es Zeit für ein paar Stunden Schlaf. Vor allem bei Felix. Deshalb sagte er: „Felix, Sie gehen jetzt nach Hause und kommen nicht vor Montag wieder! Haben wir uns verstanden?"

Felix war so müde, dass er nicht einmal den Versuch machte zu widersprechen.

Renato hatte geschlafen wie ein Stein. Jetzt, nachdem er gut gefrühstückt hatte, war er bester Laune. Beschwingten Schrittes und ein Lied vor sich hin pfeifend betrat er die Räume der Pathologie.

Heute, am Samstag, war nicht viel los hier unten. Der starke Hall, dem man hier ausgesetzt war, verleidete ihm das Pfeifen, und Renato stellte es ein.

Bernd Meisner saß unweit der zurechtgelegten Leiche, trank Kaffee aus einem Thermobecher und machte offenbar gerade eine kurze Pause. Unvorstellbar für Renato, wie man sich in dieser Umgebung entspannen konnte! Er schüttelte sich innerlich. Wahrscheinlich musste man Pathologe sein, um dies zu verstehen.

Er schlug einen großen Bogen um die Leiche, zog sich einen Stuhl heran und setzte sich zu seinem

Freund: „Grüß dich Bernd. Deine Geruchsnerven heute daheimgelassen?"

„Hallo, Ren, ganz im Gegenteil. Ich verfüge mittlerweile über ein hochsensibles Zu- und Abschaltesystem, was dies betrifft. Ich kann dir ein kostenloses Training dazu anbieten!"

„Du, echt nicht!"

Sie lachten.

„Wo bleibt denn Eure Adligkeit?"

„Du, dem Felix musste ich jetzt mal eine Auszeit verpassen. Der klappt mir sonst noch zusammen."

„Doch so ein zartes Pflänzchen?"

„Nein, eher das Gegenteil. Einer, der sich reinhängt, ohne Rücksicht auf sich selbst."

„Dann scheint er ja gut zu dir zu passen, Ren!"

„Du hast Recht. Ich will mal mit Horst darüber reden, dass er ihn sich rechtzeitig sichert."

Bernd, der in aller Ruhe sein Frühstück beendet hatte, räumte die Reste wieder in seine Tasche, wusch sich die Hände und trat mit Renato an den Tisch der obduzierten Kathi Fehrenbach. „Wie ich schon am Tatort vermutet habe, ist diese Frau an den Folgen des Tablettencocktails verstorben. Die Menge, die sie intus hatte, hätte für mehrere Personen ausgereicht. Sie wollte also auf Nummer sichergehen. Außerdem war es nicht nur eine Sorte Tabletten. Wahrscheinlich hat sie von allem zusammengemischt, was in ihrem Medizinschrank vorhanden war. Die genaue Aufstellung kannst du in meinem Bericht nachlesen. Der Alkoholpegel war nicht so hoch, wie ich erwartet hätte bei einer Frau, die Selbstmord begehen will. Nur 0,8 Promille. Allerdings war sie ansonsten nüchtern, sodass auch die geringe Alkoholzufuhr in Verbindung mit den vielen Tabletten zu einer raschen Betäubung und danach in den Tod geführt hat. Äußere Gewaltanwendung konnte ich keine ausmachen. Das Einzige, was ich gefunden habe, ist hier." Bernd Meiser winkte Renato an seine Seite und zeigte ihm eine Stelle am rechten Handgelenk. „Siehst du? Da hat sie eine kleine Verletzung, nur einen Zentimeter lang. Es könnte ein Schnitt sein. Allerdings an einer ungewöhnlichen Stelle, an der Daumenwurzel. Die hat sie sich etwa zwei Stunden vor ihrem Tod zugezogen. Das ist das einzig Sonderbare, das zu finden war, Ren. Und ich denke, das können wir außer Acht lassen. Ich habe also den Selbstmord bestätigt."

Renato seufzte. „Wenn du es sagst, ist es so. Ich weiß. Aber mir fällt es noch schwer, an diese Lösung des Falls zu glauben. Ich danke dir, Bernd. Wir müssen unbedingt mal wieder was zusammen machen, finde ich. Ich ruf dich an, okay?"

„Genau meine Meinung, Ren! Aber vergiss es nicht!", rief der Pathologe ihm nach.

Renato fuhr ins Präsidium, um dort seinen Chef, Horst Baltes, persönlich über die Entwicklung des Falles in Kenntnis zu setzen. Wie erwartet, war der mehr als zufrieden, mit einem vollständigen Geständnis von Kathi Fehrenbach und ihrem eindeutigen Selbstmord den Fall abschließen zu können. Er würde am Montag eine abschließende Pressekonferenz halten und damit wäre die Sache erledigt.

Es half nichts, Renato musste sich fügen. Vielleicht dachte er diesmal einfach zu kompliziert. Oder er hatte doch etwas Wichtiges übersehen. Er ging in sein Büro und fing noch einmal ganz von vorne an.

Gegen 16 Uhr kam Felix dazu. Er hatte genug geschlafen, meinte er, und packte mehrere Käsebrötchen aus. Sie ließen sie sich schmecken, während sie nun gemeinsam vor der Wand standen und wieder und wieder alles durchgingen.

„Es war der Bruder! Es ist das einzig Logische in diesem Fall. Aber wir finden ihn einfach nicht."

„Ich sehe das genauso. Und er ist sehr intelligent. Sonst hätte er nicht auch diesen Selbstmord von Frau Fehrenbach vortäuschen können."

„Wenn wir vor der Pressekonferenz morgen nichts haben, wird der Fall geschlossen."

Später schlossen sich Sven und Anni auch noch an.

Aber es war hoffnungslos. Sie wussten, wie es gewesen war und wer der Täter war, aber sie konnten nichts beweisen.

Es waren genau diese Fälle, die den Ermittlern ihr Leben lang zu schaffen machten. Die Lösung auf dem Präsentierteller, aber ohne das letzte Detail. Pech.

Kapitel 26

Den ganzen Sonntag hatte Emily mit Lotte zugebracht. Zwischendurch hatte sich Lotte um einen völlig gebrochenen Michael gekümmert, der sich jetzt die allergrößten Vorwürfe machte. „Wäre ich nicht nach Freiburg gefahren … hätte ich die Tabletten nach dem letzten Versuch nur entfernt … hätte ich nur auf psychologischer Betreuung bestanden …“

Lotte gab ihr Bestes, aber sie wusste, dass dieser Junge lange Zeit brauchen würde, um sich von diesen Gedanken befreien zu können. Alleine wäre das fast nicht möglich. Und heute konnte sie nichts anderes für ihn tun als da zu sein.

Am Nachmittag holte ihn Kathis Schwester ab. Sie wollte sich um alles kümmern, auch um die Beerdigung. Michael sollte bis dahin bei ihr wohnen.

Danach lag Lotte lange auf dem Sofa. Sie wollte nichts. Sie brauchte nichts. Emily verstand und blieb in ihrer Nähe.

Von Renato nur zwei Textnachrichten. Sie hatten jetzt beide andere Aufgaben. Aber wundervoll, ihn im Hintergrund zu wissen!

Am Montag stand Lotte auf und ging wieder zur Schule. Tough, eben. Emily wusste, dass es gut für sie war.

Der Schulbetrieb musste am Laufen gehalten werden. Jede fehlende Kraft verursachte Unruhe und Schwierigkeiten. Das wusste Lotte doch. Fehlen ging nicht! Daher war sie froh, als Phillip sich zurückmeldete. Er versicherte ihr, jetzt sein Leben wieder im Griff zu haben und voll einsatzfähig zu sein.

Wenigstens eine positive Sache, dachte Lotte und versuchte, die übrigen Klassen, deren Lehrkräfte die momentan grassierende Grippe davon abgehalten hatte, ihren Unterricht zu halten, auf die noch gesunden Kollegen zu verteilen. So war es nun mal im Schulbetrieb.

Emily indessen musste heute mal Abstand gewinnen. Das Wochenende hatte sie durch extreme Gefühlslagen gejagt. Sie beschloss, mit Telemann einen Ausflug zu machen. Einfach mal raus. Genau!

Sie packte ihre Kamera ein, die sie viel zu selten benutzte, und hatte vor, für ein Stimmungsbild zu ihrem Buchkonzept noch ein paar Fotos schießen.

Schon als sie mit Telemann aus Ettenheim hinausfuhr, fühlte sie sich besser. Wer könnte sich diesem Bilderbuchwetter im April entziehen! Meistens war man im April ja nicht so vom Wetter verwöhnt, aber in diesem Jahr zeigte sich der Frühling von seiner lieblichsten Seite.

„Weißt du noch, als wir das letzte Mal nach Staufen gefahren sind, Telemann?“

Telemann saß aufrecht auf der Rückbank und legte den Kopf schief.

„Du erinnerst dich?"

„Wuff", blaffte Telemann und streckte sich der Länge nach aus. Er schien nicht darüber sprechen zu wollen.

Da schaltete Emily das Radio ein und ließ sich von Michael Wirbitzky und Sascha Zeus unterhalten. Die beiden waren einfach zu witzig.

Als sie am Friedhof in Staufen geparkt hatte und Telemann angeleint war, las sie auf der Friedhofsordnung am Eingang, dass Hunde nicht erlaubt seien. Mist!

„Telemann, du darfst nicht mit hinein. Was hältst du von einem Spaziergang stattdessen?"

Telemanns Schwanzwedeln war ihr Antwort genug. Emily genoss es auch. Der Weg führte sie durch angrenzende Wiesen, und wieder einmal wurde sich Emily bewusst, wie sie die Schwarzwaldlandschaft vermissen würde, wenn sie wieder nach Berlin zurückkehren sollte. Wollte sie das überhaupt? Irgendwann sicher, aber nicht jetzt. Das stand für sie fest.

Sie schoss viele Fotos von Telemann und der Umgebung. Dann ging sie mit Telemann zurück und ließ ihn im Wagen zurück. Damit war er gar nicht einverstanden. Er bellte hinter ihr her.

Emily besuchte Friedhöfe nie freiwillig. Und es blieb nie aus, dass sie dabei ein seltsames Gefühl beschlich, wenn sie es aus irgendeinem Grund dennoch tat, wie heute. Fast so, als wäre es eigentlich nicht angemessen, als Außenstehende auf geheimem Terrain einzudringen. Das war schon als Kind so bei ihr. Erschwerend kam jetzt noch dazu, dass sie nicht wusste, wo sie Melanies Grab suchen sollte. Allzu lange wollte sie sich nämlich auch wieder nicht auf einem Friedhof aufhalten.

Sie schaute sich um und sah eine alte Dame auf einer Friedhofsbank sitzen. Auch etwas, was ihr niemals einfallen würde! Vielleicht kannte die sich ja aus. Emily ging auf die Dame zu.

„Guten Morgen. Darf ich Sie vielleicht einen Moment stören und mich zu Ihnen setzen?"

Die Dame rückte ein wenig zur Seite und machte eine einladende Bewegung: „Natürlich, junge Frau. Sie stören mich überhaupt nicht! Im Gegenteil! Die Unterhaltung auf einem Friedhof ist doch auf Dauer recht einseitig." Die Dame lacht verschmitzt und Emily starrte fasziniert auf ihr über und über mit Falten überzogenes Gesicht, aus dem zwei warme Augen herausblitzten. Dieses alte Gesicht war schön.

„Wollen Sie jemanden besuchen? Einen Verwandten? Gesehen habe ich Sie hier noch nie!" Die alte Frau schaute Emily neugierig an.

„Ja, ich möchte tatsächlich ein bestimmtes Grab besuchen. Aber verwandt bin ich nicht." Erfahrungsgemäß brachte sie die Wahrheit meistens weiter.

Emily schoss ein paar Fotos. Die Anlage war sehr gepflegt.

Die Dame hatte sie weiter neugierig angesehen. Nun fragte sie: „Warum machen Sie denn Bilder, wenn Sie niemanden hier kennen?“

„Wissen Sie, ich möchte gerne die Stimmung dieses Ortes einfangen. Das ist mir wichtig, wenn ich schreibe. Ich will authentisch bleiben.“

„Ach so, Sie schreiben? Und über wen, wenn ich fragen darf? Doch wohl nicht über den Friedhof an sich?“

„Ich schreibe über den Mord an Melanie Glatt, wissen Sie, und deshalb möchte ich auch einen Blick auf ihr Grab werfen und diesen Friedhof allgemein.“

„Aha! Und Sie wissen nicht, wo das Grab liegt, und trauen sich nicht, einfach zu fragen?“

„Können Sie es mir denn zeigen?“

„Ja, die Familie Glatt. Eine wohlhabende Schreinerfamilie, aber viel Pech! Erst Melanie, dann die Mutter und der Jakob auch schon seit zwei Jahren. Nur der Bub, der bei der Tante aufwuchs, der lebt noch. Aber hier in Staufen gibt's keinen mehr von den Glatts. Nur noch auf dem Friedhof. Wenn sie da vorlaufen, ganz vorne an der Mauer links, da liegen sie alle. Ich kann nicht mit, ich muss jetzt gehen.“ Die alte Dame erhob sich und wies mit ihrem Spazierstock die Richtung, in die Emily gehen sollte. Emily sah ihr nach.

Dann ging sie suchend die Reihen entlang. Es stimmte, was die alte Dame gesagt hatte. In der letzten Reihe fand sie Melanies Grab.

Emily verharrte einen Moment unbeweglich davor und nahm alles in sich auf. Ein heller Marmorstein mit der schlichten Inschrift Melanie Glatt und Daten. Das Grab, hell eingefasst und dicht bepflanzt mit blühenden Narzissen. Wie ein Frühlingsbeet. Hier schien sich jemand zu kümmern. Kein Hinweis auf das Schreckliche, das ihr widerfahren war. Emily schoss rasch einige Aufnahmen.

Dann machte sie einen Schritt nach links: Das Doppelgrab der Eltern. Der Grabstein dunkler gehalten, ebenfalls in Marmor.

Das Grab mit Büschen bepflanzt, ebenfalls sehr gepflegt. Emily nahm die Kamera hoch und schaute durch die Linse. Sie wollte die breite Inschrift im Ganzen ablichten: Jakob Glatt mit Daten, Maria Glatt, geb. Heimburger, ebenfalls mit Daten.

Sie musste ein bisschen zurücktreten, bis alles passte.

Und da sah sie es! Heimburger! Phillip Heimburger war Melanies Bruder. Er trug den Mädchennamen seiner Mutter! Und war die ganze Zeit an Lottes Schule gewesen.

Emily schoss aufgeregt ihre Aufnahmen und rannte über den Friedhof zurück zum Auto. Noch während sie einstieg, rief sie Renato an. Als er abnahm, wartete sie nicht, bis er sich gemeldet hatte, sondern rief sofort: „Es ist Phillip Heimburger. Der Bruder! Ich war gerade am Grab. Ich schicke dir sofort die Bilder vom Grabstein."

„Emily, warte, bleib ganz ruhig. Wo bist du? Noch in Staufen? Fahre in Ruhe zurück, wir machen das, hörst du? Ruf auf keinen Fall bei Lotte an oder sonst wo! Hast du das verstanden? Warte daheim, bis ich komme. Versprichst du mir das?"

Emily versprach es und schickte ihm unmittelbar danach die Bilder übers Handy. Sie hatte Herzklopfen, ohne genau zu wissen warum. Aber es war einfach eine unglaubliche Entdeckung, die sie da gemacht hatte. Das zeigte schon die Reaktion, die sie bei Renato ausgelöst hatte.

Gut, sie würde jetzt zurückfahren und warten, bis sie etwas Neues von Renato hörte.

Im Präsidium hatte Renato sofort reagiert und alle Beteiligten in den Raum Team 5 zusammengerufen. Davor hatte er aber noch seinen Chef davon in Kenntnis gesetzt, dass es besser war, die Pressekonferenz zu verschieben. Weil sie unmittelbar vor der Verhaftung von Melanies Bruder stünden.

Renato hatte wenig Zeit, aber er wollte seine Truppe wissen lassen, dass der Erfolg zum Greifen nah war.

„Wir kennen jetzt Melanies Bruder. Er heißt: Phillip Heimburger und ist in Grafenhausen Referendar. Felix und ich holen ihn uns jetzt. Das wollte ich euch nur sagen." Den Jubel, den er auslöste, ließ er hinter sich zurück, jetzt galt es, die Ruhe zu bewahren und die Zielperson nicht noch zu verscheuchen. Zwei Streifenwagen aus Ettenheim hatte er angefordert. Sie würden die Fluchtwege absichern.

Vierzig Minuten später stiegen Renato und Felix an der Schule aus dem Wagen. Ohne Eile betraten sie das Schulhaus und fanden Lotte in ihrem Büro. Natürlich wusste sie, in welchem Klassenzimmer sich Phillip Heimburger gerade aufhielt. Sie brachte sie hin, klopfte am Klassenzimmer an und bat Phillip herauszukommen.

Renato nahm ihn am Arm, während Felix ihm die Handschellen anlegt. „Phillip Heimburger, Sie sind verhaftet wegen des dringenden Verdachts, Jürgen Fehrenbach getötet zu haben. Bitte folgen Sie uns."

Lotte musste sich an der Flurwand anlehnen. Sie konnte nicht glauben, was sie da hörte. Aber Phillip ging ohne Gegenwehr einfach mit den beiden mit.

Draußen wurden sie schon von einem Streifenwagen erwartet, dessen Beamte den Tatverdächtigen in Empfang nahmen und wegbrachten. Renato und Felix folgten ihnen aufs Polizeirevier zum Verhör.

Es dauerte nicht weniger als zwei Stunden, bis Renato, diesmal ohne Felix, bei Lotte und Emily aufkreuzte und ihnen alles erzählen konnte.

„Emily, du bist die Heldin des Tages", begann er und küsste sie vor Lotte flüchtig auf den Mund. „Ohne dich wäre heute der Fall geschlossen worden und möglicherweise die Wahrheit niemals ans Licht gekommen!"

Emily genoss das Lob. „Jetzt sag schon, hat er Jürgen umgebracht?"

Renato konnte berichten, dass Phillip Heimburger ein vollständiges Geständnis abgelegt hatte. Er war nicht nur der Mörder von Jürgen Fehrenbach, sondern auch von dessen Frau Kathi Fehrenbach. Sein Motiv? Rache für seine Schwester, deren Tagebuch er beim Räumen vor dem Verkauf seines Elternhauses gefunden hatte. Die Einzelheiten mussten noch geklärt werden.

Kathi tötete er, weil er sie gesehen hatte, als sie ihren Mann mit dem Pokal erschlug und danach damit beinahe durchgekommen wäre. Er fand, es wäre an der Zeit, dass die Familie Fehrenbach einen Teil der Schuld abtragen sollte, die sie bereits auf sich geladen hatte. Mit dem vorgetäuschten Selbstmord wollte er vor allem sich reinwaschen. Und das hätte beinahe auch noch geklappt.

„Länger kann ich nicht bleiben, ich muss mit Felix zurück nach Freiburg. Er benachrichtigt übrigens gerade Michael Fehrenbach, dass seine Mutter sich nicht selbst umgebracht hat. Für heute muss das also genügen. Ich melde mich morgen."

Emily brachte Renato noch zum Wagen, wo sie sich zum Abschied innig küssten. Dann saß sie mit Lotte im Wohnbereich.

Sie redeten über alles. Lange. Und es würde bestimmt nicht bei diesem Mal bleiben.

Als die Dämmerung kam, nahmen sie Telemann an der Leine und gingen gemeinsam mit ihm durch Ettenheims Feldwege. Emily freute sich auf ihre Zukunft. Sie würde das Buch schreiben, sie würde weiterhin bei Lotte wohnen, sie würde mit Renato zusammen sein und danach würde man schon sehen.

Sinnbild-Verlag

Wir sind zwei Personen, die mitten in Leben stehen. Unter anderem verbindet uns die Tatsache, dass wir beide aus dem herkömmlichen Rahmen eines normal gelebten Lebens fallen. Das Schicksal hat unsere Freundschaft und Zusammenarbeit entstehen und uns diesen Verlag gründen lassen.

Wir bearbeiten und verlegen ausgewählte Bücher und Bildbände. Unser Ziel ist es, vornehmlich Bücher auf den Markt zu bringen, die uns selbst wichtig erscheinen. Es liegt uns daran, den Sinn des Wortes, des Bildes und der Fotografie ins Zentrum zu stellen.

Daher der Name Sinnbild.

Wir, der Sinnbild-Verlag, sind Verleger von besonderen Büchern, wir akquirieren nicht, sondern überlassen unsere Entscheidung, ein Buch oder einen Bildband zu verlegen, unserer Intuition.

Eine enge Zusammenarbeit und die offene Kommunikation mit unseren Kunden sind uns sehr wichtig.

Eine besondere Publikationsrichtung verfolgen wir nicht, die Arbeit muss für uns „Sinn" ergeben.

Herz und Verstand in Kombination bilden das Fundament für uns, um Bücher zu verlegen. Der Profit steht nicht im Vordergrund, jedoch legen wir eine gesunde Kalkulation als Grundlage für ein neues Projekt zugrunde.

Da, wo ich herkomm! - Peter Michel

ISBN Softcover 978-3-946876-03-8
ISBN eBook 978-3-946876-22-9

Peter Michel nimmt den Leser mit auf eine Reise durch seine Karlsruher Südstadt, die ursprünglich für die Eisenbahner gebaut wurde. Das Besondere an der Südstadt sind die Bewohner, die den Geist der Südstadt leben.

Obwohl er nun schon mehr als 26 Jahre im „Ausland", in der Heidenstückersiedlung, wohnt, haben ihn die Südstadt und ihre Ausstrahlung nie losgelassen, ihm liegt die Südstadt im Blut.

Seit wann gibt es die Südstadt? Woher kommt die Bezeichnung „Südstadtindianer"? Wie sieht Peter Michel seine Südstadt? Welche Erlebnisse haben ihn geprägt? Wie wird hier Integration schon seit 60 Jahren gelebt? Fragen, die er auf seine Südstadtweise beantwortet, ergänzt durch Geschichten, die Südstädter zu erzählen haben.

Mit einem Hauch Melancholie, einer Prise Nachdenklichkeit, gepaart mit einem Schuss Humor, aber auch verbunden mit dem kritischen Blick und der Sorge um den gesellschaftlichen Verfall des Südstadtflairs. „Wenn das Herz krankt" ist eine der Geschichten, die Peter Michel erzählt. Dieses kranke Herz ist sichtbar, spürbar und fühlbar, zu jeder Zeit und überall rund um den Indianerbrunnen.

Auch richtet er seinen Blick auf das Neue, den Zuwachs der Südstadt, die Südstadt-Ost als neues Stadtteilmitglied. Gegensätze ziehen sich bekanntlich an. Peter ist sich sicher, dass auch diese Integration der Südstadt und den Südstädtern gelingen wird.

Ein Viva den Südstädtern, ein Viva der Südstadt!

Gott ist schuld - Oded Netivi

ISBN Softcover 978-3-946876-02-1
ISBN eBook 978-3-946876-24-3

In einer nicht allzu fernen Zukunft herrscht im Nahen Osten endlich der seit langer Zeit ersehnte Frieden. Israel und die palästinensische Autonomiebehörde haben sich zu einem gemeinsamen Staatenbund zusammengerauft.

Die entsprechenden „Jerusalemer Verträge" regeln unter anderem aber auch die verschiedenen Vorschriften über eventuelle Zusammenarbeit der ansonsten unter Länderhoheit tätigen Polizeibehörden.

So kommt es zu einer Teambildung zwischen einer Polizeihauptkommissarin aus Jerusalem und einem Untersuchungsbeamten der Hauptwache von Ramallah, denn die Morde, welche aufzuklären sind, entpuppen sich als eine Art Einleitung, als „Vorgeschmack" eines riesigen terroristischen Komplotts.

Kopf des Königs - Oded Netivi

ISBN Softcover 978-3-946876-14-4
ISBN eBook 978-3-946876-15-1

Julian König ist ein erfolgreicher Immobilienhändler. Zwischen seinem ‚Julian-Turm' und dem benachbarten Wolkenkratzer liegt ein nicht bebautes Grundstück. Von seinem Büro aus betrachtet, erinnert die Form des Geländes an ein menschliches Haupt. Alle nennen es daher „der Kopf".

Julian entwickelt eine Besessenheit für dieses Kopf-Projekt, wie er es nennt. Er entscheidet sich, Kontakt mit den Bewohnern aufzunehmen, beschließt also, „seinen Kopf" zu besuchen. Die Geschöpfe, die auf dem Grundstück hausen, entpuppen sich als gewissermaßen Aspekte seiner selbst, als Spiegelbilder seiner Seele.

Jeder von ihnen vertritt einen Charakterzug, eine alte Verletzung oder einen Wunschtraum. Die Auseinandersetzung mit ihnen verwirrt, zuweilen entlarvt ihn und entwickelt sich schließlich zu einer Expedition ins eigene Ich.

Die Seherin - Peter Michel

ISBN Softcover 978-3-946876-10-6
ISBN Hardcover 978-3-946876-07-6
ISBN eBook 978-3-946876-23-6

Was passiert, wenn ein vernunftgesteuerter Steinbock durch „ver-rückte" Wege im Leben auf eine Kartenlegerin trifft?

Peter geht nicht nur dieser Frage nach, er erzählt frei und unverblümt, wie es ihm am eigenen Leibe damit erging. Auf der Suche nach Trost alle Möglichkeiten ausschöpfend, begibt er sich auf eine ungewöhnliche Expedition, deren Ausgang er so niemals erahnt hätte.

Er kam als Kritiker und ging als Hüter der Menschlichkeit.

„Ich betrachte es als Geschenk, dieses Bewusstsein und einen Zugang zu diesen Räumen und zu diesen Menschen bekommen zu haben, es hilft mir, mein Gleichgewicht zu finden und dieses Gleichgewicht in Energie und Kraft umzuwandeln. Mein Gleichgewicht, um als Vermittler und Verbinder zu agieren, ohne das Vertrauen und den Zugang zur einen oder anderen Seite zu verlieren."

Wir waren eins - Peter Michel

ISBN Softcover 978-3-946876-12-0
ISBN eBook 978-3-946876-19-9

Wann immer sich Menschen in einer Ausnahmesituation befinden, sich verabschieden müssen, alleine in ihren vier Wänden, in der psychologischen Praxis oder bei der Beratung: Dieses Buch wird ihnen aus der Seele sprechen und ihre Herzen zutiefst berühren.

Fünf lange Jahre lang hat der Autor Peter Michel seine geliebte Frau durch die Krankheit begleitet, bis zum letzten Atemzug.

In seinem Schmerz gewann er die Erkenntnis, dass Abschied zum Lebensplan gehört und auch ein Neubeginn sein kann.

Mit seinem durch und durch aufrichtigen Schreibstil ohne Schnörkel und abgedroschene Klischees vermag das Buch all jenen Halt, Trost und Mut zu spenden, die sich in einer ähnlichen Lage befinden.

Ein dokumentarischer Bericht, der sich so spannend liest wie ein Roman.

Ein Buch, das im Augenblick des großen Schmerzes neue Kraft zu geben vermag.

Ein Buch, das Mut macht, sich seinem persönlichen Kampf zu stellen, selbst wenn das Leben zu viele Widersprüchlichkeiten für uns parat zu haben scheint.